D1732577

Highschool USA & Kanada

mit alternativen Programmen

interconnections

Highschool USA & Kanada

mit alternativen Programmen

Ratgeber für Eltern und Schüler zu einem
gelungenen Schuljahr in Nordamerika

Anke-Petra Peters

Georg Beckmann
interconnections

Impressum

Reihe »Jobs und Praktika«, Band 43
Torsten und Anke-Petra Peters
Highschool USA & Kanada mit alternativen Programmen
Handbuch für Schüler und Eltern
Bearbeitung Sabine Eggers
Lektorat: Hanna Markones, Clarissa Bühler, Georg Beckmann
Umschlagdesign, DTP-Layout/Satz: Anja Semling
Fotos Umschlag vorne: Pixelio.de, hinten: Familie Peters
Fotos im s/w-Innenteil wenn nicht anders angegeben: Familie Peters
ISBN: 978-3-86040-144-6

Verlag interconnections, Schillerstr. 44, 79102 Freiburg
T. 0761-700.650, F. 700.688
info@interconnections.de
www.interconnections.de

2011 – 2010

INHALT

Johanna Peters mit dem Sohn ihrer Gastfamilie

Einleitung

Ein Highschooljahr in Amerika ist ist der Traum vieler Schüler. Wie gehen die Eltern damit um: Amerikaaufenthalt ja oder nein?

Steht diese Frage an, so drängt bereits die Zeit zur Entscheidung, denn die Umsetzung ist nur zu bestimmten Schulzeiten oder Schuljahren möglich. Ferner darf niemand glauben, dass eine Organisation nur auf einen Schüler oder eine Schülerin gewartet hätte. So ist es nicht.

In der Familie werden Zweifel und Unsicherheit herrschen: „Diese Reise ist viel zu teuer", „So was haben wir früher auch nicht gemacht und aus uns ist trotzdem etwas geworden", „Du hast doch viel zu schnell Heimweh, und was machen wir dann?", „Die Oma ist doch so krank" etc.

Doch irgendwann nimmt das Vorhaben Form an, die ersten Dokumente werden gesichtet und ausgefüllt.

Selbstverständlich hat solch eine „Bildungsreise" auch mit Geld zu tun. Wer keinen Cent auf der Naht hat, bekäme sicher Schwierigkeiten, weil ein wenig Geld vorzustrecken ist. Während der Lektüre zur richtigen Vorbereitung des Auslandsbesuches prüfe man, ob und wie einige tausend Euro vorzufinanzieren sind. Zwar gibt es Fördermittel, aber diese werden erst kurz vor der Reise oder während des Aufenthalts ausgezahlt.

Der Weg nach Amerika ist steinig, die Eltern werden einige Nächte mit Grübeln verbringen, ob das alles nicht eine Nummer zu groß für die eigene Familie ist. Das ist normal und ebnet den Weg, das eigene Kind für drei (nur Kanada), fünf oder zehn Monate fortzulassen.

Zu bedenken ist auch, dass sich der Gastschüler nach dem Amerikaaufenthalt weiterentwickelt hat. Er wird mit Schwierigkeiten besser fertig, ist selbstständiger und hat Freunde gewonnen. Das Programm betrachte man als eine Investition in die Zukunft. Noch ein Hinweis: die Rückkehrer bekundeten fast immer, dass sie nach dem Auslandsaufenthalt wesentlich besser mit ihren Eltern zurechtgekommen seien. Das sind doch tolle Aussichten!

Dieses Buch soll Eltern also die Entscheidung erleichtern und sie bei der Bewerbung sowie der Zeit während des Highschool-Jahres beraten.

Der letzte Teil dieses Buches befasst sich mit weiteren Möglichkeiten, ein Gastland zu besuchen. So ist es denkbar, ein Praktikum, ein Au-Pair-Jahr oder ein Arbeitsjahr (z.B. Volunteering) zu absolvieren.

Hinweis: die angeführten Internetseiten ändern sich ständig, auch die Programme. Daher bitte immer alle Angaben gut überprüfen.

Übrigens: Mit dem Wort Schüler sind Schülerinnen und Schüler gemeint.

Viel Spaß dabei!

PS:
Für Hinweise, Tipps etc. sowie Erfahrungsberichte für die nächste Auflage sind wir dankbar. Kontakt über info@interconnections.de, Betreff: Highschool

Widmung

An Leonie, die Schwester, die sicherlich häufig zu kurz gekommen ist. Die Aufregung war zu groß, und es standen viele, viele Überlegungen an.
An unsere Oma und Uroma Gerda Ihnken, die unsere Finanzierung gerettet hat, als die Behörde zu langsam war. Danke Omi, Du hast uns sehr geholfen!
An unsere Familienmitglieder, die Johanna auf vielerlei Weise unterstützt haben und mit Feuer und Flamme dabei waren.
Sowie an unsere Freunde, die es nicht leid wurden, sich nach dem Fortschritt unserer Planungen zu erkundigen.

Liebe Eltern,

wie schön, dass Sie so mutig sind, Ihre Tochter, Ihren Sohn eine Zeit lang loszulassen. Es ist ein Kompliment für Eltern, ein Kind zu haben, das sich solch einen „Ausflug" zutraut. Dazu gehören eine Menge Selbstvertrauen und Durchsetzungsfähigkeit, was sicherlich großteils der persönliche Verdienst der Eltern ist.

Allerdings stellen sich auch bei einer persönlichen Eignung des Jugendlichen Hindernisse in den Weg. Dazu gehören Finanzierung, sehr viele Antragstellungen und ein Verlustgefühl bereits vor der Abreise. Außerdem ist gemeinsam zu entscheiden, über welche Zeit sich der Aufenthalt erstrecken soll. Der Preisunterschied zwischen fünf und zehn Monaten ist unerheblich, da der Vermittler die gleichen Kosten bei Vorbereitung und Administration der Reise hat.

Allein aus Deutschland reisen jährlich tausende Jugendliche zu einem Schuljahr in alle Welt. Trotzdem ist diese einmalige Chance für Eltern und Jugendliche nicht einfach greifbar, wenn sie sich ihnen bietet. Einige Voraussetzungen sind vom Jugendlichen schon mitzubringen.

Unter Umständen reagieren Mitmenschen und Familienmitglieder nicht wie gewünscht. Stehen wichtige Menschen dem Ereignis ablehnend gegenüber, sollten Eltern überlegen, ob sie richtig handeln. Dann steht die Familie zu ihrer Entscheidung oder sagt dem Anbieter gar nicht erst zu. Dieses Buch ist im Laufe des Bewerbungsprozesses entstanden. Es hat sozusagen die Vorbereitungen flankiert. Jedes für die Reise wichtige Ereignis wurde schriftlich festgehalten. Und: Ehrlich gesagt haben wir uns das mulmige Gefühl, bald ohne unsere Tochter zu sein, einfach „weggeschrieben".

Wir wünschen Ihnen weiterhin so viel Mut und Vertrauen in Ihren Jugendlichen.

Torsten und Anke-Petra Peters

Lieber Jugendliche,

wie schön, dass Du Lust zu diesem Abenteuer hast! Anscheinend hast Du nicht nur Mut, sondern auch ein ziemlich großes Selbstvertrauen, denn Du weißt ja nicht genau, was auf Dich zukommt. Du musst nun entscheiden, ob Du drei (in Kanada), fünf oder zehn Monate fortbleiben möchtest. Überlege Dir, ob Du Dir zutraust, zehn Monate in einem fremden Land zu verbringen.

Wir möchten Dich auffordern, ab und zu einen Blick in dieses Buch zu werfen, das Dir dabei helfen kann, wertvolle Zeit zu sparen. Damit Du Dich nicht mit „Fleißarbeit" aufhalten musst, haben wir wichtige Unterlagen und Briefe bereits als Muster vorgeschrieben. Diese Briefe hat Johanna tatsächlich benutzt, und Du passt sie natürlich für Dich an.

Bedenke, dass in der nächsten Zeit bis zur Abfahrt sehr viel Arbeit ansteht. Seminare, Bewerbungsverfahren, Sprachkurse und vieles mehr sind zu bewältigen. Damit wird Deine Stressresistenz auf die Probe gestellt.

JUMP-OVERSEAS
Inh. Birgit Lotz

Martinsstraße 17, 55116 Mainz
Tel.: 06131-2122130, Fax: 06131-2122131
info@jump-overseas.com
www.jump-overseas.com
Bürozeiten: Mo-Fr 9:30-12:30 Uhr und 17:00-19:00 Uhr
Sa 9:30-12:00 Uhr, Beratungstermine nach Vereinbarung

Gründungsjahr: 2007

Ansprechpartner: Birgit Lotz

Anzahl der jährl. Vermittlungen: 14

Gastschuljahr in Neuseeland

Altersbegrenzung (Mindest- oder Höchstalter): 12-18 Jahre

Anmelde- / Bewerbungsfrist: keine

Voraussetzungen: Anpassungsfähigkeit und Offenheit

Bewerbungsverlauf: persönliches Gespräch

Betreuung: Ständige Betreuung durch qualifizierte Betreuer an den Schulen. Eigene Kontaktperson in Neuseeland. Regelmäßiger Kontakt von Deutschland aus.

Ausflüge, touristische und kulturelle Angebote: Hilfestellung beim Buchen von Rundreisen. Teilweise bieten auch die Schulen kleinere Ausflüge an.

Dauer des Aufenthalts: 4 Wochen bis 18 Monate

Abreisezeit: Februar, April, Juli, Oktober

Programmgebühren: 1 Term ab ca. 5.600 €, 2 Terms ab ca. 8.200 €, 4 Terms ab ca. 13.000 €

Ungefähre Zusatzkosten: Taschengeld ca. 150 € pro Monat, Schulmaterial, Gebühren für einige Unterrichtsfächer, evtl. Schulbus, Klassenfahrten und Aktivitäten, die nicht unmittelbarer Bestandteil des Unterrichtsprogramms sind, Rundreisen.

Staatsangehörigkeit: Offen für Deutsche, Österreicher und Schweizer

Gebiete: Nord- und Südinsel von Neuseeland

Sonstiges: Freie Schulwahl; Unterbringung auf Wunsch bei einer Gastfamilie oder im Internat

So viele Vorbereitungen, und dann auch noch die Frage: Wie bereite ich mich *sprachlich* auf das Jahr vor? Dazu die erlösende Antwort: Gar nicht! Wenn Du es geschafft hast, durch die Bewerbungsphase zu kommen, kommt ein Sprachtest auf Dich zu. Mit dem Ergebnis bekommst Du eine Empfehlung oder Verpflichtung zu einem Sprachkurs. Damit weißt Du, ob Du noch an Deinem Englisch arbeiten musst. Mehr Aufwand ist nicht nötig, denn wer erst einmal am Ziel angekommen ist, eignet sich die Sprache in Windeseile an.

Geschwister sind trotz Deines Vorhabens nicht ganz in den Schatten zu stellen, denn sie sind ja genauso wichtig wie Du. Es passiert nämlich ganz schnell, dass alle Welt nur noch über Dich spricht.

Denke auch an Deine Eltern, die viel Zeit aufwenden und im Endeffekt damit leben müssen, dass Du weggehst. Habe also ein wenig Geduld, wenn sie nicht immer so funktionieren, wie gewohnt.

Wir wünschen Dir viel Spaß, viel Erfolg und viele neue Eindrücke,

Anke-Petra und Torsten

Liebe Schulleiterinnen und Schulleiter, liebe Lehrerinnen und Lehrer,

wie viele Ihrer Schüler nehmen die Chance wahr, in die USA oder nach Kanada zu gehen, um ein anderes Schulsystem kennenzulernen? Hand aufs Herz: Sicherlich nicht so viele, obwohl viele Jugendliche das Zeug dazu haben.

Ein Grund ist wohl, dass niemand so genau weiß, wie man eigentlich bis zum Abflug kommt. Welche Unterlagen müssen zuerst wohin? Wer erlaubt die Fahrt, und wie läuft die Finanzierung? Bequem, wie wir Menschen eben sind (und die Eltern zunehmend überlastet), wird mit der Recherche gar nicht erst angefangen.

Das ist schade, denn diese Möglichkeit der persönlichen Weiterentwicklung wird durch mehrere Institutionen unterstützt und gefördert.

Vielleicht haben Sie Lust, einmal in dieses Buch hineinzulesen, so dass Sie Ihre Schüler eventuell ein wenig motivieren und Eltern für die Idee begeistern können.

Wir sind eine ganz normale Familie, die alle Hürden rasch oder langsam gemeistert hat. Außerdem haben wir viele begeisterte Lehrer, Sachbearbeiter und Mitarbeiter der Organisationen kennengelernt. Ihre Unterstützung und Begeisterung hat uns imponiert und motiviert. Dieses Buch soll nun ebenfalls Mut machen, etwas Unbekanntes zu wagen.

Wir wünschen Ihnen viele interessierte Schüler,

Anke-Petra und Torsten Peters

Webseite zum Thema, mit vielen Blogeinträgen unserer Tochter und uns auf www.gastschuljahr.de. Alle, die zu einem Gastschuljahr ins Ausland gehen sowie auch Eltern, Angehörige und Freunde, sind herzlich zum Mitmachen aufgerufen.

Das gilt für alle Länder – nicht nur Nordamerika!

Erste Schritte

Sprachreise als Probefahrt

Öffne dein Herz und gehe hinaus in die Welt ... Diesen Spruch hat unsere Tochter anscheinend etwas zu ernst genommen, denn kurz vor ihrer Konfirmation entschied sie sich für eine *Sprachreise* nach Spanien. Da klar war, dass sie Geld zu diesem Fest erhalten würde, plante sie, es dazu auszugeben.

Wir sind eine ganz normale Familie, ein Vater, eine Mutter, eine zwölfjährige Tochter Leonie, eine größere, zu dem Zeitpunkt dreizehnjährige Johanna, eine Katze und ein Hund. Wir leben zwar nicht bescheiden, aber auch nicht in Saus und Braus, eigentlich ganz normal. Wie viele andere Familien wundern wir uns am Monatsende, wo das ganze Geld abgeblieben ist. Es wäre uns nicht möglich gewesen, diese Reise ohne vorhergehende Konfirmation zu finanzieren. Schließlich gibt es ja eine weitere Tochter, die sicher ebensolche Ansprüche anmelden möchte.

Damals haben wir noch nicht gewusst, dass dieser Ausflug der Anfang eines Highschooljahres würde. Diese Reise war sozusagen die *Probefahrt* ins Ungewisse, eine Feuertaufe, weder Eltern hintendran noch Freundin. Bereits in diesem Lebensabschnitt zeichnete sich ab, dass Johanna keine Schwierigkeit hatte, sich auf Reisen

vorzubereiten, sich zu bewerben oder sich entsprechend vorzustellen, ein positives Zeichen: Die Tochter wurde groß; die Erziehung trug Früchte.

Der Spanischlehrer verfaßte eine positive Beurteilung und befürworte die Sprachreise, eine Beruhigung für uns, denn meint eine Lehrkraft, der Jugendliche sei noch nicht reif genug, so ist das zu beherzigen.

Erst im Nachhinein haben wir erfahren, dass die Teilnehmerinnen der Sprachreise in Spanien in einem 16-Betten-Raum untergebracht waren, in einer einsamen Jugendherberge, wo die Verpflegung eher bescheiden war. Davon haben wir am Telefon während der Reise nichts vernommen. Unsere Tochter hat diese Probe mit Bravour bestanden. Dieser Aufenthalt zeigte schon, dass sie bereit war, sich mit fremden Menschen sowie fremden und ungewohnten Kulturen zu arrangieren.

Hinweis für Eltern: Den Jugendlichen beobachten und die eigene Ehrlichkeit prüfen. Es bedarf einer gewissen Offenheit, aber auch der Fähigkeit, andersartige Gewohnheiten „auszuhalten". Der Schüler ist im Ausland nur Gast, was vom Jugendlichen eine sehr erwachsene Haltung fordert. Eine wichtige Voraussetzung bei einem Jahr in Amerika, wo die Regeln Jugendliche betreffend ungewöhnlich streng sind. Die Probefahrt zeigt auch, ob der Jugendliche heimwehresistent ist oder mit dem Heimweh wenigstens leben kann. Für empfindliche Jugendliche plane man keinen zehnmonatigen Amerikaaufenthalt. Dabei geht es nicht nur um eventuelles Heimweh des

Jugendlichen sondern auch darum, ob die Eltern diese Situation aushalten.

Nützliche Adressen

Um dem Jugendlichen einen ersten Auslandsaufenthalt zu ermöglichen, prüfe man die Angebote diverser Veranstalter wie z.B.:

Offährte, www.offaehrte.de,
Flamenco, www.flamenco.de,
Carpe Diem, www.carpe.de,
Kolumbus Sprachreisen,
www.kolumbus-sprachreisen.de u.a.

Überlegungen

Unsere Tochter ist wieder da, braungebrannt und ziemlich abgemagert. Aber das hat sie gern in Kauf genommen, denn es hat ihr gefallen. Nach dieser Erfahrung setzte sich das Amerikavirus noch besser fest. Wie genau dieser Aufenthalt aussehen oder wie lange er dauern sollte, war noch unklar.

Hier noch einmal zur Verdeutlichung für die Eltern: Am besten erst nach einer *Probefahrt* weiterplanen. Einmal erst in Amerika können Sohn oder Tochter meist nämlich nicht besucht werden. Die Veranstalter raten in der Regel auch dringend davon ab. Tägliche Telefonate sind ebenfalls nicht möglich und keinesfalls gestattet. Zwar fördert z.B. das deutsche BAföG-Amt einen Transatlantikflug zwischendurch, aber davon wird abgeraten, weil es das Heimweh sicherlich anfachen würde. Daher sind Anbieter zu bevorzugen, die den Eltern regelmäßig (alle ein

oder zwei Monate) einen Bericht über das Befinden des Schülers schicken. Noch wichtiger: Elternabende während des Jahres!

Länge

Hier sollten bereits Überlegungen zur *Dauer des Aufenthalts* stattfinden, d.h. ob dieser drei (nur Kanada), fünf oder zehn Monate währen soll. Man lasse sich nicht täuschen: Selbst der dreimonatige Kanadaaufenthalt ist nicht billig. Hingegen liegt die finanzielle Belastung bei einem zehnmonatigen Auslandsaufenthalt nicht viel höher als bei einem fünfmonatigen, weil Vorbereitungen und Verwaltungsvorgänge fast gleich sind.

Drei oder fünf Monate bieten sich natürlich an, wenn man die Schule unbedingt ohne Wiederholung eines Jahres wieder besuchen möchte. Viele Gastschüler berichten jedoch, froh zu sein, sich für einen zehnmonatigen Aufenthalt entschieden zu haben. Die ersten Monate, in denen sich der „Fremde" einlebt, sind nämlich die schwersten. Hat man sie hinter sich gebracht und fühlt sich in Amerika gerade so richtig zu Hause, soll man schon wieder abreisen? Angesichts dessen erscheinen vielen Gastschülern selbst fünf Monate zu kurz.

Kosten

Besonders finanziell weniger gutgestellte Eltern sollten sich vor Augen führen, dass der Aufenthalt mehr kostet als der bloße Preis des Reiseveranstalters. Neben dem Taschengeld kommen

Xplore GmbH

Theodorstr. 48
22761 Hamburg (+ Büros in Berlin und Köln)
Tel.: 040.429 336 01 Fax: 040.429 336 11
info@xplore.de, www.xplore.de
Bürozeiten: Mo – Fr 9.00 – 17.00 Uhr
Ansprechpartner: Patricia Schneider
Patricia.Schneider@xplore.de

Sprachreisen inklusive eines abwechslungsreichen Rahmenprogramms mit vielen Freizeitaktivitäten und interessanten Ausflügen, z.B. nach London oder Cambridge. Verschiedene Orte für unterschiedliche Altersklassen mit kleinen Besonderheiten und wechselnden Sportangeboten.

Oder der ultimative Test mit dem **Crossroads-Kurzprogramm** für drei bis sechs Wochen in einer Gastfamilie in den USA. Hier erlebt man Amerika mit intensiven Englischkursen und viel Programm gemeinsam mit den Gastgeschwistern.

Anzahl der jährl. Teilnehmer: Ca. 500

Altersbegrenzung: 8 bis 18 Jahre

Betreuung:
Damit sich die Kinder vor Ort wohlfühlen und Eltern ihre Kinder in guten Händen wissen, werden alle Betreuer sorgfältig ausgewählt und in Schulungen auf die Zeit mit den Kindern vorbereitet. Englische, französische & deutsche Betreuer.

Ausflüge, touristische und kulturelle Angebote:
Je nach Standort: Tennis-, Golf-, Wakeboard- und Reitkurse, Ausflüge z.B. nach London, Colchester, Freizeitparks „Pleasurewood Hills" oder „Alton Towers", Norwich, Cambridge, Cardiff, Gloucester, York und Manchester. In den USA werden je nach Destination unterschiedliche Freizeitprogramme angeboten, Besuch von Baseball-Spielen oder Freizeitparks etc.

Dauer des Aufenthalts: 1-6 Wochen

Programmgebühren: Ab € 1.545 für 2 Wochen inkl. Vollpension, 40-45 Std. Sprachkurs, Freizeitprogramm und Flug

Länder: England, Kroatien, Kanada, USA, Österreich, Frankreich

Ausgaben für Telefonate, Pakete, Reisen im Land etc. hinzu, die anfangs oft nicht eingeplant sind. Erst einmal in Amerika angekommen, wird es sich der Schüler nicht nehmen lassen, dies oder jenes zu kaufen oder kleine Reisen (z.B. mit Freunden) zu unternehmen, denn: „Wann hab ich wieder die Gelegenheit dazu?" Daher ist zu den Kosten des Anbieters unbedingt noch einiges hinzuzurechnen. Kleidung und Schuhe kosten zwar nicht mehr als hier, aber es sind eben insgesamt hohe Beträge, die in kurzer Zeit entstehen. Zumal ja auch einige Impfungen, das Visum etc. zuvor aus eigener Tasche bezahlt werden mussten.

Im ersten Monat in Amerika können die Ausgaben durchaus bei bis zu tausend Dollar liegen; auch wenn der Schüler das Geld nicht zum Fenster hinauswirft, sondern es in sinnvolle Dinge investiert: Kleidung, Fahrkarten, Schulzeug etc.

Zeitpunkt und Anerkennung

Kommt die Idee zu einem Highschooljahr auf, steht ein Gespräch mit der Schule an. Diese muss entscheiden, ob der Schüler die Klasse im Ausland absolvieren kann (in Bezug auf die Fähigkeiten) und darf (in Bezug auf seine Zuverlässigkeit). Die Lehrer werden sich beraten und auf der nächsten Schulkonferenz darüber entscheiden. Damit weiß die Schule bei positiver Entscheidung, dass der Schüler fortgeht.

Auf jeden Fall ist zu bedenken, dass man für das Programm mindestens 15 Jahre, höchstens 18 1/2 Jahre alt sein darf.

In **Deutschland** ist eindeutig festgelegt, dass „ein Auslandsjahr bis zur Gesamtdauer eines Jahres auf den Bildungsgang angerechnet werden kann, wenn entsprechende Leistungen nachgewiesen werden und die erfolgreiche Fortsetzung des Bildungsgangs erwartet wird". Dies bedeutet im Klartext, wer gute Leistungen vor dem Auslandsjahr hatte, kann teilnehmen und bekommt diese auswärtige Schulzeit angerechnet, muss also das Schuljahr nicht noch einmal wiederholen. Das bedeutet allerdings auch, dass zum Beispiel BAföG-Leistungen nur in Frage kommen, wenn der Schüler das Jahr offensichtlich nicht wiederholen muss. Ist er nicht gut genug in der Schule und ist eigentlich klar, dass er das Schuljahr nach seiner Rückkehr wiederholen muss, wird nicht gefördert.

An achtjährigen Gymnasien ist das Abenteuer quasi nur in der 10. Klasse möglich, allerdings aufgrund der verkürzten Schulzeit mir enormen Druck verbunden. Der Schüler geht nach der 9. Klasse ins Ausland, wechselt nach seiner Rückkehr direkt in die 11. Klasse. Selbstverständlich muss zur Anerkennung nachgewiesen werden, dass der Schüler im Ausland den Regeln gemäß zur Schule gegangen ist. Für Gesamtschüler ist die Sache denkbar entspannter. Man fährt nach der 10. Klasse und besucht somit die 11. Klasse im Ausland.

Obacht: Die BAföG-Förderung hängt

an diesen gesetzlich vorgesehenen Zeitfenstern. Wer als G8-Schüler nach der 10. Klasse ins Ausland geht, erhält keine Förderung, ebenso ein G9-Schüler, der nach der 11. Klasse ins Ausland geht.

In **Österreich** und der **Schweiz** lässt sich der Zeitpunkt des Highschooljahrs nicht eindeutig bestimmen. Beide Länder weisen viele verschiedene Schulformen, Schulansätze und Strukturen auf. Jede Schule ist anders als die des Nachbarortes, und über längere Distanzen sind Vergleiche kaum mehr möglich. Daher gilt für österreichische und schweizerische Schüler stets die Absprache mit der Schule, wann und wie lange ein Auslandsaufenthalt für den einzelnen Schüler möglich ist. Dies muss individuell entschieden sein, bevor (!) der Schüler sich bewirbt.

Buchtipps

Es ist wichtig, sich schlau zu machen und fremde Erfahrungen zu hören. Weitere Hinweise zum Thema „Highschooljahr in Amerika" findet man bei nachstehenden Quellen. Außerdem spreche man mit Schülern, die bereits in Amerika waren, über die Ereignisse sowie die Unterschiede zwischen den Welten Heimatland und Gastland.

– USA, Verlag Reise Know How

– Weltatlas & Länderlexikon, Tandem Verlag GmbH

– Als rechtlicher Ratgeber empfiehlt sich „Schüleraustausch" von Stefan Klein, dtv

Außerdem spreche man mit Schülern, die bereits in Amerika waren, über die Ereignisse sowie die Unterschiede zwischen den Welten Heimatland und Gastland.

Nützliche Adressen

www.gastschuljahr.de
www.ice.gov/SEVIS/index.htm

Programmwahl

Im Grunde handelt es sich bei einem Aufenthalt in Nordamerika nicht um einen Austausch, da kein Kind der Gastfamilie gleichzeitig bei der europäischen Familie wohnt. Daher sprechen wir von Gastschülern und von Organisationen bzw. Veranstaltern und Anbietern etc., statt von Austauschschülern und Austauschorganisationen.

Künftigen Gastschülern in Kanada stehen drei Wege offen:

Bewerbung als Gastschüler, ohne Bezahlung von Schule oder Unterkunft, evtl. fällt eine Entschädigung der Unterkunftsgebung an. Es gibt nicht unendlich viele Plätze, da der Austausch quantitativ im Gleichgewicht bleiben sollte, d.h. die Anzahl der kanadischen Gastschüler bei uns und die der hiesigen in Kanada sollte sich die Waage halten. Das bedeutet aber nicht, dass eine Familie, die ihren Jugendlichen nach Kanada schickt, zeitgleich einen kanadischen Jugendlichen aufnehmen muss. Bei diesem Pro-

Johanna in einem sog. „Store"

gramm ist eine Einflussnahme auf Familie, Region oder Schule daher kaum möglich.

Bewerbung bei einem Schulwahlprogramm, mit Bezahlung einer öffentlichen Schule und der Unterkunft. Bei diesem Programm ist Mitsprache bei der Schulwahl möglich. Das bedeutet, dass der Schüler aus mehreren Profilen seine Wunschschule heraussuchen kann. Häufig können die Schulen potenzielle Schüler auswählen, da die Schuldistrikte mit den Organisationen zusammenarbeiten. Bei diesem Programm werden die Gastfamilien bezahlt, welche Kosten in den vertraglichen Aufstellungen enthalten sein sollten.

Bewerbung bei einer Privatschule, wobei der Schüler bzw. seine Eltern sehr viel mehr Mitspracherecht haben, da Schulbesuch und Unterkunft bezahlt werden. Die Abwicklung dieser beiden Punkte läuft über die Schule.

Künftigen Gastschülern in den USA bleiben zwei Möglichkeiten:

Bewerbung bei einem Programm mit Highschoolbesuch, mit oder ohne Gastfamilienanschluss (die könnte man auch selbst suchen). Eine Bezahlung der Gasteltern ist nicht üblich.

Bewerbung bei einem Programm mit Besuch einer Privatschule, mit entsprechenden Kosten. Die Unterbringung erfolgt im Internat oder in einer Gastfamilie.

Hier stellt sich die Frage, ob ein Veranstalter notwendig ist. Kann man die Highschool nicht auch für längere Zeit besuchen, ohne an ihn gebunden zu sein? Ja, das geht natürlich auch. Aber dann lauern viele Gefahren und Fallstricke. Damit die Entscheidung einfacher fällt, finden Leser hier eine Gegenüberstellung beider Möglichkeiten. Dann kann sich jede Familie überlegen, ob sich der Mehraufwand der *eigenständigen Planung* wirklich lohnt. Besonders wenn die Familie nicht weiß, worauf sie sich einlässt, kann die Vorbereitung nämlich schnell zur Quälerei werden.

Dr. Frank Sprachen und Reisen DFSR

Siegfriedstr. 5, 64646 Heppenheim
Tel.: 06252-933220, Fax: 06252-933260
www.dfsr.de
Bürozeiten: 9.00 Uhr bis 17.30 Uhr
Gegründet: 1978

DFSR
DR. FRANK SPRACHEN & REISEN GMBH

Ansprechpartner: USA - Mirka Fehr, Nina Rosenkranz, Kanada – Jennifer Gliemann, Nicole Flohr

Anzahl der jährl. Vermittlungen:
USA: 150 Sommerabreise, 25 Januarabreise
Kanada: 60 Sommerabreise, 20 Januarabreise

Partnerorganisation: USA - CETUSA, Educatius, CIEE, Kanada - Shecana, Edutour, SLI und Schuldistrikte

Altersstufen: USA min. 15 Jahre bei Abreise, Kanada min. 14 Jahre. Höchstalter: jeweils 18,5 Jahre

Anmelde- / Bewerbungsfrist: Keine, sobald Kontingent ausgeschöpft, werden keine weiteren Bewerbung angenommen

Besondere Voraussetzungen: Nur für Nichtraucher. Es wird versucht bei Allergien einen Haushalt ohne Hund / Katze zu finden. Eine Garantie dafür gibt es nicht.

Bewerbungsverlauf: nach Abgabe des Bewerbungsbogen aus dem Katalog oder Online Bewerbung, folgt ein Bewerbungsgespräch durch DFSR oder einen freien Mitarbeiter mit Schüler und seinen Eltern.

Vor- u. Nachbereitung: Vorbereitungstreffen an verschiedenen Orten in Deutschland. Nach Rückkehr Welcome Back Party

Betreuung i.d. USA / Kanada: Koordinatoren und School Counselor

Dauer des Aufenthalts (Zeitraum, Details zum Aufenthalt): 5-10 Monate

Abreisezeit: August/September und Januar, USA kein betreuter Flug, Kanada: Betreuter Flug ab 15 Teilnehmern

Programmgebühren: USA (Preis für 1 Halbjahr / 1.Schuljahr): 6.550 € / 6.850 €
Kanada (Preis für 1 Halbjahr / 1 Schuljahr)
Englisch Kanada 8.300 € / 9.900 €, Französisch Kanada 6.200 € 7.600 € 9.200 €,
Bilingual 9.200 € 13.900 €

Ungefähre Zusatzkosten: ca. 200 € Taschengeld pro Monat, 60 € pro Monat für Versicherung (über DFSR buchbar)

Gegenüberstellung Anbieter – eigene Planung

Aspekt:	Anbieter:	Private Durchführung:
Kosten	Ca. 6.000 bis 8.000 Euro (USA), ca. 8.500 bis 16.000 Euro (Kanada).	Abhängig von Schule, Flugticket, Gastfamilie u.a. Faktoren. Für Veranstalter fallen keine Kosten an, doch können allein die Schulkosten über denen eines Vermittlers liegen. Daher eher größere Kosten als bei Agenturen.
Zeitaufwand	Der Zeitaufwand ist zwar groß, aber der Teilnehmer und seine Eltern erhalten genaue Anweisungen, was wann zu tun ist. Geschätzter Zeitaufwand für Gespräche und Briefverkehr: 30 Stunden.	Immenser Zeitaufwand, denn es gilt, sich um das Aufenthaltsrecht, die Suche nach einer Gastfamilie, einer Schule, Flügen und um das Visum zu kümmern. Fallstricke allenthalben, da viel zu beachten ist. Man beginne auf jeden Fall früh wegen zeitraubender Vorbereitung.
Sicherheit	Seriöse Veranstalter haben Notrufnummern und einen Ansprechpartner im Heimatland und im Ausland. Zudem besteht ein Rücktrittsrecht bei unseriösen Machenschaften.	Ohne verlässliche Verwandtschaft oder Bekannte in Amerika ist der Aufenthalt mit Unsicherheiten belastet.
Visum	Die Vermittler stellen Unterlagen zur Beantragung eines Visums zur Verfügung. Durchführung und Abholung obliegen der Familie.	Die Familie bemüht sich selbst um alle Visumsfragen. Gelegentlich wird es dem Schüler jedoch verweigert, wenn keine Organisation im Hintergrund und als Ansprechpartner existiert.
Schule	Die Agentur sorgt für eine Schulaufnahme in Amerika.	Die Bewerbung bei den Schulen obliegt dem Schüler bzw. seinen Bekannten in Amerika.

Aspekt:	Anbieter:	Private Durchführung:
Flug	Der Veranstalter sorgt für den Flug. Der Schüler erhält vor dem Abflug ein Flugticket, braucht sich quasi um nichts zu kümmern.	Eigenrecherche kann zu niedrigeren Flugkosten führen, manchmal aber auch zu höheren, gerade bei mehreren Zwischenstopps.
Gastfamilie	Der Anbieter sorgt für eine passende Gastfamilie. Findet er nicht sofort eine, so lebt der Jugendliche zuerst in einer „welcome family".	Suche durch Schüler bzw. Familie. Praktisch, wenn er Verwandte oder Freunde in vorhanden sind. Andernfalls Vorsicht, denn einige Familien melden sich, um an Geld zu gelangen. In diesen Fällen stimmen die Rahmenbedingungen meist nicht.
Vorbereitung	Ein seriöser Vermittler bereitet gründlich auf das Abenteuer vor, um Fettnäpfchen und Konflikten vorzubeugen und den Jugendlichen zu stärken.	Bücher und andere Quellen helfen bei der Einstimmung auf Amerika. Hilfreich ist die Bekanntschaft mit einem ehemaligen Gastschüler, der ebenfalls bei der Vorbereitung unterstützt.
Nachbereitung	Seriöse Agenturen kümmern sich um eine Nachbereitung, damit der Rückkehrer sich besser wieder einfinden kann.	Entfällt

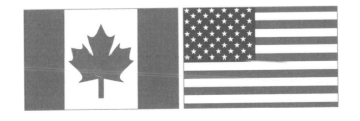

Innere Einstellung

Kanada oder USA? Soll ich tatsächlich reisen? Was ist richtig und was falsch? Wie wird man von der Umwelt beraten und „geimpft". Schwankt man eher, oder weiß man schon ganz genau was man möchte?

Um zu einem Entschluss zu kommen, sollte man sich etwas Zeit nehmen und einmal prüfen, wie viel Rückhalt man hat, also mit wie vielen positiven Gedanken man aufbrechen kann. Wichtig ist dabei Ehrlichkeit gegenüber sich selbst, denn wenn man solch eine Reise nur unternimmt, um man „mal wegzukommen", Abstand zu den Eltern bekommt oder vor dem Mobbing in der Klasse flieht, wird dies nun deutlich. Das Fazit wäre: Ein Auslandsaufenthalt ist dann nicht das Richtige, denn ein vorzeitiger Abbruch könnte schnell eintreten.

Daher notiere man die Reaktionen der Nahestehenden (Familie, Freund, Nachbarn ...) auf die Idee. Ermuntern einen z.B. die Großeltern oder andere Verwandte dazu, oder sind sie skeptisch eingestellt? Danach schaue man sich die Aufzeichnungen genau an. Es ist normal, dass nicht alle Menschen, die einem lieb und teuer sind, die Idee unterstützen. Man sollte aber genau prüfen, ob man mit den negativen Meinungen leben kann, auch wenn man im Gastland angekommen ist. Dann könnten diese nämlich plötzlich schwerer wiegen und suggerieren, dass die Entscheidung falsch war. Man kann diese Meinungen nicht ändern, aber eine Auseinandersetzung mit ihnen VOR der Reise macht einen stärker.

Hat man die Lage ein wenig sondiert, frage man sich erneut: Was will ich? Habe ich mich bei einer Entscheidung (ob für die Reise oder gegen sie) von jemandem beeinflussen lassen, oder hat tatsächlich mein Bauch entschieden? Die wichtigste Frage, die man sich vor der Entscheidung zum Aufenthalt stellt, ist tatsächlich die: Will ich das überhaupt?

Eine weitere wichtige Frage ist: Kann ich tatsächlich so lange auf meine Familie und Freunde, auf mein gewohntes Leben verzichten?

Elternwunsch

Immer wieder bestehen Differenzen zwischen den Wünschen des Schülers und denen der Eltern. Häufig sehen Eltern in einem Auslandsaufenthalt eine tolle Chance, der Schüler aber nicht.

Hier ein Beispiel:

Schüler: Meine Eltern wollen, dass ich ins Ausland gehe, weil ich im Moment nicht so gut in Fremdsprachen bin. Ich denke, sie wollen auch, dass ich mal schätzen lerne, wie gut es mir eigentlich zu Hause geht. Und ein wenig Abstand ist ja auch sinnvoll. Naja, zehn Monate gehen schnell rum. Nun frage ich mich nur, wie ich es möglichst einfach schaffe, angenommen zu werden.

Eltern: Unser Junge ist so ein schlauer Bursche, aber er tut einfach zu wenig in der Schule. Besonders in den Fremdsprachen ist er wieder abgesackt. Nun haben wir gelesen, dass ein Auslandsaufenthalt tolle Erfolge erzielen kann. Natürlich werden die Sprachkenntnisse besser, außerdem die Selbstständigkeit und Zukunftsaussichten. Wir würden ihm den Aufenthalt gern finanzieren und überlegen, wie wir ihn in das Programm bekommen. Auch wenn er im Moment noch keine Lust hat, wird er es später gut finden, diese Chance genutzt zu haben.

Man hüte sich davor, den elterlichen Wunsch, der Nachwuchs möge ins Ausland gehen (oder gar den eigenen Wunsch nach einem Auslandsaufenthalt), mit dem des Jugendlichen zu verwechseln. Um überhaupt in die nähere Auswahl zu kommen, braucht der Jugendliche einen dauerhaften Durchhaltewillen. Eine durch den Wunsch der Eltern entwickelte „Zwangshaltung" kommt bei den vielen Bewerbungstests sowieso heraus. Zudem tut man dem Jugendlichen keinen Gefallen damit. Die Reise ist in diesem Fall kein Weg, um in der Schule besser oder erfolgreicher zu werden. Viele Schritte muss der Schüler im Hinblick auf die Reise nämlich allein bewältigen. Macht er dies nicht, nicht richtig oder zu spät, so kann er nicht teilnehmen. Widerwillige junge Menschen werden nicht angenommen bzw. vorher wieder ausgegliedert.

Schon die Idee zu einem Auslandsjahr sollte vom Jugendlichen kommen. Selbst wenn die Eltern sämtlichen Schriftkram erledigen, wird die Differenz beim Vorbereitungsseminar deutlich. Denn wer keine Lust zu der Reise

hat, wird sich hier nicht engagieren. Und selbst wenn sich der Schüler hier verstellt hätte und niemand etwas merkte, würde er sich um Gastland danebenbenehmen. Dann darf er nach Hause fahren.

Das gesamte Konzept des Programms liegt in dem Bemühen des Jugendlichen. Wollen es nur die Eltern, hat es keinen Erfolgswert!

Motivation

Ein Gastschüleraufenthalt ist kein Urlaub in einem Hotel mit Vollpension. Er führt auch nicht immer in angesagte Gegenden wie Florida oder Kalifornien oder auf die flippigste Highschool Amerikas. Daher sollte man rechtzeitig die eigene Motivation klären. Will ich einige Zeit die Seele baumeln lassen, will ich bloß mal was von der Welt sehen – oder will ich mich tatsächlich in eine Familie integrieren, mit allem, was dazugehört?

Künftige Gastschüler sollten sich klarmachen, dass das Familienleben im Ausland ebenso mit Schwierigkeiten behaftet ist wie zu Hause. Gasteltern sind nicht besser als die eigenen Eltern, nur anders. Das gilt ebenso für Schule, Mitschüler und Freunde. Das Leben im Ausland ist sicher eine aufregende Erfahrung, doch sollte man beim Träumen nicht die Wirklichkeit vergessen. In Amerika erwarten einen ebenso Durststrecken, Durchhänger, Enttäuschungen, Traurigkeiten etc. wie zu Hause. Kann man sich darauf einstellen und damit klarkommen – prima. Kann man jedoch schon zu Hause selbst kleine Probleme und Kummer nicht bewältigen, sollte man sich besser für keinen Auslandsaufenthalt entscheiden.

In dem Zusammenhang stellt sich auch die Frage, ob man nur der Sprache wegen verreisen möchte oder ob man sich tatsächlich für die Kultur interessiert. Wer bloß möglichst rasch und leicht seine Englischkenntnisse aufpolieren möchte, sollte sich für eine Alternative entscheiden, z.B. eine Sprachreise, einen Intensivkurs oder einen Internatsbesuch im Ausland. Bei einem Highschooljahr spielen wesentlich mehr – und wichtigere – Dinge eine Rolle als die Sprache.

Ebensowenig sollte man nach Amerika reisen, weil es „in" ist oder weil man die wichtigsten Sehenswürdigkeiten endlich hautnah erleben möchte. Das ist nicht der Sinn eines Aufenthaltes in einer Gastfamilie. Wer nicht der Kultur und der Gastfamilie wegen verreist, sollte sich besser für ein andere Programm entscheiden. Im zweiten Teil des Buches finden Leser viele Hinweise zu weiteren Aufenthaltsmöglichkeiten (für längere und kurze Zeit).

Scheitern?

Ehemalige Gastschüler berichten oft voller Euphorie von ihrem Aufenthalt. Liest oder hört man ihre begeisterten Berichte, erscheint das Leben eines Gastschülers wie ein Traum zu sein. Doch leider gibt es auch die Kehrseite der Medaille; ein Gastaufenthalt kann ebensogut zum Albtraum werden. Das muss nicht am Veranstalter liegen, sondern kann auch durch ein ungünstiges Zusammentreffen der Umstände passieren. Hat sich der Reisewillige auch mit dieser Möglichkeit auseinandergesetzt?

Voraussetzungen

Möchte ein Schüler die Chance des Auslandsaufenthaltes wahrnehmen, bemühe er sich rechtzeitig um einen entsprechenden Platz. Nicht nur auf die Rahmenbedingungen des Anbieters sollte genau geachtet werden. Auch die persönlichen Voraussetzungen des Schülers müssen passen. So gehört zu den notwendigen Eigenschaften des Schülers: eine Portion Mut, Intelligenz, Aufgeschlossenheit, die Fähigkeit, Kompromisse zu finden und Lösungen zu suchen, statt Probleme zu sehen. Nicht so gut eignen sich Jugendliche, die schnell aus der Haut fahren und sich mit wenig Geduld durch das Leben schlagen.

Einige Organisationen machen die Aufnahme von einem bestimmten *Notendurchschnitt* abhängig. Doch nicht nur aus dem Grund darf der Jugendliche in den letzten Monaten zwischen Bewerbung und Reisebeginn auf keinen Fall in der Schule abfallen. Die Highschool erhält nämlich das letzte Zeugnis und würde den Schüler mit einer 5 nicht mehr aufnehmen, die Reise wäre abzusagen. Kostenerstattung ist fraglich.

ISKA- Sprachreisen GmbH

Hausener Weg 61, 60489 Frankfurt
Telefon 069 9784720, Fax 069 97847222
info@iska.de, www.iska.de
Bürozeiten Mo - Fr, 9 - 17:30, Gründungsjahr: 1972
Ansprechpartner:
Das gesamte ISKA-Team freut sich über jeden Anruf

High School Programme in Kanada, Britisch Columbia, Manitoba, Alberta, Ontario sowie den ganzen USA.
ISKA-Sprachreisen ist DIN geprüft und eine der erfahrendsten Organisationen in Deutschland. Mitgliedschaften: bestehen im Fachverband Deutscher Sprachreise Veranstalter (FDSV), Council on Standards for International Educational Travel (CSIET) und dem BundesjugendForum.

Anzahl jährl. Vermittlungen: 220 – 250

Partnerorganisation: i.d. USA ICES und FTW, in Kanada Vancouver School Board, NVSD, RETSD, Toronto District School Board, Golden Hills School Division

Altersstufe: 13 bis 19 Jahre

Bewerbungsfristen:
USA – bei Abreise Sommer = Anfang April, Abreise zum 2. Halbjahr: Anfang Oktober
Kanada – Abreise Sommer = Anfang Juni, Abreise zum 2. Halbjahr: Anfang Dezember

Voraussetzungen: Selbständigkeit, Weltoffenheit, Kontaktfreude, Neugier, Interesse an fremden Kulturen, Lust, den Horizont zu erweitern und Englisch zu lernen.

Bewerbungsverlauf: Schriftliche Anmeldung, indiv. Vorbereitungsgespräch

Vor- u. Nachbereitung: Vorbereitungsveranstaltung in Deutschland, Orientierungs-veranstaltung im Gastland, Nachbereitungsveranstaltung

Betreuung:
USA: Betreuung vor Ort durch den Area Representative,
Kanada: Betreuung vor Ort durch die Homestay Coordinator, Betreuung der Eltern durch das ISKA-Team

Ausflüge, touristische und kulturelle Angebote: Es werden mehrtägige Erlebnis-reisen zu attraktiven Reisezielen des Landes angeboten.

Dauer des Aufenthalts: 3 Monate, 1 halbes Schuljahr, 1 ganzes Schuljahr

Führerschein: In einigen Fällen möglich - Autofahren ohne Fahrlehrer, ist während des Programms nicht gestattet.

Abreisezeit: 1. Halbjahr: August/September, 2. Halbjahr: Januar/Februar

Betreuung auf dem Flug: Auf Wunsch gegen zusätzliche Gebühr

Programmgebühren:
USA: Halbjahr: ca. 6200,– €, Schuljahr: 6500,– €, Kanada: ab ca. 6000,– €

Zusatzkosten:
USA. Taschengeld 250 – 300 US$ im Monat, Versicherungen Halbjahr 390,– €, Schuljahr 690,– € (obligatorisch), Visagebühren min. 200, € (Wechselkursabhängig)
Kanada: Taschengeld 250 – 300 CAD im Monat, Versicherungen inkludiert, Visa-gebühren min. 90,– €

Stipendien: Vergabe von Teilstipendien für ein ganzes Schuljahr in den USA.

Bewerber **benötigen folgende Fähigkeiten:**

Verfassen von Bewerbungen.
Führen von Bewerbungsgesprächen.
Durchhaltewillen beim Ausfüllen von Bewerbungsunterlagen.
Den Willen zu etlichen Tests und Senimaren.

Erforderlich ist zudem persönliche Reife, d.h.:

Selbstständiges Denken.
Offenheit gegenüber Fremden, Offenheit für neue Erfahrungen.
Flexibilität.
Neugier.
Fähigkeit zur Selbstkritik.
Toleranz gegenüber Neuem.
Die Fähigkeit, Probleme zu erkennen und Lösungsstrategien aufzustellen.
Die Fähigkeit, das eigene Land zu vertreten.
Interesse, Kommunikationsfähigkeit, Kontaktfreude.
Ehrlichkeit.
Sozialverträgliches Verhalten, auch in unangenehmen Situationen.
Akzeptanz von Regeln, auch von ungewohnten, unbequemen und solchen, deren Grund man nicht einsieht.
Aufgeschlossenheit gegenüber der neuen Umgebung.
Motivation zum Erfüllen der gestellten Anforderungen.
Anpassungsfähigkeit, auch wenn es Selbstüberwindung kostet.
Kompromissbereitschaft und Toleranz.

Sprachkenntnisse

Generell wünschenswert, aber in keiner Weise ein Auswahlkriterium. Natürlich wird durch akzeptable Sprachkenntnisse der Eingewöhnungsprozess deutlich beschleunigt, der Kulturschock beträchtlich gemindert und auch der Kontakt zu „potenziellen Freunden" und Mitschülern wird um einiges erleichtert, doch habe ich in den letzten Jahren viele Gastschüler in Deutschland und auch ehemalige deutsche Gastschüler kennengelernt, die ohne große Sprachkenntnisse in ihr Jahr gestartet sind und ein tolles Auslandsjahr erlebt haben. Im Normalfall hat man spätestens nach zwei Wochen die Scheu zu sprechen verloren, und nach ungefähr zwei Monaten kann man sich selbst als Sprachanfänger annehmbar in der fremden Kultur mitteilen.

Nils

Erwartungen

Eine der wichtigsten Voraussetzungen ist die, möglichst keine unrealistischen Erwartungen an das Jahr zu stellen. Sicher wünscht man sich eine spannende, aufregende, glückliche Zeit. Dieser Wunsch sollte jedoch nicht an Bedingungen gekoppelt sein. Wer z.b. unbedingt in eine Großstadt in Florida reisen möchte, beraubt sich der Chance, sich auch in einer Kleinstadt im Norden pudelwohl zu fühlen. Wer unbedingt zu einer Gastfamilie mit zwei Kindern ziehen möchte, findet es furchtbar, bei einer alleinstehenden Rentnerin zu landen obwohl sich der Gast bei ihr vielleicht ebenso wohl oder noch wohler fühlen wird.

Daher: Keine Erwartungen stellen, sondern sich einfach überraschen lassen. Oft erweist sich gerade das als Glücksgriff, was man früher für das Schrecklichste hielt.

Anpassungsbereitschaft

Häufig urteilen Menschen über die Handlungen von Fremden, ohne sich mit dem Hintergrund auseinandergesetzt zu haben. Das sollte einem Gastschüler nicht passieren, denn fremde Kulturen sind nicht besser oder schlechter als die eigene – bloß anders. Gastschüler benötigen eine gewisse Offenheit und Anpassungsfähigkeit gegenüber Ungewohntem und Merkwürdigem. Dabei sollte man sich einer Wertung enthalten, denn keine Gastfamilie möchte sich gern von dem Neuling belehren lassen. Und bei all seinem Ärger und seinen Verbesserungsvorschlägen wird der Gast die Kultur nicht ändern. Zudem hat er sich ja selbst auf das Abenteuer eingelassen.

Viele Konflikte entstehen aus mangelnder Toleranz und Anpassungsfähigkeit. Das ist schade, denn schließlich wollten die Gastschüler eine fremde Kultur kennenlernen. Es ist paradox, dass sie dabei oft nicht die erforderliche Anpassungsbereitschaft mitbringen. Daher sollte man sich wirklich (rechtzeitig) fragen: Möchte ich tatsächlich der Kultur wegen nach Amerika – oder nur der Sprache wegen und weil es eben „cool" ist, dort zu sein?

Hier hilft es, den eigenen Tagesablauf mal aufzuschreiben. Wie wichtig ist mir dieser Ablauf? Kann ich mich problemlos an einen anderen Alltag gewöhnen? Welche Dinge sind mir im Alltag besonders wichtig (z.B. eine halbe Stunde abends für mich)? Als „praktische Übung" kann der Gastschüler mal eine Woche lang in der Familie eines Freundes / einer Freundin wohnen. Dabei zeigt sich schon recht deutlich, wo man noch an der Anpassungsbereitschaft feilen sollte, und in welchen Punkten man mit der Umstellung keine Probleme hat.

Stärke

Eine gewisse Selbstständigkeit und Stärke sind wichtig, denn im Gastland ist man (zumindest innerlich) schon mal auf sich allein gestellt. Das Einleben an einer neuen Schule bereitet mitunter Probleme, wenn man z.B. nicht so rasch Anschluss findet oder öfter Kurse wechseln muss. Fühlt der Jugendliche sich dann auch noch in der Familie nicht wohl, wird die Stressresistenz auf die Probe gestellt.

Benehmen

Bekanntlich sind Menschen verschieden, so auch Jugendliche. In Familien mit mehreren Kindern fragt man sich manchmal, wie diese bei gleichen Eltern so unterschiedlich sein können. Die eine Tochter geht ohne perfekt geschminktes Gesicht nicht aus dem Haus, hat stets vier Freunde an der Hand und weiß über jedes „must have" Bescheid. Die andere erscheint eher etwas langweilig, bodenständig, freundlich, höflich und durchschnittlich. Trotzdem haben sie dieselben Eltern.

Die obige Beschreibung soll den Blick auf das Pubertätsverhalten der Jugendlichen schärfen. In Amerika gelten strenge *Benimmregeln*. Jugendliche werden dort eher als Kinder behandelt, denen man eben strenge Regeln gibt, weniger als Erwachsene. So ist es nicht üblich, dass sich Mädchen und Jungen öffentlich in trauter Zweisamkeit zeigen. Auf gar keinen Fall begeben sich Mädchen und Jungen hinter geschlossene Zimmertüren. Also ist es höchst wichtig, dass sich der Schüler dem Lebensstil der Gastfamilie anpasst und sich auf andere Gewohnheiten einstellt. Im Gastland steht die Gemeinsamkeit der Familie an erster Stelle. Diese Regeln hat der Jugendliche dort einzuhalten, denn ein Verstoß wird teurer. In

den Vertragsunterlagen steht Schwarz auf Weiß, dass sich der Jugendliche zur Einhaltung der Regeln bereit erklärt; andernfalls kann er auf eigene Kosten zurückexpediert werden. Nicht nur das: Fördermittel von Schule oder einer anderen Behörde sind dann mit hoher Wahrscheinlichkeit zu erstatten. Unsere Worte nehme man sich zu Herzen. Wenn Nichteinhalten von Verabredungen, Zuspätkommen oder wechselnde Turteleien des Jugendlichen in regelmäßiger Reihenfolge auftauchen, wäre es möglich, den Auslandsaufenthalt frühzeitig zu beenden.

Krankheiten und Einschränkungen

Gesundheit

Jeder Mensch hat die eine oder andere Einschränkung, was kein Hinderungsgrund für eine Reise nach Amerika ist. Besonders Tierhaar-*Allergien* oder ein Ausschlag sind keine schwerwiegenden Gesundheitsprobleme. Allerdings berücksichtige man sie bei der späteren Auswahl der Gasteltern, bei denen Felltiere nach Möglichkeit nicht gehalten werden sollten.

Bei schwerwiegenden Problemen wie einer Herzerkrankung, einer vorhergehenden Leukämie oder einer Lähmung prüfe man gemeinsam mit dem Arzt, ob ein Nordamerika-Aufenthalt infrage kommt. Zu bedenken ist auch, dass der Schüler dort sehr auf sich allein gestellt ist, denn in den meisten Fällen arbeiten beide Gastelternteile ganztags.

Hier möchten wir an Eltern appellieren, da der Jugendliche gesundheitliche Einschränkungen evtl. schnell vom Tisch wischt. Das akzeptiere man auf keinen Fall. Sonst trudeln später vielleicht Woche um Woche Meldungen über Arztbesuche, Krankenhausaufenthalte etc. ein, ohne dass jemand etwas dagegen tun kann. Daher bleibe man vernünftig und frage sich ernsthaft, ob der körperliche Zustand des Jugendlichen einwandfrei ist bzw. ob er mit den auftretenden Problemen umzugehen weiß.

Im Vordergrund steht die Frage, wie der Jugendliche mit seiner *Krankheit* umgeht. Ist er in der Lage, auch Krisen in Bezug auf die Einschränkung zu überstehen? Hier ein paar Beispiele:

Fall: Ein Jugendlicher mit Diabetes hat rund um seine Erkrankung besser Bescheid zu wissen als sein Arzt. Da die Ernährung in Amerika anders ist als hier, muss er wissen, wie bei Entgleisungen zu verfahren ist. Außerdem teile er sich mit, wenn er Hilfe oder ein bestimmtes Medikament benötigt. Bestehende Unsicherheiten sind jetzt noch zu beheben.

Fall: Der Jugendliche leidet unter einer manchmal auftretenden Hyperventilation. Durch die Umstellung oder Verunsicherung, durch Schlafmangel oder Ähnliches taucht dieses Symptom in Zukunft vielleicht häufiger auf. Der Jugendliche muss dann darauf programmiert sein, niemals ohne entsprechende Tüte (die er sich im Falle des Auftretens über den Kopf zieht) aus dem Haus zu gehen. Diese Prozedur ist vorher zu üben, damit die Handlung im Notfall wirklich sitzt. Zudem ist entscheidend, dass der Jugendliche seinen Zustand verbal ausdrücken kann, da er sich sonst im Krankenhaus wiederfindet, was unnötige Kosten verursacht.

Fall: Leidet der Jugendliche unter einer gefährlichen Allergie (Insektenstich- oder Nahrungsmittelallergie), hat er sich damit gut auszukennen. Ein Ausweis ist stets bei sich zu tragen, wenn notwendig auch ein Gegenmittel. Die Menschen in seinem Gastland müssen über sein Problem Bescheid zu wissen, denn schnelle Hilfe im Notfall rettet bekanntlich das Leben.

Selbstverständlich gibt es auch Jugendliche mit *Behinderung*. Wenn sie dieses durch Hilfsmittel kompensieren oder mit ihrer Einschränkung leben können, ist der Aufenthalt kein Problem. Allerdings sollten keine psychologischen Probleme bestehen. Der Vermittler wird sehr genau prüfen, ob der Jugendliche mit seiner Einschränkung umgehen kann.

Es wird bemerkt: Wir zielen auf Selbstständigkeit in Bezug auf die eigene Person ab. Diese ist immens wichtig und würde vermutlich, sofern nicht vorhanden, zu einem vorzeitigen Abbruch des Aufenthalts führen. Jugendliche besitzen bekanntlich eine rasche Auffassungsgabe. Daher scheue man sich nicht, sie im Umgang mit einer evtl. bestehenden Erkrankung zu fördern. Dazu ist es ratsam, eine

Selbsthilfegruppe oder den Arzt hinzuzuziehen.

Psychische Probleme

Bei psychischen Problemen ist von diesem Ausflug abzuraten. Die Belastung
kann hoch werden, besonders bei Problemen mit der Familie oder Schule.
Konflikte, Krisen, Heimweh u.ä. können die bestehenden Probleme noch
verstärken bzw. längst überstanden
geglaubte Störungen (z.b. Magersucht)
wiederauflodern lassen. Außerdem
sind ärztliche Behandlungen in diesem
Bereich nicht durch die Versicherung
gedeckt. Das könnte nicht nur unglücklich, sondern auch arm machen.

Ehrlichkeit

Sie ist gegenüber Agentur und Gastfamilie von großer Bedeutung, da
besonders letztere ohnehin eine große
Verantwortung übernimmt. Wichtig ist
daher, dass der Jugendliche seine Behinderung in der Selbstdarstellung und
die Eltern dies im Elternbrief erwähnen. Auch der Arzt sollte seine Meinung zu der Einschränkung geben.

Die Beteiligten wollen nicht nur
aus Selbstverständlichkeit über alle
wichtigen Aspekte in Kenntnis gesetzt
werden, sondern auch aus anderen
Gründen: Scheitert der Aufenthalt z.B.
wegen einer nicht erwähnten Erkrankung, wird sicher keine Versicherung
die Behandlungskosten übernehmen.
Medizinische Notfälle (z.B. wegen
Magersucht) lassen sich oft vermeiden,
wenn der Jugendliche seine Krankheit
angibt und die Agentur ihn in eine ent-

sprechende Gastfamilie bzw. ein entsprechendes Umfeld (z.B. mit Fach-
arzt) gibt. Das gilt für körperliche Probleme ebenso wie für psychische.
Rechtzeitige Aufklärung kann viel verhindern.

Verschweigt die Familie gesundheitliche Probleme, sitzt sie am Ende allein
auf einem – mitunter riesigen –
Kostenberg. Zumal der Aufenthalt für
den Jugendlichen dann sicher zum negativen Erlebnis wird.

Selbst „kleine" Erkrankungen, mit
denen der Jugendliche eigentlich allei-
ne klarkommt, sollten angegeben werden (z.b. Asthma).

Nützliche Adressen

Die der zuständigen Krankenkasse.
Man erkundige sich auf jeden Fall bei
der Krankenversicherung über mögliche Leistungen. Beratung und Informationen erhält man zudem bei folgenden
Vereinigungen:

*Deutsche Verbindungsstelle Kranken-
versicherung – Ausland*
Tel.: 030 206288-0,
post@dvka.de,
www.dvka.de

*Hauptverband der österreichischen
Sozialversicherungsträger*
Tel.: 01 711 32,
www.sozvers.at

*Gemeinsame Einrichtung KVG
Abteilung internationale Koordination,
Krankenversicherung*
Tel.: 032 625 30 30,
info@kvg.org, www.kvg.org

Planungsbeginn

Nichts für Sensibelchen …
Ratlosigkeit macht sich breit. Wie fängt man bloß am besten an? Ist es ratsam, dass sich der potentielle Gastschüler erst bei einer *Organisation* bewirbt oder erst Informationen zur *Finanzierung* einholt? Wie verbindlich ist eine *Bewerbung* bei solchen Organisationen? Was passiert, wenn alle zusagen? Fragen über Fragen, und die größte aller Fragen: Wo fängt man am besten an? Es wäre ja enttäuschend, wenn alles in die Wege geleitet und der Schüler angenommen ist, und dann die Finanzierung nicht klappt. Man bedenke, dass Zusatzkosten wie Taschengeld, Visumgebühren, Reisekosten zu den Vorbereitungstreffen und zum Konsulat zur Visumbeantragung dazukommen.

Um hier auf die Sprünge zu helfen: Es sind zwei Wege gleichzeitig zu beschreiten. Zum einen holt der Schüler Informationsmaterial mehrerer Anbieter ein. Dies sollten vorzugsweise die Schüler, nicht die Eltern übernehmen, quasi als erste Bewährungsprobe, die eben einen Berg Arbeit aufwirft.

Zum anderen erkundigen sich Eltern und Schüler bei folgenden Behörden:

Zur Behörde, die im jeweiligen Land für die Finanzierung zuständig ist (im Fall Deutschland das BAföG-Amt, in Österreich und der Schweiz Stipendienorganisationen).
Zum Gesundheitsamt, um zu erfragen, ob und wann welche Impfungen vorgenommen werden können.
Zur Schulbehörde, die Auskunft darüber gibt, wie man den Übergang am besten organisiert.

Es sind auch „dumme Fragen" gestattet, denn je mehr man weiß, desto rascher gelangt man ans Ziel.

Einholung von Unterlagen

Beim Einholen der Informationsunterlagen (wie auch später beim Ausfüllen) ist es ganz wichtig, keine unbedachte *Unterschrift* zu leisten. Jeder seriöse Anbieter ist darauf angewiesen, dass sich Schüler und Eltern bei ihm bewerben. Daher benötigt er auf Formularen, die der Zusendung von Informationen dienen, keine Unterschrift. Möchte jemand also lediglich Auskünfte einholen, so leiste er keine Unterschrift! Sonst besteht stets die Gefahr, „aus Versehen" einen Vertrag abgeschlossen zu haben, dessen Stornierung schon mal zehn Prozent des Gesamtpreises kostet. Die Einholung der Informationen erfolgt entweder telefonisch, per Fax, E-Mail oder postalisch.

Dies ist erst die Bewerbungsvorphase, die noch ohne Gespräche auskommt. In vielen Familien stellt sich zu diesem Zeitpunkt heraus, wie unselbstständig das eigene Kind ist. Bei fremden Menschen und Organisationen anzurufen, sich kurz vorzustellen und dann um Material zu bitten, fällt vielen Jugendlichen unendlich schwer. Trotzdem ist es wichtig, sich hindurchzukämpfen. Es erweitert die persönlichen Kompetenzen des Jugendlichen.

Bereits hier bietet es sich übrigens an, den Vermittler nach Telefonnummern oder E-Mailadressen von ehemaligen Gastschülern zu fragen. Viele händigen diese dem Jugendlichen nämlich erst nach Vertragsabschluss aus.

Grundsätzlich kann sich z.B. ein Schüler aus der Schweiz auch bei einer Organisation in Hamburg bewerben und umgekehrt. Die Bedingungen werden sich nicht unterscheiden. Aber es wäre natürlich unpraktisch, den Ansprechpartner so weit weg zu haben. Wichtig ist, dass der Vermittler einen Sitz im Heimatland hat, damit Streitereien nach heimischem Recht abgewickelt werden und die Familie zu Gerichtsterminen nicht nach Amerika reisen muss.

Die *Bewerbungsfristen* der Anbieter sind völlig unterschiedlich. Einige wollen die Bewerbung bis zum September des Jahres vor der Abreise haben; andere nehmen noch im Frühling des Abreisejahres Schüler auf. Hier lese man in den Unterlagen nach. Nützlich ist die Tatsache, dass einige Veranstalter ihre Bewerbungsfristen weiter hinausschieben, wenn sie noch freie Plätze haben. Sehr wichtig sind die Fristen in Bezug auf ein eventuelles Stipendium, denn dafür muss man rechtzeitig die Bewerbung abgeben.

Reiseziel / Wunschland

Der Traum vieler Schüler ist, Amerika kennenzulernen. Aber es ist nicht selbstverständlich, dass die Reise wirklich dorthin führt. Viele Organisationen lassen die Bewerber mehrere Länder angeben. Möglicherweise darf der einzelne Schüler auch Prioritäten oder Punkte für ein Land setzen, aber das *Reiseziel* bleibt oft für längere Zeit offen. Dies ist vor allem dann ein Problem, wenn der Schüler klar definiert: Amerika oder gar nicht. Dann sind bereits bei der Auswahl der Vermittler sehr viele Namen zu streichen.

Sicherlich hat sich der Schüler Unterlagen vieler Anbieter zusenden lassen. Nach der Empfangnahme ist zu prüfen, ob die Möglichkeit besteht, das *Wunschland* entsprechend zu fixieren. Die Preise liegen unserer Ansicht nach bei Organisationen ohne Option auf ein bestimmtes Land ein wenig niedriger.

Einige Veranstalter lassen die Bewerber Bundesstaat bzw. Region wählen (evtl. gegen Aufpreis), ja sogar bestimmte Schulverwaltungsbezirke. Andere lehnen dies ab, da der Jugendliche dadurch eigentlich nur touristisches Interesse zeigt. Zumal ein Gebiet oft ganz anders ist als die eigenen Vorstellungen davon, und der Erfolg des Aufenthalts eher vom sozialen Umfeld abhängt als von der Region. Gemeinsam mit dem Jugendlichen überlegen Eltern ernsthaft, ob wirklich nur Amerika in Frage kommt. Jugendliche unterliegen hier besonders strengen Verhaltensrichtlinien. Und: Amerika ist weit weg. Wäre vielleicht England oder Spanien eine Möglichkeit? Gefühlt und tatsächlich sind diese Länder nur einen Katzensprung entfernt. Es schadet nicht, sich auch mit anderen Zielländern auseinanderzusetzen. Vielleicht möchte man ja nur nach Amerika, weil alle dorthin gehen? Weil es „cool" ist? Weil man glaubt, die USA oder Kanada schon recht gut zu kennen und sich daher nicht ganz so umstellen muss?

Nützliche Adressen

www.reisetops.com

www.fernweh.de

www.fernwehundweg.de

Folgende Internetseiten zeigen, dass auch ein Aufenthalt in Russland eine tolle Erfahrung sein kann:

www.wirteltor-gymnasium.de

www.projekt-sibirien.de

Informationsabende

Viele Anbieter veranstalten sogenannte *Informationsabende*. Diese sind unbedingt zu besuchen, auch wenn bereits eine Organisation in die nähere Auswahl gezogen wurde. Man erfährt dort viel über Länder, Menschen und das Prozedere des Programms.

Uns haben die Unterschiede der finanziellen Rahmenbedingungen der einzelnen Organisationen höchst überrascht. Einige arbeiten mit vielen ehrenamtlichen (Gast-) und wirklichen Müttern, die kein Geld für ihre Arbeit erhalten. Die Veranstaltung ist mit einfachsten Mitteln gestaltet, kein Glamour, kein Kaffee, und auch kein Wasser für die Besucher. Der Beamer uralt und auf Orangenkisten, da kein passender Tisch vorhanden. Die Power-Point-Präsentation zwar lesbar, aber methodisch einfach. Aber durch diese ständige ehrenamtliche Präsenz hat man die Möglichkeit, als Teilnehmer oder Eltern die Zuständigen bei Fragen oder Problemen jederzeit bis abends um 20 Uhr zu erreichen.

Andere Vermittler residieren in den teuersten Gegenden der Stadt, überreichen Schülern und Eltern Hochglanzbroschüren (bekanntlich teuer). Hier tauchen keine Ehrenamtlichen auf. Die Bürozeit liegt zwischen 10 und 13 Uhr. Danach ist niemand mehr zu erreichen. So werden Kosten gespart, was letztlich den Teilnehmern zugute kommt.

Eltern und Jugendliche verlassen sich hier wohl oder übel ein wenig auf ihr Bauchgefühl, denn eine Empfehlung wollen wir nicht aussprechen. Mag man es lieber bodenständig und einfach oder lieber etwas gediegener mit entsprechendem Luxus? Die Chemie zwischen den bei dem Veranstalter arbeitenden Personen und einem selbst ist auch insofern wichtig, als sich Eltern und Jugendlicher später voll auf die Vertreter verlassen müssen (z.B. bei gesundheitlichen Problemen etc.)

Unsere Entscheidung wollen wir keinem vorenthalten. Uns haben die Veranstaltungen der einfach ausgestatteten Organisationen imponiert, denn es ist einfach großartig, mit einfachen Mitteln viel auf die Beine zu stellen.

Wir haben also nach Gefühl und Empfinden entschieden. Allerdings entscheiden Gastschüler bei dem von uns bevorzugten Vermittler nicht selbst über ihr Zielland. Sie suchen sich ca. acht Länder aus, woraufhin sie nach dem Auswahlverfahren vor die Entscheidung gestellt werden. Die Reise ginge wahrscheinlich also nach Russland, Island, Grönland oder Spanien. Amerika rückte damit unter Umständen in weite Ferne. Da meine Tochter sich zeitgleich bei einer anderen (teureren) Agentur beworben hatte, ergab sich nun die Gelegenheit, sich dort ihr Wunschziel, die USA, verbindlich zu wünschen. Das hat dazu geführt, dem finanziell nicht so gepolsterten Vermittler schweren Herzens abzusagen.

Nützliches Vokabular

Bewerbungsgespräch: Bevor ein Teilnehmer zu einem solchen werden kann, muss er ein Bewerbungsverfahren durchlaufen. Der potenzielle Teilnehmer wird (von seriösen Vermittlern) auf Herz und Nieren geprüft. Dazu gehört eben auch ein Vorstellungsgespräch (Bewerbungsgespräch), bei dem er die Organisation kennenlernt und diese ihn.

Direct Placement: Der Schüler sucht privat eine Gastfamilie, die wiederum eine passende Schule sucht. Natürlich kann man auch von Europa aus eine Highschool suchen. Allerdings werden amerikanische Schüler stets Vorrang vor privaten (ausländischen) Schülern haben, da sie in einem finanziell und sozial abgesicherten Rahmen die Highschool besuchen.

Gruppenauswahl: Nicht jede Auswahl oder jedes Gespräch findet nur mit einem Bewerber statt. Häufig werden Gruppenveranstaltungen durchgeführt, z.B. mit Diskussionen oder Workshops, oder die Organisation führt ein Gespräch mit zwei bis drei Schülern gleichzeitig.

High School: Oberbegriff für die Form der Schule, die von den Gastschülern besucht wird.

Host Family: die Gastfamilie des Schülers.

Nachbereitungsseminar / Nachbereitungscamp: Auch wenn alles vorbei ist, sollte die Zusammengehörigkeit unter den Gastschülern beibehalten werden. Dazu dienen diese Seminare. Die Workshops und Gespräche helfen den Jugendlichen, sich in der europäischen Welt wieder zurechtzufinden. Vieles ist nun anders und ungewohnt, aber es muss sich ja wieder ein Alltag einstellen. Solch eine Nachbereitung hilft, wieder auf die Beine zu kommen, wenn man denkt, dass man gar nicht mehr weiß, wo man hingehört. Evtl. möchten die wieder zu Hause angekommenen Schüler ja selbst Paten für einen baldigen Gastschüler werden? Hier werden sie „rekrutiert" und eingewiesen.

Partnerorganisation / Kooperationsgesellschaft: Organisation mit Sitz im Gastland. Arbeitet eng mit dem Veranstalter im Heimatland zusammen.

Pate: Ein ehemaliger Gastschüler, der sich neuen Schülern als Ansprechpartner zur Verfügung stellt.

Platzierung: Unterbringung in einer Familie oder Highschool

Private Highschool: Privatschule

Residence: Unterhält die Organisation in verschiedenen Städten Büros, so heißen diese „Residences".

Secondary school: Die sogenannte Höhere Schule, die der Schüler im Ausland besuchen wird. Unter diese Kategorie fällt auch die Highschool.

SEVIS: Student and Exchange Visitor Information System, dient zur Erfassung der Daten aller Gastschüler in den USA.

Vorauswahl: Hat ein Veranstalter Interesse an einem Bewerber, kommt dieser in die sogenannte Vorauswahl. Er kann zu dem Zeitpunkt immer noch zurücktreten.

Vorbereitungsseminar / Vorbereitungscamp: Hier werden Workshops und Diskussionen geführt, die zeigen sollen, ob der Jugendliche wirklich bereit für dieses Abenteuer ist. Die Veranstaltung bereitet inhaltlich auf die Reise vor.

Welcome Family: Hat ein Gastschüler bis zum Abflug noch keine Gastfamilie, so wohnt er zunächst bei einer welcome family.

Veranstalter gesucht!

Bewerbungsunterlagen

Der erste Schreck …

Der Postbote hat geklingelt, denn der Brief für meine Tochter ist so dick, dass er nicht durch den Briefschlitz passt. Er kommt von einer der vielen Organisationen. Nach der anfänglichen Freude, dass es in diesem magischen Moment irgendwie losgeht, stellt sich Ratlosigkeit ein. Nach ein paar Minuten überlegen wir, ob der Brief eventuell von einer bekannten Sekte stammt.

Wir Eltern werden gebeten, unsere innere Einstellung zu diesem und jenem, unsere Religion, unsere Hobbys und Anderes aufzuschreiben. Das geht uns doch etwas zu weit.

Aber es befindet sich noch ein Umschlag im Briefkasten – nicht der letzte in den nächsten Tagen. Wir staunen, denn jeder Anbieter hat andere *Bewerbungsunterlagen* und Ansprüche.

Das Formular ist gewissenhaft auszufüllen, zu einem Drittel vom Schüler, die übrigen zwei Drittel bleiben den Eltern überlassen. Da es sich lediglich um einen Din-A-4-Bogen handelt, geht das Ausfüllen rasch vonstatten. Den Bogen schicke man pünktlich zurück. Faxt man ihn, so muss er auf jeden Fall zusätzlich per Post versandt werden.

Inhalt dieses Fragebogens:

- Personalien
- Geburtsdatum
- Zielland
- Termin des Aufenthalts und Länge (drei, fünf oder zehn Monate)
- Frage, ob man sich auch bei anderen Veranstaltern beworben hat
- Jetzige Schule
- Durchschnittsnote des letzten Zeugnisses

Dieser Fragebogen ist der letzte, den wir in deutscher Sprache erhielten. Ab jetzt wurde Englisch gelesen und geschrieben. Achtung: Flattern dem Schüler als Bewerbungsunterlagen gleich englische Formulare und Briefe ins Haus, deren Ausfüllen zeitintensiv ist, sollte er aufmerken. Normalerweise erfolgt die Auswahl der Bewerber zuerst von der europäischen Organisation durch kurze Formulare in der jeweiligen Landessprache (in diesem Fall Deutsch) und durch Gespräche. Hat der Jugendliche die erste Prüfung bestanden, bekommt er ausführliche Unterlagen der amerikanischen Partnerorganisation (auf Englisch, s. Kap. „Vorläufige Zusage"). Sind die Unterlagen jedoch gleich äußerst umfangreich und auf Englisch verfasst, möchte der europäische Vermittler vermutlich die ganze Auswahlarbeit dem amerikanischen Partner überlassen.

> Ich würde mich bei mehreren Organisationen bewerben, auch wenn es viel aufwendiger ist. So habe ich hautnah mitbekommen, wie unterschiedlich alle sind und arbeiten.

> Außerdem hat jeder Vermittler andere Voraussetzungen. So kann es passieren, dass der eine sagt, man sei nicht geeignet, der nächste einen jedoch mit Kusshand aufnimmt. Das braucht nicht zu verwundern, erhöht es doch die Chancen für jeden.
>
> Johanna

Vorsicht: Durch die Einsendung der Unterlagen kommt möglicherweise ein Vertrag zustande, denn die Bewerbung des Schülers bedeutet bereits eine Anmeldung am Programm. Tritt man davon zurück, fallen ggf. saftige Stornogebühren an. Besonders bei *Doppelbewerbungen* achte man darauf, sofern nicht feststeht, ob der Vertrag erst mit der Unterschrift der Erziehungsberechtigten rechtswirksam abgeschlossen ist. Man entscheide sich nur für eine Organisation, bei der der Vertrag erst mit Unterschrift der Erziehungsberechtigten gültig wird.

Besondere Vorsicht lasse man bei Anbietern walten, die bereits mit diesen ersten Unterlagen eine definitive *Zusage* wünschen. Damit könnten bereits Kosten auf die Eltern zukommen, auch wenn die Reise später gar nicht angetreten wird.

Immer wieder hört und liest man von Verträgen, die Schüler und Eltern „nebenbei" oder „aus Versehen" eingegangen sind. Die ersten Gefahren lauern, wenn die Familie eine oder mehre Veranstalter ins Auge gefasst hat und nun Bewerbungsunterlagen ausfüllt oder Bewerbungsgespräche führt, um zu sondieren, welcher zu ihr passt.

Denn ab jetzt kann jede Unterschrift den Bewerber zum Teilnehmer machen. Also keine unbedachte Unterschrift leisten! Man nehme alle Unterlagen erst mit nach Hause und lese alles ganz genau durch, auch das ganz klein Gedruckte auf den Rückseiten. Über allen Entscheidungen schlafe man erst eine Nacht, bevor man unterschreibt.

Auch wir bekamen zu hören, wir mögen doch gleich unterschreiben, sonst wären alle Plätze weg. Lassen Sie sich keine Geschichten erzählen, denn natürlich ist auch ein Tag später noch ein Platz für den Jugendlichen vorhanden. Zudem kann die „tolle Gastfamilie", mit der geworben wird, in der langen Zeit auch wieder abspringen. Seriöse Firmen angeln nicht nach Bewerbern. Denn es ist ja auch abzusehen, dass es immer wieder Ärger gibt, wenn die Vorbereitungen bereits mit Problemen beginnen.

Im Nachhinein ist uns aufgefallen, wie viel Zeit wir in diesen Traum investiert haben. Nicht nur durch Termine, sondern auch durch Recherchieren, das Ausfüllen von Unterlagen etc. Bereits in dieser Phase fühlt man sich nicht mehr so: Mal schauen, ob es etwas für mich ist, sondern so: Mal schauen, wie wir das nun schaffen. Was wir damit sagen wollen: Will die Familie nicht, dass der Jugendliche nach Nordamerika geht, so wäre es ratsam, spätestens hier den Traum zu beenden.

Bewerbungstipps

Die sorgfältige Auswahl des Bewerbers – durch Fragebögen, selbst zu verfassende Texte, Bewerbungsgespräche etc. – sehe man nicht als Schikane. Ganz im Gegenteil ist sie ein Zeichen der Qualität des Anbieters. Schließlich soll kein Schüler nach Amerika geschickt werden, dessen Scheitern schon im Vorhinein feststeht – sei es wegen falsch begründeter Motivation, psychischen Problemen oder zu großem Heimweh. Manche Schüler möchten mit dem „Ausflug" vor heimischen Problemen fliehen, oder haben sich nur deshalb halbherzig bei dem Veranstalter beworben, weil ihre Eltern es gerne sähen. In solchen Fällen ist es – besonders für den Schüler – einfach besser, zu Hause zu bleiben, als dass der Veranstalter ihn nur des Geldes wegen mit „ins Boot nimmt". Deshalb wundere man sich nicht über zahlreiche Fragebögen oder „merkwürdige" Fragen beim Auswahlgespräch. Je sorgsamer ein Veranstalter seine Bewerber auswählt, desto besser ist er offenbar – weshalb man bei solchen, die dem Bewerber kaum Fragen stellen, kritisch sein sollte. Zu den wichtigen Funktionen von Agenturen gehört nicht nur die Annahme tauglicher Bewerbern sondern auch die Ablehnung ungeeigneter.

Termintreue

Fehlen Unterlagen, so dauert die Bearbeitung länger oder erfolgt u.U. gar nicht. Daher sende man dem Vermittler stets alle verlangten Formulare, Dokumente etc. zu. Dabei ist Termintreue wichtig; Rücksendetermine sind unbedingt einzuhalten. Eine Bewerbung auf den „letzten Drücker" macht sich nicht so gut, da andere Schüler dann evtl. rasch vorgezogen werden. Wird eine Frist nicht eingehalten, kann die Organisation von Unzuverlässigkeit des Schülers ausgehen und ihn ausschließen. Muss also wirklich ein Formular nachgereicht werden, teile man dies rechtzeitig schriftlich mit.

Stil und Form

Auf alle Bewerbungsunterlagen – besonders die, welche die Gastfamilie zu Gesicht bekommt – verwende man große Mühe. Das gilt für Formulierungen ebenso wie für das Aussehen. Die Blätter müssen auf jeden Fall sauber und ordentlich wirken; keinesfalls dürfen runde Ecken und (z.B. bei einem Anschreiben) durchschimmerndes Papier zu finden sein.
Die Fotos, die man während der Bewerbungsphase abgeben muss, sollten natürlich wirken. Man wähle sympathische Fotos aus, die keinesfalls streng wirken dürfen. Das mögen Amerikaner nicht. Lächeln ist wichtig, denn ernste Bilder schrecken viele Gastfamilien ab. Dabei dienen die Fotos ja dazu, genau sie anzusprechen. Ein gepflegtes Äußeres ist ebenfalls wichtig, wozu weder Piercings noch allzu bunt gefärbte Haare gehören.

Johanna

Ehrlichkeit

Eine besonders wichtige Eigenschaft von Gastschülern. Es ist keine schöne Überraschung für die Gastfamilie, wenn der angeblich brave Musterschüler sich als das Gegenteil entpuppt, oder wenn der angebliche Hundeliebhaber die Tiere eigentlich gar nicht mag. Zumal die Organisation bei falschen Angaben eine Gastfamilie aussuchen wird, die nicht zu einem passt – was den Aufenthalt vermutlich vermiest.

Bewerbungsgespräch

Nach Ausfüllen der ersten Bewerbungsunterlagen steht dem Jugendlichen ein Bewerbungsgespräch bevor. Dieses dient der Feststellung, ob seine Schullaufbahn und Persönlichkeit zum Programm passen. Man berücksichtige, dass dieses Gespräch zugleich Verkaufsgespräch ist. Deshalb darf zu diesem Zeitpunkt der Vertrag niemals abgeschlossen werden.

Hier entstehen die ersten Probleme. Ein Anbieter forderte uns dazu auf, zu notieren, wie viel Geld wir auf jeden Fall bezahlen können, unabhängig von eventuellen Förderungen. Wir fühlten uns festgenagelt, da wir noch gar nicht genau wussten, was die Schule in Amerika kostet. Gedanklich schied auch diese Organisation aus.

Ein gutes Indiz für die Qualität der Agentur ist die Zeit, die sie sich für den Bewerber nimmt. Natürlich muss das Gespräch nicht gleich den ganzen Tag dauern, aber mehr als zehn Minuten sollten es schon sein. Man achte auf eine gründliche Auswahl der Bewerber; an dieser sollte dem Schüler alles gelegen sein.

Die einfachste Art des Vorstellungsgesprächs ist natürlich ein Telefonat. Ob der Veranstalter den Schüler dabei gut genug kennenlernen kann, um über seine Eignung für dieses Programm zu urteilen, ist fraglich. Zudem gebietet schon der Anstand, dass auch Schüler und Eltern die Mitarbeiter des Vermittlers kennenlernen dürfen. Wird der Schüler nicht einmal in die Räumlichkeiten der Organisation gelassen, sondern trifft sich mit einem Mitarbeiter z.B. für zwanzig Minuten in einem Bahnhofslokal, sollten Zweifel an der Seriosität aufkommen.

Der Schüler ist vor dem Gespräch verständlicherweise ziemlich nervös und macht sich tausenderlei Gedanken. Die große Aufregung kann er sich jedoch meist sparen, denn oft verlaufen die Treffen wesentlich lockerer als erwartet. Bei allen Vorstellungsgesprächen sollten Schüler und Eltern normal und natürlich ankommen, denn es handelt sich ja nicht um einen Modelwettbewerb. Der gute Ton (Pünktlichkeit etc.) ist natürlich nicht außer Acht zu lassen.

Wichtige Fragen lasse man sich schriftlich beantworten, denn ohne einen Zeugen besitzen mündliche Aussage keinen (rechtlichen) Wert.

Einige Anbieter prüfen übrigens bereits beim Bewerbungsgespräch die Sprachkenntnisse der Bewerber. Dazu nutzen sie entweder einen Test (s. Kap. „Sprachtest"), oder führen Teile des Gespräches auf Englisch. Hierauf sollte man vorbereitet sein.

Selbsteinschätzung und Urteil anderer

Ich bin froh, dass mein Vater mich zum Bewerbungsgespräch begleitet hat. Somit verlief das Gespräch nicht so angespannt. Es war sehr interessant, dass wir beide in getrennte Räume gebracht wurden. Ich musste meine Fähigkeiten einschätzen, und mein Vater hatte die Aufgabe, mich von seiner Warte aus zu beschreiben. Die guten Eigenschaften standen im Vordergrund, aber auch die nicht so perfekten Seiten wurden abgefragt. Später wurden die Ergebnisse verglichen und besprochen. Zum Glück gingen unsere Meinungen nicht so weit auseinander.

Johanna

Checkliste: Bewerbungsgespräch

Aspekt:	Zu beachten:
Vorbereitung	Schüler: Bitte die Unterlagen des Anbieters vorher genau durchlesen, so dass dieser als bekannt beschrieben werden kann. Wo hat er seinen Sitz (auch im Ausland), wie lange bestehen diese "Filialen" bereits, mit wem arbeitet er in Amerika zusammen etc. Das Wunschland sollte (mit Begründung) feststehen. Die eigenen Ziele des Aufenthalts müssen benannt werden können (wobei nicht das Sprachenlernen im Vordergrund stehen sollte). Außerdem bereite man sich auf einen möglichen Sprachtest vor bzw. darauf, sich auf Englisch zu unterhalten.
Ablauf	Der Ablauf schwankt von Vermittler zu Vermittler. Allerdings wird ungefähr Folgendes passieren: 1. Vorstellung des Anbieters (zur Aufwärmung der Gesprächsatmosphäre) 2. Vorstellung des Schülers und der Familie (Berufe und Hobbys der Eltern und Geschwister, Routinetagesabläufe und Ähnliches). Erfahrungen mit anderen Organisationen dürfen erzählt werden, aber nur sachlich, ohne über sie "herzuziehen". 3. Mündlicher und schriftlicher Sprachtest, allerdings nur bei manchen Anbietern.
Fragen von Eltern und Schüler	Gutstrukturierte Fragen zum Programm und Veranstalter stellen, z.B.: Wie viele Vorbereitungsseminare gibt es? Wie gut müssen die Noten sein? Wie sieht es mit Elterngesprächen (Elternabenden) vorher und zwischendurch aus? Wer ist Ansprechpartner im Heimatland und wer in Amerika? Wie teuer wird der Aufenthalt? Was ist im Preis enthalten? Was kommt hinzu? Wie wird die Finanzierung gelingen? In welchen Abständen sind die Raten fällig? Wie wird die Fahrt medizinisch vorbereitet? Welche Unterlagen sind einzureichen? Was ist bei Problemen zu tun bzw. wird getan? Wie und wann wird die Gastfamilie gefunden? Was ginge ggf. ein Gastfamilienwechsel vonstatten? Welche Einschränkungen haben Schüler im Gastland gegenüber zu Hause? Wann reist der Schüler wieder heim? Wie sind die Zeiten der Erreichbarkeit im Heimatland und im Ausland? Fragen zu bislang offenen Punkten der Agentur, z.B. zu Filialen, der Partnerorganisation, Gastländer etc. Welche und wie viele Ansprechpartner gibt es für die Schüler? Etc.
Fragen an Schüler und Eltern	Wie stellst Du Dir das Auslandsjahr vor? Warum sollte es gerade dieses Gastland sein? Was tätest Du, wenn Du Dich nicht mit der Gastfamilie verstündest? Beschreibe Dich kurz selbst. Was sind Deine Hobbys? Wie wird es sein, wenn jemand in der Familie fehlt?

Aspekt:	Zu beachten:
Auskünfte zur eigenen Persönlichkeit	Beschreibe Deine guten und schlechten Eigenschaften. Der Schüler sollte keine Hemmungen haben, etwas über sich zu erzählen. Es müssen keine Geheimnisse sein, aber Aussagen zu seinen Freizeitbeschäftigungen, zu Sportarten oder dazu, ob er sich für die Natur interessiert, sind wichtige Hinweise, eben auch in Bezug auf die spätere Gastfamilie.
Darauf sollten Schüler und Eltern achten	Wie viel Zeit nimmt sich der Vertreter für das Gespräch? Geht er auf Fragen und die individuelle Situation ein? Klärt er über mögliche Probleme auf? Was sagt mein Bauch / mein Gefühl zu der Agentur? Fühle ich mich wohl und in guten Händen? Etc. Wichtig sind alle Anzeichen, die auf (fehlende) Seriosität und Vertrauenswürdigkeit hindeuten.
Zeit	Man plane mindestens drei Stunden für das Gespräch ein, denn es werden eine Menge Informationen fließen. Ist das Gespräch in zehn Minuten abgetan, sollte man sich nach einer besseren Agentur umsehen.
Kleidung	Nicht zu schick, doch auch nicht zu leger. Ein gepflegtes Äußeres ohne zu viel Schminke ist hier der richtige Weg.
Schreibzeug	Selbstverständlich sollten ein sauberer Block und ein Stift mitgenommen werden.
Handy	Es bleibt im Auto oder zu Hause, denn bei diesem Gespräch achtet der Vermittler bereits auf das selbstständige Verhalten. Handys haben dabei nichts zu suchen. Ausnahme: Ein Elternteil ist Notarzt und im Dienst, dann wird man dafür Verständnis aufbringen.
Begleitung	Ein Familienoberhaupt sollte den Schüler begleiten, denn auch die Einstellung der Eltern ist von großer Wichtigkeit. Allerdings bleiben Geschwister, Onkel und Omas zu Hause.
Pünktlichkeit	Unbedingt eine halbe Stunde früher losfahren als empfohlen (vom Navi oder einem Wegkundigen). Zu spät sollte man hier wirklich nicht erscheinen.
Der gute Ton	Keine negativen Erzählungen über andere Agenturen, denn dann liegt nahe, dass auch über diese schlecht geredet wird, sobald etwas schief läuft. Kein aufgetakeltes Auftreten, denn das kommt in Amerika nicht gut an. Natürlichkeit ist gefragt. Kein zu unauffälliges Auftreten, denn solch eine Person wird sich wohl schlecht „durchboxen" können. Keine Verspätung Keine Zeitnot Kein Handy (siehe oben) Keinen Hund dabeihaben. Keine kleinen oder anderen Geschwister mitbringen! Stattdessen rechtzeitig einen Babysitter besorgen.

Gesprächsprotokolle

Ein heißes Eisen: Offensichtlich schützen sich einige Vermittler durch das Führen von Gesprächsprotokollen. Diese werden bei Bewerbungsgesprächen, Tests, Gruppenarbeiten und Telefonaten aufgezeichnet. Das ist solange unbedenklich, als die Entscheidung für oder gegen einen Schüler überlegt wird. Bedenklich wird es erst bei einem Rechtsstreit, in dessen Verlauf plötzlich diese Protokolle auftauchen. Dann hat der Anbieter natürlich Oberwasser, denn er kann unter Umständen nachweisen, dass er dieses oder jenes gesagt oder darauf aufmerksam gemacht hat. Es bleibt der fade Beigeschmack, unbemerkt ausgehorcht worden zu sein. Dagegen lässt sich jedoch nicht schützen, denn diese Methoden werden nicht öffentlich gemacht. Man achte aber darauf, was man preisgibt, denn nicht jede Bemerkung über den bzw. vom Schüler macht sich vor Gericht gut.

Gruppenauswahl

Organisationen haben unterschiedliche Methoden zur Auswahl von Gastschülern. Dazu gehören Stundenseminare, bei denen sich die „alten Hasen" (oder Paten) den Fragen der Neulinge stellen. Alternativ finden Einzelgespräche statt, in denen noch einmal abgeklopft wird, welche Erwartungen der Schüler hat. Will er nämlich offensichtlich nur „weg", weil er Stress mit den Eltern hat, muss hier noch einmal

nachgehakt werden.

Andere Veranstalter lassen die Bewerber zu einer Gruppenauswahl kommen. Die Teilnehmer erledigen unterschiedliche Aufgaben in verschiedenen Arbeitsgruppen. Dann müssen sie zum Beispiel ein Interview in der Fremdsprache führen oder sich an einer Diskussion beteiligen. Dabei erkennt die Agentur, ob jemand lebhaft und diskussionsfähig ist oder eher schüchtern, ob er sich gut in eine Gruppe integrieren kann etc. Ebenso lässt sich feststellen, wie gut jemand die Sprache oder den Inhalt des Gesprächs beherrscht.

Bei Diskussionen gilt: sich beteiligen, aber auch andere zu Wort kommen lassen. Wichtig ist, stets den Gesprächspartner im Auge zu behalten. Stundenlanges Reden kommt hier nicht so gut an.

Pluspunkte können gute Kenntnisse über das Gastland, über das eigene Land und über Politik bringen.

Diese Form der Auswahl steht allerdings in der Kritik. Offensichtlich haben Schüchterne weniger Chancen, da sie ihre Fähigkeiten und ihr Wissen nicht zeigen können. Kommt ein Schüler in eine Gruppe, dessen Thema er nicht so gut beherrscht, sinken seine Chancen ebenso.

Hierbei wird der Jugendliche wohl „aus dem Bauch" entscheiden, ob der Anbieter zu ihm passt, und dieser wird überlegen, ob der Jugendliche zu ihm passt. Was sie nämlich auf keinen Fall möchte, sind später ständige Probleme mit dem Jugendlichen, evtl. wegen seines Verhaltens.

Lehrergutachten

Beim *Letter of recommendation*, dem Empfehlungsschreiben, geht es um die Darstellung des Schülers aus Sicht seines Lehrers. Dieser beschreibt die Klasse des Jugendlichen, sein Wesen, seine Leistung und Entwicklung. Die Organisation verlangt ein Gutachten des Klassenlehrers und ein Gutachten über die Englischkenntnisse. Dazu gehören auch die Zeugnisse der letzten vier Jahre (die Jahresabschlusszeugnisse, nicht die Halbjahreszeugnisse).

Das Gutachten des Lehrers geht dem Vermittler innerhalb einer bestimmten Frist zu, als Teil der Bewerbungsunterlagen. Dieses Formular entscheidet mit über die Aufnahme des Schülers. Zu beachten ist daher, dass sich ein positiver Tenor durch den Text zieht. Negative Aspekte bitte weglassen. Es hat also keinen Zweck, wenn der Lehrer das Schreiben aufsetzt, mit dem man ständig Zoff hat, denn der wird Untertöne sicher nicht weglassen können.

Zudem bedenke man die Unterschiede zwischen Heimatland und Gastland. Was hier „gut" genannt wird, wird in Amerika vielleicht nicht als ebenso gut aufgefasst. Wer seinen Schüler als „fair" bezeichnet, erweckt im Gastland oft eine deutlich schlechtere Einschätzung als beabsichtigt. Maßstab ist also nicht das Verständnis der hiesigen Umgebung sondern das der Amerikaner.

Der Maßstab ändert sich auch bei der Beurteilung der schulischen Leistungen: Wer im Heimatland eher durchschnittliche Leistungen erbringt, kann im Ausland plötzlich trumpfen. Der Gastaufenthalt beschert Schülern nicht nur die Chance, sich in ein fremdes Schulsystem einzufinden, sondern dort auch bessere Leistungen zu erzielen.

Die Länge des Schreibens schwankt je nach Veranstalter.

Nicht immer erhält der Schüler vorgefertigte Formulare, auf denen ein Lehrer sein *Gutachten* verfassen kann. Manchmal schreibt es der Lehrer ohne Anweisung. Dann hilft folgende Auflistung weiter:

- Klasse und Name des Schülers
- Bezeichnung und Adresse der Schule
- Beschreibung, in welchem Fach der Lehrer den Schüler unterrichtet
- Beschreibung, wie lange der Lehrer diesen Schüler bereits kennt
- Kurze Beschreibung der Schülerkarriere und wann diese wahrscheinlich endet
- Auflistung der bisherigen Noten und Notendurchschnitte
- Leistungsstand in der Klasse und Notenverteilung (d.h. ob der Schüler z.B. in allen Hauptfächern gute Noten hat oder gerade dort eher schlecht ist, ob er generell gut ist und nur in ein oder zwei Fächern nicht klarkommt … etc.)
- Benennung, ob und welche Kurse im Ausland unbedingt besucht werden sollen
- Bewertung des geschriebenen und gesprochenen Englischs des Schülers Allgemeine Bewertung des Schülers in

Hinsicht auf Noten und soziales Engagement

- Beschreibung des Charakters des Schülers, seiner Stärken und Schwächen, sozialer Umgangsformen
- Einschätzung der Kommunikationsfähigkeit, Kritikfähigkeit und der Fähigkeit, Lösungen zu finden

- Einschätzung der Toleranz und Motivation des Schülers
- Verdeutlichung, ob und warum der Wunsch des Auslandsaufenthalts unterstützt wird
- Wichtig ist der Briefkopf, da sonst der Eindruck entsteht, das Schreiben könne gefälscht sein.

Beispiel: Letter of recommendation

Johanna Peters is in ... grade at ... School. She has been a student in my ... class for ... years. It is a special class with 5 disabled and 17 'normal' students, so Johanna is used to showing consideration for people in need of special aid. She helps the disabled students whenever it is necessary.

Johanna is a polite girl, both to teachers and classmates. Because of her always friendly and outgoing personality, she is very popular and has lots of friends and a good connection to many of her classmates.

She follows class rules and always carries out her duties such as cleaning the board, sweeping the class room etc.

Johanna is a very good student with good or excellent grades in all of her subjects. She is especially interested in Chemistry and History, and I would therefore advise her to continue taking these classes in the US.

She does her homework regularly, studies hard, works and writes carefully and strives for good grades. She has studied English for ... and Spanish for ... years. She will probably graduate with the German Abitur in 20.... Johanna is interested in everything teachers offer her at school and takes part in classroom discussions. Teachers can always rely on her ideas. She handles criticism well and is generally a tolerant and motivated student.

In her free time Johanna likes to read. She also plays handball in a sports club. She has lots of animals that she looks after: a dog she regularly takes for a walk, a cat, birds and guinea pigs which she feeds and whose cages she cleans.

I think she fulfils all the necessary requirements to live in an American host family and go to a high school in the US, so I fully support her decision to become an exchange student.

[Name des Lehrers], English teacher

Wahl der Organisation

Nun liegen der Familie viele Unterlagen und Broschüren mit *Vertragsangeboten* vor. Da fällt es nicht leicht, den richtigen Veranstalter zu finden. Dieses Kapitel dient als kleiner Wegweiser, um aus der Fülle der Informationen seriöse Anbieter herauszufinden. Grundsätzlich gilt: Alle eingegangenen Unterlagen und Dokumente (z.B. Sicherungsschein, Teilnahmebestätigung etc.) aufbewahren! Sendet man Unterlagen ein (z.B. ausgefüllte Formulare, ärztliche Bescheinigung etc.), so kopiere man sie zuvor. Leistet man Zahlungen, so bewahre man die Belege auf (ebenso Rechnungen). Das gewährt nicht nur einen Überblick darüber, was man schon alles einsandte und zahlte, sondern hilft ggf. auch bei rechtlichen Streitereien.

Sorgfältige Auswahl

Angesichts der hohen Schülerzahl, die nach Amerika drängt, haben die Entsender oft Schwierigkeiten bei der Suche einer Gastfamilie. Da viele Veranstalter trotzdem möglichst viele Schüler aufnehmen, entstehen bizarre Situationen wie die Unterbringung des Schülers für einige Tage in einem Hotel, die Bezahlung der Gastfamilie (was eigentlich nur bei einem Programm in Kanada vorgesehen ist) oder das Ignorieren von Problemen zwischen Schülern und Gastfamilie, da keine Ausweichfamilie gefunden wurde. Führt man sich diesen harten (Konkurrenz-)Kampf vor Augen, ist es umso wichtiger, den Anbieter sorgfältig auszuwählen.

Vor der Bewerbung lese man sich alle Unterlagen gründlichst durch und erkundige sich nach wichtigen Dingen, d.h. nach Leistungen, Kosten und Bedingungen, außerdem nach möglichen Risiken und Eventualitäten. Beispiele: Was passiert, wenn der Schüler mit seiner Gastfamilie nicht klarkommt? Wie genau läuft das Programm ab? Wie hilft uns die Organisation bei Problemen? Etc. Erst nach Klärung aller wichtigen Fragen kann man sich für einen Vermittler entscheiden.

Tipp: Mit ehemaligen Gastschülern verschiedener Organisationen Kontakt aufnehmen und sich nach ihren Erfahrungen mit dem jeweiligen Vermittler erkundigen.

Werbung

Aufschluss über die Seriosität gibt u.a. das Prospekt, mit dem der Anbieter Kunden wirbt. Wirkt es überzogen? Gibt der Anbieter klare Antworten auf Fragen des Lesers, listet er Kosten übersichtlich und vollständig auf, oder muss sich der Leser die Informationen mühsam zusammensuchen? Verspricht er Leistungen, die eigentlich Selbstverständlichkeiten oder de facto keine Leistungen sind?

Grundsätzlich schenke man Werbesprüchen keinesfalls blinden Glauben. Anbieter versuchen sich natürlich ins beste Licht zu rücken, doch oft erfüllen die angepriesenen Dinge alle Veranstalter oder der angebliche „Vorzug"

EUROVACANCES Youth Exchange gGmbH
Rothenbaumchaussee 5
20148 Hamburg
Tel.: 040-44 70 700, Fax: 040-44 66 96
info@eurovacances.de, www.eurovacances.de
Gegründet 1979
Hauptsitz in Hamburg und deutschlandweit 40 Repräsentanzen
Anzahl der jährl. Vermittlungen: ca. 600

USA-Programm

Altersstufe: 15-18 Jahre

Dauer des Aufenthalts: Schuljahr oder Schulhalbjahr

Bewerbungsfrist: 31.3. (Abreise August/September), 15.10. (Abreise Januar)

Voraussetzungen: Schulnoten (Ø 3,2 im Zeugnis) und persönliche Fähigkeiten wie Offenheit, Toleranz und Mut für sich selbst einzustehen.

Bewerbungsverlauf: 2-seitige Kurzbewerbung, ausführliches, ca. dreistündiges Bewerbungsgespräch (kostenlos) mit dem Schüler und seinen Eltern

Vor- u. Nachbereitung: 2 regionale Schülertreffen, 3 Tage Vorbereitungsseminar, 2 Tage Nachbereitungsseminar, 2 Tage Willkommensseminar in Chicago

Betreuung: Durch unsere Partner vor Ort (mind. zwei Ansprechpartner), 24h-Notrufnummer im Gastland und in Deutschland, 3 Elterntreffen vor und während des Austauschjahres

Programmgebühren: 1 Schuljahr € 7.600, 1 Schulhalbjahr € 7.100

Alle Leistungen inkl. außer Taschengeld, Visagebühren und evtl. Schulmaterial.

Stipendien: Fünf Teilstipendien à € 2.000 für Kinder von Geringverdienern und Teilstipendien für sozial engagierte Schüler aus Norddeutschland

Staaten in den USA: Platzierung überall. Darüber hinaus bieten wir ein Schulwahlprogramm im küstennahen Miami Dade School District an. Auch eine Platzierung an öffentlichen Highschools in Los Angeles, Seattle, Boston, Chicago und Florida sowie an Privatschulen in den ganzen USA ist möglich.

Ausflüge, touristische und kulturelle Angebote: Reiseangebote unserer Partner z.B. Kalifornien, New York und Hawaii

Sonstiges: Außerdem ist ein Highschool-Aufenthalt in 13 weiteren Ländern möglich, darunter Neuseeland, Australien, England, Argentinien, Costa Rica, Südafrika und China.

Weitere Informationen unter www.eurovacances.de

EUROVACANCES Youth Exchange gGmbH

Rothenbaumchaussee 5
20148 Hamburg
Tel.: 040-44 70 700, Fax: 040-44 66 96
info@eurovacances.de, www.eurovacances.de
Gegründet 1979
Hauptsitz in Hamburg und deutschlandweit 40 Repräsentanzen
Anzahl der jährl. Vermittlungen: ca. 600

EURO VACANCES
gemeinnütziger
Schüleraustausch
seit 1979

Kanada-Programm

Altersstufe: 15-18 (jüngere/ältere Schüler auf Anfrage)

Dauer des Aufenthalts: Schuljahr, Schulhalbjahr oder 3 Monate

Bewerbungsfrist: 31.03. (Abreise August/September), 31.10. (Abreise Januar)

Voraussetzungen: Schulnoten (Ø 3,0 bis Ø 3,5 je nach Programm) und persönliche Fähigkeiten wie Offenheit, Toleranz und Mut für sich selbst einzustehen.

Bewerbungsverlauf: 2-seitige Kurzbewerbung, ausführliches, ca. dreistündiges Bewerbungsgespräch (kostenlos) mit dem Schüler und seinen Eltern

Vor- u. Nachbereitung: 2 regionale Schülertreffen, 3 Tage Vorbereitungsseminar, 2 Tage Nachbereitungsseminar, Einführungsveranstaltung in Kanada je nach Programm, z.B. 2 Tage Willkommensseminar in Toronto im Kanada-Classic-Programm

Betreuung: durch unsere Partner vor Ort (mind. zwei Ansprechpartner), 24h-Notrufnummer im Gastland und in Deutschland, 3 Elterntreffen vor und während des Austauschjahres

Programmgebühren: 1 Schuljahr ab € 11.300, 1 Schulhalbjahr ab € 8.600, 3 Monate ab € 6.800

Alle Leistungen inkl. außer Taschengeld, Visagebühren und evtl. Schulmaterial.

Provinzen in Kanada: Im **Kanada-Classic-Programm** Platzierung überall, engl. oder franz. Landesteil wählbar. Im **Atlantik-Programm** je nach Wunsch New Brunswick, Neufundland oder Prince Edward Island. In unserem **Schulwahlprogramm** arbeiten wir ferner mit 50 ausgesuchten Partnerschulen in British Columbia, Alberta und weiteren Provinzen zusammen.

Ausflüge, touristische und kulturelle Angebote: je nach Programm bzw. Highschool, z.B. monatliches Ausflugsangebot in Neufundland mit River Rafting, Snow Shoe Trip und mehr

Sonstiges: Außerdem ist ein Highschool-Aufenthalt in 13 weiteren Ländern möglich, darunter Neuseeland, Australien, England, Argentinien, Costa Rica, Südafrika und China.

Weitere Informationen unter www.eurovacances.de

hat nichts zu sagen oder hat eine böse Schattenseite. Ein Beispiel: Die Quote des Gastfamilienwechsels liegt allgemein bei ungefähr zwanzig Prozent. Wirbt ein Veranstalter mit einer niedrigeren Zahl, muss dies nicht von seiner Qualität zeugen. Solche Quoten lassen sich leicht niedrighalten, indem z.B. Probleme zwischen Schüler und Gastfamilie ignoriert werden.

Eine andere Beispielagentur brüstet sich z.B. mit der Gemeinnützigkeit ihres US-amerikanischen Partners. Das ist keine Besonderheit, da in den USA alle Schüleraustauschorganisationen gemeinnützig arbeiten müssen. Keine Besonderheit ist z.B. auch die Aufnahme der Partnerorganisation in der Advisory List des CSIET.

Leistungen

Insgesamt werden einige tausend Euro an den Veranstalter entrichtet. Darin sind alle Kosten enthalten, außer denen für Visum, Impfungen, Zusatzversicherungen, Gastgeschenke und Taschengeld. Ausgenommen sind manchmal auch die Kosten für Hin- und Rückflug sowie Versicherungen. Das beachte man beim Preisvergleich der Organisationen.

Eine genaue Aufschlüsselung der Kosten ist nicht möglich, da Flug- und Transferkosten ebenso schwanken wie Versicherungsbeiträge.

Folgendes leistet ein Vermittler:

Werbung und Information der Interessenten

Auswahl der Bewerber (Durchsicht der Unterlagen, Auswahlgespräch etc., evtl. Gruppenauswahl), Prüfung auf Tauglichkeit

Sprachtest

Suche einer geeigneten Gastfamilie. Dies lässt sich umgehen, indem man der europäischen Organisation eine selbst gesuchte Familie nennt (z.B. Bekannte oder Verwandte), die vielleicht auch einen Schulplatz findet. Einige Anbieter gewähren Rabatt, wenn der Schüler bereits eine Gastfamilie hat.

Auswahl einer amerikanischen Highschool und Anmeldung bei selbiger

Organisation und Buchung der Reise

Begleitung der Schülergruppe auf dem Langstreckenflug

Vermittlung von Versicherungen (evtl. bereits im Preis enthalten)

Ansprechpartner für den Schüler im Heimatland und Gastland

Ansprechpartner für die Eltern im Heimatland

24-Stunden-Notrufnummer im Gastland und Heimatland (beides nicht Pflicht, aber eine tolle Sache)

Ausführliches Informations- und Vorbereitungsmaterial (z.B. Handbuch für Gastschüler etc.)

Vorbereitungstreffen für Teilnehmer (mehrtägig) und Eltern (einige Stunden)

Nachbereitungstreffen für Teilnehmer

Infomaterialien zur Visumbeantragung

Auf Wunsch, bei einigen Organisation: Reisen im Gastland, gemeinsam mit anderen Gastschülern

Zweifelhafte Leistungen

Vorsicht ist bei folgenden Versprechungen geboten:

Besuch einer Highschool und Betreuung an selbiger
Dies ist keine Leistung der Agentur, die sich höchstens des Findens einer Schule und der Anmeldung rühmen kann. Wirbt sie allerdings mit einem „garantierten Schulplatz", macht sie sich schon fast lächerlich, schließlich ist das bei einem Highschool-Programm selbstverständlich.

Erwerb des Highschool-Diploms
Dies kann eine Agentur ihren Schülern nicht versprechen, da nicht sie entscheidet, ob der Schüler in die 11. oder in die 12. Klasse eingestuft wird. Erst in letzterer bekommen amerikanische Schüler ihr Diploma. Meist stellt die Highschool dem Gastschüler ein hübsches Zertifikat aus, das seine Anwesenheit bescheinigt, aber keinen weiteren Wert hat. Selbst wenn der Schüler das Diploma bekommt, nützt es ihm in Europa wenig, da es nicht oder nur in geringem Maße anerkannt wird. Zum Erwerb der Hochschulberechtigung gehören außergewöhnliche Leistungen, die der Gastschüler aber vermutlich nicht erbringen kann und auch gar nicht will.

Erwerb eines Teilnehmerzertifikats
Mag sein, dass der Schüler dies von der Highschool bekommt, doch hat es rechtlich keinen Wert.

Erwerb des Führerscheins
Die Möglichkeit besteht natürlich, ist aber keine besondere Leistung der Agentur.

Flugbuchung (mitunter mit dem Zusatz: auf Wunsch)
Diese Angabe sagt keinesfalls, dass die Flugkosten bereits im Preis enthalten sind. Der Anbieter verspricht damit nur, den Flug zu buchen, was keine große Sache ist, besonders wenn er sich an ein Reisebüro wendet. Problematisch sind die Kosten, die offenbar nicht im Preis enthalten sind. Je nach Buchungstermin kann ganz schön was anfallen. Gute Organisationen haben bereits lange vor Reisebeginn ein bestimmtes Kontingent an (billigen) Flugtickets erworben. Da die Flugkosten bei ihnen im Preis enthalten sind, steigen sie selbst für jene Schüler nicht, die in eine entlegene Region reisen und dazu einen teuren Zubringerflug benötigen.

Infoabende / Infoveranstaltungen
Natürlich bezahlt jeder Kunde diese automatisch mit, doch kann man sie kaum eine besondere Leistung der Agentur nennen. Sie dienen der Kundenwerbung, weshalb sie eigentlich dem Unternehmen zugute kommen.

Lehrmaterial
… bekommt der Schüler von der Schule gestellt, nicht vom Veranstalter.

Persönlicher Pate
Per Internet und Listen der ehemaligen Teilnehmer entdeckt man leicht einen „alten Hasen", der in der Nähe des Neulings wohnt. Stellt dieser sich zu Fragen und zur Betreuung zu Verfügung, ist dies seine Leistung.

Unterkunft und Verpflegung in einer Gastfamilie

Diesen Punkt führen manche Organisationen bei der Werbung von USA-Interessierten als ihre Leistung an, was jedoch Unsinn ist, da US-Gastfamilien für die Aufnahme des Jugendlichen KEIN Geld bekommen. Dies bekommen nur einige kanadische Familien. Fordert die Organisation also Geld dafür, oder rühmt sie sich dieser Leistung, sollte man stutzig werden.

Tipps zur Auswahl

Anbieter lassen sich in zwei Kategorien einteilen. Die einen sehen sich vorrangig als Veranstalter für Sprachreisen, die anderen als Organisation für Austauschmaßnahmen. Bei letzterer Variante steht die Völkerverständigung im Vordergrund. Trotz des irreführenden Begriffs „Austausch" findet nicht zwangsläufig ein gegenseitiger Austausch statt.

Die Suche nach einer „gemeinnützigen Organisation" darf nicht im Vordergrund stehen, da dies für die Betreuungsqualität keine Rolle spielt. Die Preise unterscheiden sich ebenfalls nicht groß. Der einzige Unterschied liegt in der Rechtsform, die aber für eine Entscheidung zweitrangig sein darf. Und in den USA müssen ohnehin alle Gastschüler-Vermittler gemeinnützig („non profit") arbeiten.

Nur weil ein e.V. den Namen ziert, ist der Veranstalter übrigens noch keine anerkannte gemeinnützige Organisation. Ein e.V. kann auch bei einem „Wirtschaftsverein" stehen. Ein e.V. ist ein eingetragener Verein, also z.B. auch ein normales Dienstleistungsunternehmen.

Darauf achte man bei der Wahl einer *Organisation*:

Gerichtsstand im Heimatland. Nur wenn Kunden bei Problemen ein heimisches Gericht anrufen können, haben sie das hiesige Gesetz im Hintergrund. Ansonsten müssten sie zu jedem Gerichtstermin nach Amerika reisen. Außerdem gestaltet sich die Suche nach einem hiesigen Anwalt, der amerikanisches Recht vertritt, zeitraubend und teuer

eindeutige und klare Formulierungen der Vertragsklauseln

eine eindeutige Listung der Kosten, so dass der Endpreis leicht ersichtlich ist

eine bindende Anmeldung erst dann, wenn ein Erziehungsberechtigter den Vertrag unterzeichnet hat. Genug Zeit zum gründlichen Durchlesen ist dabei selbstverständlich, weshalb der Vertrag dem Bewerber zugeschickt werden sollte

einen festen Reisetermin spätestens bei der Buchungsbestätigung (die Angabe eines Datums, zu dem die Adresse einer Gastfamilie genannt werden kann, ist allerdings nicht möglich, da die Suche mit zu vielen Unwägbarkeiten behaftet ist)

eine Beschreibung der familiären und örtlichen Verhältnisse der Gastfamilie vor

ein kostenloses *Rücktrittsrecht* vom Vertrag gemäß § 6511 BGB auf, der Interessenten zusteht, wenn ihnen nicht spätestens zwei Wochen vor Reisebeginn die Adresse der Gastfamilie und des Ansprechpartners bei Beschwerden mitgeteilt wurde, sprich: der Veranstalter nicht in der Lage ist, den Vertrag zu erfüllen

eine gute Vorbereitung. Bloße Erzählungen von ehemaligen Gastschülern oder ein eintägiges Treffen genügen nicht.

die Übermittlung vor dem Flug von Gastfamilienadresse, Schuleinschreibung und Identitätskarte

ein Einspruchsrecht bei der Wahl der Gastfamilie

eine Übernahme etwaiger Umvermittlungskosten ausschließlich im Falle einer Schuld bzw. einem Fehlverhalten des Schülers

einen begleiteten Gruppenflug oder eine Flughafenbetreuung mit Transfer zur Gastfamilie

Betreuung der Eltern während des Programms, z.B. durch Elternabende und Berichte über das Befinden des Schülers (ein- oder zweimonatig). Letztere sind wichtig, da der Schüler eher selten Kontakt zu seinen Eltern haben sollte, um nicht zu häufig aus der „neuen Welt" herausgerissen zu werden.

ein Nachbereitungstreffen oder -seminar, denn auf keinen Fall sollte nach der Fahrt die Verbindung verebben. Eine gute Organisation erkennt man unter anderem daran, dass sie die „alten Hasen" an sich bindet und zur Vorbereitung neuer Schüler einsetzt.

eine Kündigung des Vertrages wegen Verstoßes gegen Programm- und Verhaltensregeln im Ausland erst dann, wenn der Schüler sein Fehlverhalten

ungeachtet einer Abmahnung fortsetzt. Davon ausgenommen: Gesetzesverstöße.

eine Kündigung des Vertrages durch den Veranstalter sollte nur aus konkreten Gründen möglich sein, keinesfalls ohne Angabe eines Grundes.

Gut wäre es, wenn Vermittler die Verhaltens- und Programmregeln ihrer amerikanischen Partnerorganisation schon in den Geschäftsbedingungen aufführten bzw. sie dem Teilnehmer vor Vertragsunterzeichnung zusendeten. Leider ist das oft nicht möglich, da viele Agenturen mit mehreren Veranstaltern in Amerika zusammenarbeiten. Bei Vertragsabschluss steht noch nicht fest, bei welchem der Jugendliche plaziert wird.

Reisekosten

Diese sind in den Unterlagen der Veranstalter nicht immer leicht zu erfassen. Seriöse Anbieter werden keine „Leserätsel" aufgeben, sondern Inhalte und *Kosten* übersichtlich darstellen und einen Endpreis angeben. Keinesfalls dürfen Kosten offen bleiben oder noch nicht benannt sein.

Einige Veranstalter werben mit deutlich niedrigeren Preisen, die durch Weglassung der Flugkosten entstehen. Sie sind letztlich jedoch meist teurer als Vermittler, die Flugkosten bereits in den Preis aufgenommen haben.

Man bevorzuge Veranstalter, deren Gesamtpreis alle wichtigen Kosten enthält, die also Endpreise anbieten, oder deren Endpreise sich zumindest leicht errechnen lassen. Es ist ja nicht

schlimm, wenn eine Agentur z.B. die Versicherungskosten nicht in den Preis mit aufgenommen hat, da einige Jugendliche ja weltweit durch ihre Eltern versichert sind. Schlimm ist allerdings, wenn der Kunde nicht weiß, welche Zusatzkosten auf ihn zukommen. Manche Agenturen nennen einen recht niedrigen Grundpreis, den viele Nebenkosten später in die Höhe treiben. Das erschwert die Vergleichbarkeit mit anderen Veranstaltern, die gleich alle Kosten zusammenfassen. Dabei achte man genau auf die Leistungen, die im Preis inbegriffen sind. Dabei lasse man sich nicht von schönen Formulierungen täuschen – einige Beispiele von Möchtegern-Leistungen finden Leser weiter oben unter „Leistungen".
Man werfe auch einen Blick auf die Stornokosten, d.h. die Kosten, die bei einem Rücktritt fällig werden. Diese unterscheiden sich zwischen den Anbietern mitunter stark.

Zu den Kosten, die aus den Infomaterialien deutlich hervorgehen sollten, gehören:

– Allgemeine Servicekosten während Vorbereitung und Durchführung. Der Restpreis wird erst bei Zusendung der kompletten Reiseunterlagen gefordert.
– Kosten für Vor- und Nachbereitungsseminare
– Kosten für Schulkleidung
– Kosten für eine Privathaftpflichtversicherung (normalerweise über die eigenen Eltern, jedoch unbedingt mit

unbegrenzter Deckung, da Schadensersatzansprüche in Amerika unermesslich hoch sein können)
– Auf Wunsch: Kosten für Reisekostenrücktrittsversicherung und Rückreiseversicherung bei Krankheit und Todesfall eines Familienmitgliedes
– Kosten für Krankenversicherung
– Kosten für Unfallversicherung
– Wenn erwünscht: Seminare im Gastland
– Wenn erwünscht: Seminare im Heimatland
– Visumgebühren
– Anmeldegebühren
– Kosten für den Flug ins Gastland und zurück. Einige Anbieter lassen die Reisekosten in ihrem Preis weg, wodurch das Angebot natürlich günstiger erscheint. Diese Kosten (ggf. 1000 Euro) kommen später aber dennoch hinzu, was den Preis oft in die Höhe treibt. Das beachte man auch hinsichtlich eines Zubringerflugs im Heimatland und eines Verbindungsfluges in Amerika. Der sollte eigentlich im Preis enthalten sein.
– Bei Bedarf Heimflugkosten während des Aufenthaltes.

Vermittler raten zwar fast durchgängig von Heimflügen ab, da diese das Heimweh auflodern lassen können. Allerdings dürfen sie auch nicht verboten werden.

Unter Umständen kommen weitere Kosten hinzu, z.B. für einen inneramerikanischen Flug.
Es empfiehlt sich ein Zahlungsplan bis

zum Abflug, so dass die Raten regelmäßig entrichtet werden können. Man meide eine Organisation, die ihre Kunden verpflichtet, die ganze Summe gleich zu Beginn zu überweisen.

Ist man sich über die Leistungen einer guten Organisation im Klaren – nicht nur hinsichtlich Flug, Versicherungen und anderen, klar benennbaren Posten, sondern auch hinsichtlich der Planung z.B. eines Vorbereitungsseminars und der mühseligen Suche einer Gastfamilie, so kommt einem der Preis gar nicht mehr so hoch vor. Er schrumpft gedanklich weiter, wenn man sich die gute Betreuung mancher Vermittler vor Augen führt: das hohe Engagement, das einfühlsame Verhalten in Notfällen (z.B. Gastfamilienwechsel), die hohe pädagogische Kompetenz.

Sicherungsschein

Man lese auf jeden Fall in den Unterlagen nach, ob das Unternehmen gegen Konkurs oder Insolvenz abgesichert ist (seriöse Firmen sind dies). In diesem Fall erhält die Familie bereits vor Zahlung der ersten Rate einen sogenannten (Reise-)Sicherungsschein im Sinne von Paragraph 651k III des Bürgerlichen Gesetzbuches. Dieses ist dann auch in den Unterlagen so dargestellt. Sollte die Firma aus irgendeinem Grund nicht mehr zahlungsfähig sein, erhält der Teilnehmer sein Geld zurück. Bekam die Familie diesen Schein nicht vor Zahlung der ersten Raten, sollte sie vom Vertrag zurücktreten.

Man achte darauf, dass der Schein

ein Original ist, also unterschrieben

auf den jeweiligen Veranstalter ausgeschrieben ist

die Daten der Gültigkeit trägt

Reisesicherungsscheine können nur Veranstalter vergeben, die ihre Bonität jährlich überprüfen lassen. Eine Kopie ist natürlich schnell erstellt, daher muss hier besondere Vorsicht walten.

Flugbuchung

Ist der Flug nicht im Preis enthalten, der Veranstalter bietet aber die Buchung an, so achte man auf die Bedingungen. Man kläre die Daten und was noch so wichtig ist. Mit dem Angebot ist übrigens nicht gesagt, dass er den günstigsten Flug aussucht.

Vertragsabschluss

Ganz wichtig für den Fall rechtlicher Streitereien: Gültigkeit hat einzig der Vertrag.

Man achte darauf, ihn erst nach Erhalt der vollständigen Geschäftsbedingungen abzuschließen. Oft erhalten Kunden diese nämlich erst bei oder nach Vertragsabschluss. Manchmal bekommt der Teilnehmer (bzw. dessen Eltern) auch englische Unterlagen zur Unterschrift zugesandt (z.B. Formalitäten der Partnerorganisation). Ist man kein Englisch-Crack, so fordere man eine deutsche Übersetzung an, um auch zu verstehen, was man unterschreibt.

Man schließe den Vertrag niemals ab, bevor nicht tatsächlich alle wichtigen Fragen schriftlich (!) geklärt wurden. Dabei achte man auch auf das Kleingedruckte.

Individuelle Vereinbarungen (z.B. Abflug bis spätestens 20. August) müssen im Vertrag aufgeführt sein, um auch vor Gericht Gültigkeit zu haben.

Wichtige Fragen zum Vertrag:

Wann gilt der Vertrag als abgeschlossen? Bereits bei Einsendung der ausgefüllten Bewerbungsunterlagen? Wer ist Vertragspartner? Die europäi-sche Organisation, oder vermittelt diese nur an eine andere weiter, die dann z.B. an eine kanadische weitervermittelt? Ist der Anbieter tatsächlich gemeinnützig, oder kümmert sich eine andere Gesellschaftsform (z.B. mit beschränkter Haftung, GmbH) um den Programmablauf? Wer haftet bei welchen Missständen?

Rücktritt

Je nach Zeitpunkt fallen Stornogebühren an. Es hängt vom Vertrag ab, wie viel Geld trotz ausfallender Reise zu bezahlen ist. Man achte also auf den Zeitpunkt bzw. gewisse Fristen.

Bei einem Rücktritt ist unbedingt auf die schriftliche Form zu achten. Die Rücktrittserklärung nicht per Telefon erklären oder Fax abschicken sondern per Einschreiben mit Antwortschein. Selbstverständlich fügt sich ein persönliches Gespräch (nicht telefonisch) an, um die Sachlage zu klären.

In folgenden Fällen besteht die Chance, dass der Teilnehmer sein Geld zurückerhält, wenn er vom Vertrag zurücktritt. Es ist allerdings nicht hundertprozentig gewiss, dass er vor Gericht Recht bekommt.

Keine ausreichende Beratung für den Schüler und seine Familie (ist jedoch schwierig zu belegen, denn was bedeutet „nicht ausreichend"?)
Höhere Kosten als zu Anfang zugesichert (dann muss diese Zusicherung schriftlich vorliegen)
Keine Gastfamilie bis zum Abflug (dies kommt jedoch häufiger vor, daher

ist es fraglich, ob es ein Rücktrittsgrund ist)
Zu strenge Regelungen, wie z.b. keine
Intimitäten, keine Telefonate, Abbruch
der Reise bei Zuwiderhandlung, und
zwar ohne Abmahnung. (Allerdings ist
fraglich, ob angesichts der strengen
Regeln ein Rücktritt möglich ist, denn
wer sich erkundigt, wird automatisch
mit ihnen konfrontiert.)
Das Gastland unterscheidet sich am
Ende vom schriftlich vereinbarten (eindeutig ein Rücktrittsgrund)

Die beste Agentur

Den „perfekten" Veranstalter gibt es
wahrscheinlich nicht, und man kann
auch kaum sagen, dass Anbieter X
seine Arbeit am besten erledige. Sicher
gibt es viele seriöse Unternehmen, die
sich darum bemühen, Bewerber und
Gastfamilien sorgfältig auszusuchen,
vorzubereiten und ihnen eine möglichst
schöne Zeit zu schenken. Alle Verantwortung lässt sich den Veranstaltern
jedoch nicht anlasten, denn zum Gastschuljahr gehört wesentlich mehr als
Koordination, Vorbereitung und Betreuung. Viel entfällt auf die richtige
Chemie zwischen Schüler und Gastfamilie sowie auf das Verhalten. Behält
der Gastschüler den Aufenthalt in
unangenehmer Erinnerung, mag dies
daran liegen, dass die Agentur die
Familie nicht sorgsam genug ausgesucht hat – aber auch daran, dass der
Gastschüler sich nicht angemessen ver-
hielt. Die Organisation kann die besten
Voraussetzungen schaffen; ist der
Schüler dennoch mit allem unzufrieden

und will die Chance eines gelungenen
Aufenthaltes nicht wahrnehmen, so
kann der Vermittler ihn nicht zu seinem Glück zwingen. Daher ist es wichtig, auf die Seriosität des Unternehmens zu achten, aber auch, sich selbst
zu hinterfragen.

Die preiswerteste Agentur

Der wohl wichtigste Tipp: Nicht zuerst
auf den Preis gucken, sondern auf die
Leistungen. Sicher sind tausend oder
gar zweitausend Euro eine bedeutende
Differenz, doch wenn dafür wichtige
Leistungen fehlen (z.b. gründliche
Vorbereitung), wünscht man sich hinterher, man hätte sie doch bezahlt
Anbieter, die anfangs teuer erscheinen,
können angesichts des Preis-Leistungs-
Verhältnisses eigentlich ziemlich güns-
tig sein. Daher vergleiche man sorgfältig die Leistungen der Agenturen.

Vorbereitung

Über ihre Bedeutung lässt sich wahrscheinlich nicht genug sagen. Wirft
eine Agentur ihre Schüler „ins kalte
Wasser", d.h. schickt sie sie ohne Vorbereitung in die Fremde, so ist sie tunlichst zu meiden. Treffen, Seminare
und Infomaterialien helfen dem
Schüler bei der Bewältigung von
Schwierigkeiten im Gastland, z.B.
wenn ihn die Gasteltern zu sehr bevor-
munden, oder er böse Vorurteile über
Deutsche zu hören bekommt, Daher
achte man darauf, inwieweit die Organisation ihren Schüler auf die Reise
vorbereitet!

Es gibt in der Tat Firmen, die nur ein Treffen in einem schicken Hotel mit Eltern und Schülern veranstalten. Dann folgt ein Eintagesseminar, und das war's. Das ist natürlich für jeden gestressten Schüler und Elternteil ein Geschenk. Da es sich aber nicht um die x-te Reise des Schülers handelt – und erst recht nicht für einen so langen Zeitraum –, ist von solchen Zack-Zack-Aktionen dringend abzuraten. Während der Vorbereitungszeit hat der Schüler nämlich immer noch die Möglichkeit, abzuspringen. Er bereitet sich gedanklich vor und muss sich anstrengen. Wir halten das für sehr wichtig, ja für notwendig.

Also Hände weg von Anbietern mit verkürzter Vorbereitungszeit. Sie sind zudem nicht billiger als die mit viel Vorbereitung, obwohl sämtliche Vorbereitungsaktivitäten wegfallen.

Nützliche Adresse

Verbraucherratgeber zum Thema Schüleraustausch, Sprachenlernen etc. gibt die „Aktion Bildungsinformation e.V." (ABI) heraus. Sie berät über die Rechtslage und hilft bei Streitereien mit Veranstaltern. Allerdings sind ihre hohen Anforderungen an die Anbieter aus realistischer Sicht nicht immer zu erfüllen.

Aktion Bildungsinformation e.V., www.abi-ev.de

Gastschuljahr.de
Wer arbeitet mit an der Webseite?

Nachbereitung

Warum Nachbereitung beinahe wichtiger ist als Vorbereitung: Im Ausland hat die Gastfamilie zwar durch die Bewerbungsunterlagen, E-Mails, Bilder o.ä. eine vage Vorstellung des zukünftigen Gastschülers bekommen, doch ist sie sich in der Regel deutlich bewusst, dass der Gastschüler aus einem anderen Kulturkreis kommt und etwaige Erwartungshaltungen hinfällig sein könnten.

Kehrt man nach dem erfolgreich absolvierten Austauschjahr zurück in die Heimat, haben Eltern, Geschwister und Freunde zwar durch E-Mails, Telefonate und Bilder eine ungefähre Vorstellung von dem, was man als Gastschüler im Gastland erlebt hat, doch besteht generell die Erwartung, noch ganz der Alte zu sein.

Gerade in den ersten Wochen und Monaten nach der Rückkehr fühlt man sich, da man sich im Laufe der Zeit doch erheblich verändert hat, häufig von Eltern und Freunden missverstanden und in gewisser Weise eingeschränkt. Wenn nun noch die „Im-Ausland-war-alles-besser-Einstellung" hinzukommt, kann man nur hoffen, einen Anbieter mit gutem Nachbereitungsprogramm gewählt zu haben, der behutsam den Wiedereingewöhnungsprozess begleitet.

Nils

Versicherungen

Man achte darauf, dass der Veranstalter eine angemessene Grundausstattung an Versicherungen mitanbietet, eine *Auslandsreiseversicherung*. Dazu gehören u.a. eine Auslandshaftpflicht– und eine Krankenversicherung mit 24-Stunden-Notruf. Ein Schüler ohne Mindesthaftpflicht- und Krankenversicherung kann gar nicht an dem Programm teilnehmen, da sie z.b. zur Visumbeantragung nötig sind.

Die Versicherungen greifen ab dem Abflugdatum und sind für die gesamte Reisedauer gültig. Es sollte keine Selbstbeteiligung vorhanden sein, da sie zu hohen Zuzahlungen führen kann. Damit der Teilnehmer sich genau durchlesen kann, wie er sich in einem Notfall zu verhalten hat, sollte er ein Versicherungshandbuch erhalten. Die Versicherungskarte liegt bei und wird direkt zu den Unterlagen geheftet.

Ist ein Schüler privat krankenversichert, sollten sich die Eltern erkundigen, ob in der Zeit der Abwesenheit Prämien eingespart werden können. Bei gesetzlich versicherten Schülern geht dies nicht; sie müssen von Gesetzes wegen versichert bleiben.

Eine Sozialversicherungspflicht wie in Deutschland besteht in Amerika nicht. Ausnahme: In Kanada müssen sich Studenten über die Uni versichern.

Folgendes beinhaltet das Paket der Auslandsreiseversicherung:

Reisekrankenversicherung
Folgendes sollte sie enthalten:

Unbegrenzte Deckung, Ersetzung aller Kosten
Ambulante Heilbehandlung beim Arzt
Stationäre Behandlung in der allgemeinen Pflegeklasse, ohne Wahlleistungen
Transport zum nächsterreichbaren Krankenhaus und zurück
Zahnbehandlung einschließlich Zahnfüllungen in einfacher Ausführung
Maßnahmen zur Wiederherstellung der Funktion von Zahnersatz (z.B. Reparatur einer Zahnklammer), wenn der Versicherungsfall durch einen Unfall nach Beginn des Versicherungsschutzes hervorgerufen worden ist. Hier genügt auch eine Übernahme von 50 Prozent des Rechnungsbetrags.
Medizinisch notwendige Rückführung in das Heimatland
Überführung bei Tod der versicherten Person: bis zu 10.000 Euro

Mitunter bietet sich eine private Auslandskrankenversicherung an, da die normale Police oft nicht alle Gefahren einschließt (Vorerkrankungen, chronische Krankheiten, Zahnprobleme ...) oder nur einen Teil der Kosten übernimmt.

Bitte beachten: Der Schüler hat eine Versicherungskarte stets mitzuführen. In einem Erkrankungsfall ist sie vorzuzeigen und ferner so schnell wie möglich das Versicherungsbüro anzurufen (dies sollte eine Free-Phone-Nummer, d.h. kostenlose Nummer, sein). Auf keinen Fall sollte in Vorkasse gegangen werden, denn in Amerika ist es üblich, über Rechnungen (auch Arzt-rechnungen) zu verhandeln. Diese Ver-handlung übernimmt die zuständige Versicherung. Man bedenke, dass in einem Land ohne festes Sozialsystem gerne die Rechnungshöhen ausgereizt werden. Für eine kieferorthopädische Behandlung zahlt man dort schon mal das Dreifache.

Reise-Haftpflichtversicherung

Deckungssumme: bei Personenschäden eine Million Euro, bei Sachschäden 500.000 Euro.

Die Organisation versorgt den Schüler also nur mit einer begrenzten, aber angeblich ausreichenden Versiche-rung. Gegen Aufpreis bieten Versi-cherungsunternehmen eine Erhöhung der Versicherungssummen auf 3,5 Millionen Euro (Personenschäden) und eine Million Euro (Sachschäden) an. Auf Wunsch ist meist auch eine unbegrenzte Versicherung möglich. Das kann sich in den USA durchaus lohnen.

Weitere mögliche Versicherungen:

Programmabbruchversicherung, die Hin- und Rückflug zahlt, wenn der Schüler z.B. aufgrund der schweren Erkrankung eines nahen Familienmit-glieds zurückreisen muss. Bleibt der Schüler daraufhin im Heimatland, erstattet die Versicherung den unge-nutzten Teil des Programmpreises (man erkundige sich allerdings zuvor, ob da viel übrig bleibt …).

Reisegepäckversicherung. Hierbei auf die Ausschluss-Liste achten! Der Abschluss einer *Reiserücktrittver-sicherung* ist innerhalb einer bestimm-ten Frist möglich (je nach Anbieter, z.b. bis eine Woche nach Vertragsab-schluss). Sie springt nur bei totaler Rei-seunfähigkeit ein, z.b. wegen Unfall, Krankheit oder Tod des Reisenden bzw. eines nahen Verwandten. *Reiseunfallversicherung* mit Leistun-gen im Todesfall und bei Invalidität *Rückreisenotfallversicherung* bei zum Beispiel länger als fünf Tage dauern-dem Krankenhausaufenthalt oder Tod eines Familienangehörigen.

Private Versicherung

Besteht ein ausreichender privater Ver-sicherungsschutz für den Jugendlichen, so kann die Familie von den im Ver-trag enthaltenen Versicherungsunterla-gen zurücktreten. Dies allerdings nur unter zwei Voraussetzungen:

Der Rücktritt wird schriftlich und innerhalb einer bestimmten Frist (siehe Unterlagen des Anbieters) eingereicht.

Der Versicherungsschutz ist ausrei-chend hoch.

Vorsicht: Bei einer eigenen Versiche-rung trägt – im Schadens- oder Be-handlungsfall – normalerweise zu-nächst der Gastschüler bzw. dessen Familie die Kosten. Das führt manch-mal dazu, dass die Versicherungsge-sellschaft die Höhe der Ausgaben bestreitet und nur einen Teil des Gel-des erstattet. Man achte also auf Deckungshöhe und Leistung.

Finanzielles

· ·

Die *Kosten* für einen USA-Aufenthalt liegen bei sechs- bis achttausend Euro, bei Besuch von Privatschulen auch bis zum Doppelten, die eines Kanada-Aufenthalts bei 8500 Euro bis 16.000 Euro bei zehn Monaten Dauer. Hinzu kommen Nebenkosten für Zusatzversicherung, Gastgeschenke, Visum etc. Die zusätzlichen Taschengeldzahlungen belaufen sich auf ca. 2700 Euro. Die meisten Kosten sind vorzufinanzieren, d.h. selbst wenn der Jugendliche später z.B. ein Stipendium bewilligt bekommt, müssen die Eltern den Löwenanteil schon bezahlt haben.

Bei der Finanzierung haben alle Anbieter andere Regeln. Der eine verlangt am Anfang nur ein kleines Häppchen, eine anderer möchte am liebsten den ganzen Betrag sofort sehen. Seriös ist es, wenn die Summe nicht in einem Rutsch, sondern auf die Vorbereitungszeit verteilt zu zahlen ist. Die Rücktrittskosten sollten nicht mehr als die Hälfte des Preises betragen.

Normalerweise bekommt die Familie einen Zahlplan; so kann sie die wichtigen Daten nicht vergessen. Aber Achtung: Die Platzierung, d.h. die Unterbringung in einer Gastfamilie, geht unter Umständen verloren, wenn nicht rechtzeitig jede Rate beglichen wird.

Auch wenn man vorzeitig alles bezahlen möchte, sollte man sich beim Veranstalter melden, damit er das Geld zuordnen kann. Sonst treten evtl. Miss-

verständnisse auf. Bei Zahlungsschwierigkeiten, wende man sich sofort an die Organisation, um einen Rettungsplan zu schmieden. Auf jeden Fall muss bis zum Abflug die gesamte Summe überwiesen sein.

Doch woher soll die Familie überhaupt so viel Geld nehmen? Ein so hoher Betrag ist für viele kein Pappenstiel. Grundsätzlich stehen zur Finanzierung zwei Wege offen (natürlich abgesehen von eigenen Mitteln). Zum einen die staatliche Förderung, zum anderen die Förderung durch ein Stipendium oder eine gemeinnützige Organisation.

In Deutschland besteht die Möglichkeit zur Finanzierung durch Auslands-BAföG und / oder ein Stipendium. Hinzu kommt in Hamburg das spezielle Schulgeld. In Österreich und in der Schweiz mache man sich mangels Schüler-BAföG auf die Suche nach einem Stipendium.

Wie immer bei zwischenmenschlicher Kommunikation sei empfohlen, freundlich und zuvorkommend mit den Zuständigen zu sprechen und einen Kompromiss zu finden. Dabei werde man niemals ausfällig, auch wenn man meint, die bürokratischen Mühlen mahlten zu langsam.

Wir haben unsere Entscheidung für oder gegen ein Auslandsjahr von der Förderung der Hamburger Schulbehörde abhängig gemacht. Da wir bereits nach sieben Tagen den Bescheid über fünftausend Euro per Post erhielten, gaben wir Johanna grünes Licht für ihr Vorhaben. Vorsicht, hier verbirgt sich der erste Fallstrick. Wir haben vor lauter Freude Johanna den Startschuss gegeben, woraufhin sie nicht mehr zu halten war. Aber wir hatten nicht bedacht, dass *Fördermittel* unter Umständen erst kurz vor der Reise überwiesen werden. Der Anbieter, den der wir kurze Zeit später gebucht haben, forderte das Geld jedoch innerhalb der nächsten Monate. Das stellte uns vor Probleme. Daher achte man unbedingt auf die Auszahlungstermine.

Stipendium

Ein *Stipendium* als Möglichkeit der *Finanzierung*? Das hört sich einfach an, aber es liegen auch hier einige Stolpersteine im Weg. Nicht jeder Schüler in Österreich, der Schweiz oder Deutschland hat die gleichen Chancen auf ein Stipendium. So können z.B. in Deutschland niedersächsische Schüler andere Programme wahrnehmen als hessische.

Manche Stipendienprogramme richten sich an Kinder bestimmter Arbeitnehmergruppen. Als Angestellter eines relativ großen Unternehmens erkundige man sich nach Programmen für „firmeneigenen" Nachwuchs.

Eine andere Stipendienmöglichkeit ist sozusagen die „Belohnung" für soziales Engagement. In diesem Fall ist die Zielsetzung des Stipendiums entsprechend ausgeschrieben und der Jugendliche hat sein Engagement nachzuweisen. Das erfordert z.B. einen zweiseitigen Text. Dabei kommt es selbstverständlich auch auf Grammatik

und Rechtschreibung sowie auf einen stimmigen Ausdruck / Stil an.

Stipendienprogramme werden auch von den Programmveranstaltern angeboten und ausgeschrieben. Hier besteht nur die Möglichkeit, sich erst verbindlich anzumelden und dann das Stipendium zu beantragen. Wird es nichts mit dem Stipendium, kann der Antrag nur gegen Gebühr zurückgenommen werden. Wer dringend auf ein Stipendium in Form eines „Nachlasses" angewiesen ist, schließe den Vertrag mit der Klausel „vorbehaltlich dem Erhalt eines Stipendiums" ab, damit beim *Rücktritt* keine Kosten anfallen. Dies gilt nur, falls der Betroffene vom Vertrag zurücktritt, weil kein Stipendium gewährt wird.

Viele Stipendienprogramme machen die Zusage von der Bedürftigkeit der Familie abhängig. So schwinden die Chancen bei vielen Anlaufstellen, wenn Eltern ein Einfamilienhaus, mehrere Autos oder Mietwohnungen besitzen. Man prüfe die Voraussetzungen und ob der Schüler dieses Geld wirklich benötigt.

Bei finanzieller Bedürftigkeit bieten auch manche Schulbehörden Teilstipendien für ein Schuljahr. Der Betrag ist ggf. zurückzuzahlen, wenn das im Ausland verbrachte Schuljahr im Heimatland zu wiederholen ist.

Bei der *Bewerbung* um ein Stipendium sollte auf jeden Fall die Form gewahrt werden:

– Nur am Computer schreiben
– Möglichst Papier von 100-Gramm,

mindestens 80 Gramm, benutzen
- Schutzmappe verwenden
- Ein kleines Deckblatt davorheften

Der Brief ist möglichst persönlich zu halten. Allerdings zähle der Jugend-

liche nicht zu viele Schwächen auf, da der Inhalt ausschlaggebend zur positiven Entscheidung für ein Stipendium ist. Er achte unbedingt darauf, dass nicht das Sprachenlernen im Vordergrund steht, sondern die Kultur.

Beispiel-Stipendiatenbrief

Mein Name ist Johanna Peters. Ich wurde am ... in ... geboren. Dort lebte ich sechs Jahre, bis meine Eltern mit meiner jüngeren Schwester Leonie, die am ... geboren wurde, und mir nach Hamburg zogen. Hier lebe ich immer noch in .... Wir wohnen in einer Doppelhaushälfte mit großem Garten, in dem viele unserer Haustiere leben. Die elf Vögel (Wellensittiche, Nymphensittiche und Kanarienvögel) sind in einer Voliere untergebracht. Das Meerschweinchen hat ein kleines „Haus" für sich allein. Hund und Kater leben beide im Haus. Ich kümmere mich am meisten um den Hund. Am Tag gehe ich ca. dreimal mit ihm spazieren.

In meiner Freizeit lese ich sehr gerne, doch in der Woche komme ich nicht oft dazu, da es meist viel zu tun gibt. Außerdem spiele ich Handball in einem Verein. Meine Gruppe besteht aus insgesamt dreizehn Mädchen. Wir haben zweimal in der Woche Training und am Wochenende normalerweise ein Spiel gegen die Mannschaften anderer Vereine.

Im Jahr ... bin ich in die Grundschule ... gekommen. Diese besuchte ich vier Jahre. In der Grundschulzeit lernte ich ... und ... kennen, mit denen ich heute noch sehr gut befreundet bin.

Seit ... gehe ich auf die Gesamtschule ..., inzwischen in die 10. Klasse. ... geht in meine Klasse. Wir sind in einer Integrationsklasse. Das bedeutet, dass mit uns körperlich nicht eingeschränkten Schülern auch behinderte oder lernschwache Schüler zusammen in einer Klasse lernen. Jeder hat bestimmte Aufgaben, diesen Jugendlichen zu helfen.

Meine Aufgabe ist, unserer Rollstuhlfahrerin bei den Wechseln der Schulgebäude zu helfen. Ein Gebäude liegt in der Mitte der Straße, das andere eher am Ende. Ich bin also dafür zuständig, dass unsere Rollstuhlfahrerin sicher die Straße überqueren kann. Meist sitzt sie in einem elektrischen Rollstuhl, doch manchmal auch in einem Rollstuhl zum Schieben. Das Schieben übernehme ich dann natürlich auch.

Diese Aufgabe habe ich schon einige Jahre, und sie macht mir viel Spaß.

Seit ich in dieser Klasse bin, ist es für mich selbstverständlich, behinderten oder lernschwachen Schülern bei den Hausaufgaben zu helfen.

Ich habe mich für die USA entschieden, weil ich vor allem eine neue Kultur und neue Rituale kennenlernen und mein Englisch verbessern möchte. Mich reizt es, zu einer Familie zu kommen, die nicht kenne und vielleicht in der ersten Zeit nicht ganz verstehen werde, da die Gespräche viel zu schnell oder genuschelt geführt werden. Man kann dieses alles nicht voraussehen, und gerade das finde ich sehr interessant. ...

Lebenslauf

In ihn gehören natürlich zunächst die persönlichen Daten (Name, Geburtsdatum, Geburtsort, Anschrift, Telefonnummer). Es folgen die Namen der Eltern und der Geschwister (letztere mit Altersangabe). Dann beschreibe der Schüler seine Schulbildung, indem er die besuchten Schulen (mit Jahresangaben) und den voraussichtlichen Abschluss nennt. Wichtig sind außerdem Lieblingsfächer und Hobbys. Kleine Überschriften helfen dem Leser bei der Orientierung. Beispiele: Geschwister (woraufhin ihre Namen folgen), Schulbildung etc.

Der Lebenslauf wird unterschrieben (mit Datums- und Ortsangabe).

Nützliche Adressen

www.gastschuljahr.de
www.rausvonzuhaus.de
www.wer-weiss-was.de

Die Homepage *www.exchangeyear.de* liefert Tipps, wenn der Familie weniger als 30.000 Euro im Jahr zum Lebensunterhalt zur Verfügung stehen. Dann besteht die Chance, bei dieser Organisation ein Stipendium zu beantragen. Mit einer Besonderheit: Im Gegensatz zu vielen anderen Stipendienangeboten spielt der Notendurchschnitt keine Rolle. In den meisten anderen Fällen wird ein recht guter Durchschnitt verlangt.

Der weltweit agierende *Rotary Club* hat sich dem Allgemeinwohl verschrieben. Er unterstützt Naturschutz- und Tierschutzprojekte, aber eben auch Austauschprogramme für Jugendliche. Dabei sind meist die Kosten für Vorbereitungsseminar, An- und Abreise, sowie Versicherungen selbst zu tragen. Nähere Auskünfte beim nächsten örtlichen Rotary Club oder unter *www.rotary.de/jugenddienst*. Realschüler aus Berlin haben Chancen auf ein Stipendium der „Kreuzberger Kinderstiftung", *www.kreuzberger-kinderstiftung.de*. Schüler aus Sachsen-Anhalt erkundigen sich beim „Dialogzentrum Magdeburg" nach einem Stipendium: *www.dialogzentrum-md.de*. Ein weiterer Stipendienträger ist der „Deutsche Fachverband High School" (DFH), *www.dfh.org*.

BAföG

Nun zum *BAföG*, das wir alle als Unterstützung für Studenten kennen. Es gibt auch ein BAföG für auslandsreisende Schüler, allerdings nur für Gymnasiasten und für Gesamtschüler mit guten Noten. Sie müssen ihren ersten Wohnsitz in Deutschland haben; weitere Voraussetzung ist die deutsche Staatsangehörigkeit bzw. eine, die der deutschen gleichgestellt ist.

Gefördert werden Schüler, deren Highschooljahr mindestens ein Schuljahr dauert. Eine Ausnahme besteht, wenn das ausländische Schuljahr in zwei Halbjahre unterteilt ist; dann wird auch ein halbes Schuljahr gefördert. Der Schulbesuch in Nordamerika ist durch eine Bestätigung der Highschool nachzuweisen.

Die Förderung wird vom Beginn des Monats an geleistet, in dem die Ausbildung aufgenommen wird, frühestens jedoch vom Beginn des Antragsmonats an. Beginnt das Auslandsschuljahr im August eines Jahres, wird die Ausbildungsförderung Ende Juli zu August überwiesen (rechtzeitige Antragstellung vorausgesetzt).

Das Amt macht die Förderung erfreulicherweise nicht von einem *Notendurchschnitt* abhängig. Wichtig sind aber die Versetzung und eine mindestens ausreichende Note in Englisch. Eine der Förderungsvoraussetzungen sind ausreichende Sprachkenntnisse.

Eine Einkommensgrenze gibt es nicht, denn die Höhe der Ausbildungsförderung ist nicht nur abhängig von der Art des Einkommens (aus selbständiger oder nichtselbständiger Tätigkeit, aus Renten- oder Versorgungsbezügen etc.), sondern auch von den persönlichen Umständen des Einkommensbeziehers (Familienstand, Anzahl der Kinder und sonstigen Unterhaltsberechtigten). Der Bedarfssatz liegt bei einer Auslandsausbildung höher als bei einer Inlandsausbildung. Deshalb kann es sein, dass man für die Auslandsausbildung gefördert wird, während sich für die Inlandsausbildung wegen eines zu hohen Einkommens keine Förderung mehr errechnet.

BAföG-Anträge sollten mindestens sechs Monate vor Beginn des Auslandsaufenthaltes beim zuständigen Amt für Ausbildungsförderung eingereicht werden, um eine baldige Auszahlung der Förderbeträge zu gewährleisten.

Möglich ist ein Antrag auf Vorabentscheid, mit dem geprüft wird, ob grundsätzlich ein Anspruch auf Auslands-BAföG besteht. Möchte man die Höhe der Förderung wissen, sollte jedoch gleich ein Antrag auf Ausbildungsförderung gestellt werden. Ein Antrag auf Vorabentscheid ist nicht sinnvoll.

Das Bundesministerium für Bildung und Forschung hat in einer Verordnung festgelegt, welches Bundesland für die Förderung von Ausbildungen (Studium, Praktikum, Schulbesuch) in anderen Staaten zuständig ist. Das Amt für Ausbildungsförderung in Hamburg ist für die USA zuständig, das Amt für Ausbildungsförderung in Illmenau (Thüringen) für Kanada.

Um zu erfahren, ob ein Anspruch auf BAföG besteht, kehrten wir zu den Sprechzeiten im Hamburger Amt für Ausbildungsförderung ein. Die zuständige Dame (für unseren Anfangsbuchstaben des Nachnamens) ließ sich nicht so richtig auf unser Anliegen ein. Bis kurz vor der Abreise sei sie nicht in der Lage, uns eine eventuelle Förderung zu- oder abzusagen bzw. deren Höhe zu nennen. Von diesem Antrag darf man die Entscheidung daher nicht abhängig machen. Allerdings helfen auch hier Freundlichkeit und Hartnäckigkeit.

Die Nerven werden während des Beantragungsprozesses wahrscheinlich arg strapaziert. Wir haben noch nie so viele Formulare ausgefüllt. Dafür investiere man ausreichend Zeit; zudem ist natürlich Kommunikationsfähigkeit gefragt. Die für uns zuständige Dame zeigte jedoch so viel Engagement, dass es Freude bereitete: Sobald sie Unterlagen benötigte oder wir eine Angabe vergessen hatten, rief die Sachbearbeiterin uns an. Sie scheute sich auch nicht, uns auf dem Handy anzurufen, wenn sie uns zu Hause nicht erreichte. Hut ab und eine Lanze gebrochen für das BAföG-System und diese Mitarbeiterin.

Verpasst man eine Frist oder einen Termin, könnte die Förderung gestrichen werden. Man passe also gut auf, alle notwendigen Unterlagen termingerecht einzusenden.

Die ausgefüllten Formulare schicke man jedoch niemals einfach so an die Behörde. Ein aufrichtig freundliches,

persönliches Anschreiben mit dem Namen des zuständigen Ansprechpartners formuliere man auf jeden Fall. Dies verlangt der Anstand, denn schließlich wünscht man, dass das Anliegen möglichst unbürokratisch über die Bühne gehe.

Man nehme den Jugendlichen mit zu den Behörden, da es um ihn und seine persönlichen und schulischen Ziele geht.

Jeder Schüler, der Förderung erhält, muss dem BAföG-Amt einen Stellvertreter nennen, meist die Eltern. Der ist dann verpflichtet, die Post anzunehmen und übernimmt die Verantwortung für die Bearbeitung.

Zeugnis

In einer Familie geht schon einmal etwas unter ... Das werden viele Eltern bestätigen. Aber im Run auf das Auslandsjahr darf nichts vergessen werden, weil möglicherweise die finanzielle Unterstützung z.B. des BAföG-Amtes davon abhängt. In den vielen ausgefüllten Unterlagen zur BAföG-Beantragung hat die Familie sich verpflichtet, das nötige *Zeugnis* sofort als Kopie einzusenden. Erforderlich ist das Versetzungszeugnis von der 9. in die 10. Klasse (wenn das Abitur nach 12 Jahren erlangt wird und das Gastschuljahr in der zehnten Klasse erfolgt) bzw. das Versetzungszeugnis von der 10. in die 11. Klasse (wenn das Abitur nach 13 Jahren erlangt wird).

Auch hier das Zeugnis bitte nicht einfach kommentarlos an das Amt senden, sondern ebenfalls ein kurzes Anschreiben formulieren, damit der Adressat das Zeugnis zuordnen kann und weiß, worum es geht. Hier genügen einige kurze Sätze, z.b.: „Wenn ich mich richtig erinnere, benötigen Sie dieses Halbjahres-Zeugnis. Daher senden wir Ihnen hier eine Kopie." Obendrüber kommen als Betreff der Name des Schülers, das Wort „Highschoolbesuch" sowie die Daten des Auslandsaufenthaltes (z.B. August 20-... bis Juni 20…).

Nachweis des Highschoolbesuchs

Er ist zum einen erforderlich, um das Schuljahr im Heimatland nicht wiederholen zu müssen, zum anderen aber auch bei finanziellen Förderungen. Das BAföG-Amt hat dazu einen eigenen Bogen, den sie dem geförderten Schüler zuschickt und welcher entsprechend ausgefüllt zurückgesandt werden muss. Andernfalls geht die Förderung flöten.

So schön kann es sich wohnen bei einer Gastfamilie, sofern man ein eigenes Zimmer hat

Nützliche Adressen

Für künftige Gastschüler in ganz Deutschland sind die folgenden Studierendenwerke zuständig. Die Zuständigkeit ist nach Entsendeländer gegliedert. So müssen sich z.b. Australienschüler an eine andere Institution wenden. Da für das ganze Land stets nur eine Behörde zuständig ist, muss man unter Umständen weit fahren. Diese Adressen gelten nur für Deutschland, da Österreicher und Schweizer kein BAföG-kennen:

USA-Aufenthalt:

Studierendenwerk Hamburg
/ Amt für Ausbildungsförderung
Postfach 13 01 13
20101 Hamburg
Tel.: 040 / 41902-0
Fax: 040 / 41902-126
bafoeg@studierendenwerk.hamburg.de
www.studierendenwerk-hamburg.de

Kanada-Aufenthalt:

Studentenwerk Thüringen
Amt für Ausbildungsförderung
Auslandsförderung
Max-Planck-Ring 9
98693 Illmenau
Tel.: 03677 / 692 752
Fax: 03677 / 691 924
fri@stw-thueringen.de
www.stw-thueringen.de

Aupair USA
Umfassender Ratgeber
http://shop.interconnections.de

PPP

Parlamentarisches Patenschaftsprogramm

Eine tolle Chance für gute Schüler, *Fördermittel* zu erhalten. Leider gilt diese Möglichkeit nur für Deutschland.

Das Programm dient dem kulturellen Austausch zwischen der deutschen Regierung und dem amerikanischen Kongress. Die Bundestagsverwaltung schreibt es seit 1983 aus, anlässlich des dreihundertjährigen Jubiläums des Tages, an dem der erste Deutsche amerikanischen Boden betrat.

Die deutsche Regierung trägt die Kosten für Seminare, Flug und sonstige Reisen, Versicherungen sowie die Programmkosten in Amerika. Lediglich Taschengeld und Kosten für Kleidung und Gastgeschenke müssen von der Familie selbst getragen werden. Zudem gibt es besondere Veranstaltungen, z.B. ein Besuch in der Hauptstadt. Dieses Programm findet nicht nur für den zu entsendenden Schüler statt. Dieser Schüler hat auf ganz eigene Weise die Aufgabe, das Heimatland in den USA zu repräsentieren. Daher ist dieses Programm nur von Schülern ins Auge zu fassen, die absolut sicher auf folgenden Wissensgebieten sind:

Geschichte
Geografie
Sprachen (besonders Englisch)
Allgemeinwissen
Politik und Gesellschaft

EF High School Year

Markgrafenstr. 58, 10117 Berlin
Tel.: 030-203 47 300, Fax: 030-203 47 301
highschoolyear.de@ef.com, www.ef.com
Bürozeiten: Montag bis Freitag 9-20 Uhr, Samstag 10-17 Uhr
Gründungsjahr: 1965
Ansprechpartner: Sabine Küchler
Anzahl der jährl. Vermittlungen: ca. 1500

High School Year

Partnerorganisation: In der Regel ohne, da ein eigenes weltweites Netzwerk an Mitarbeitern vorhanden ist.

Altersstufe: 14 Jahre bis 18 Jahre (unterschiedlich je nach Reiseland)

Bewerbungsfrist: Am besten bereits ein Jahr vor geplantem Programmstart, spätestens aber sechs Monate vor Reisebeginn.

Voraussetzungen: Hohe Motivation, guter Eindruck beim Bewerbungsgespräch, mindestens durchschnittliche Schulnoten.

Bewerbungsverlauf: Persönliches Auswahl- und Informationsgespräch für Interessenten und Eltern

Vor- u. Nachbereitung: Eintägiges Vorbereitungsseminar, monatliche Informationsmaterialien, optionales 2-wöchiges Language & Culture Camp im Gastland

Betreuung: Vor Ort gibt es einen Regionalbetreuer sowie einen überregionalen Austauschkoordinator. Die EF Büros in den USA und Kanada sind im Bedarfsfall rund um die Uhr erreichbar. Zusätzlich steht das EF Büro in Deutschland bei Fragen zur Verfügung.

Ausflüge: Optional, mit anderen Austauschschülern vor Ort zum Selbstkostenpreis, ggf. Treffen der Austauschschüler der Region

Dauer des Aufenthalts: 3 bis 10 Monate

Erwerb des amerik. Führerscheins: Möglich, je nach Bundesstaat.

Abreisezeit: Je nach Reiseland zwei Termine pro Jahr: <u>Sommerabreise:</u> Je nach Land und Bundesstaat: Juli/August, <u>Winterabreise (Schulhalbjahr):</u> Januar. Am Start- und Zielflughafen sorgen EF Betreuer für einen reibungslosen Ablauf. Der Flug selbst ist in der Regel nicht begleitet.

Programmgebühren: Je nach Reiseziel ca. € 6000 bis € 10 000 inkl. Flugkosten, Vorbereitung, Service sowie Vermittlung in eine Gastfamilie und eine öffentliche Schule

Zusatzkosten: Reiseversicherung. Vor Ort sind Ausgaben des persönlichen Bedarfs, sowie Kosten für Unterrichtsmaterial und öffentliche Verkehrsmittel selbst zu tragen.

Stipendien: Jedes Jahr Teil- und Vollstipendien für besonders motivierte und bzw. finanziell benachteiligte Schüler.

Staatsangehörigkeit: Für Deutsche, Österreicher und Schweizer. Je nach Wohnsitz erfolgt dabei die Bewerbung bei dem entsprechenden EF Büro des Landes.

Staaten / Provinzen: Bestimmte Regionenwahl optional und gegen Aufpreis möglich.

Sonstiges: Alternativ zum klassischen Schüleraustausch können Interessenten auch ein Schuljahr an den Privatschulen und Internaten der EF International Academy verbringen. Dort kann innerhalb von zwei Jahren auch ein internationaler Schulabschluss wie z.B. das A-Level oder das International Baccalaureate Diploma erworben werden. Näheres bei www.ef.com/academy. Neben dem Hauptbüro in Berlin existieren Regionalbüros in Dresden, Düsseldorf und München. Kontaktdetails auf *www.ef.com/ contact*. Bei regelmäßigen bundesweiten Informationsveranstaltungen und Tagen der offenen Tür informiert EF ausführlich über Wege ins Ausland: *www.ef.com/highschool* und *www.ef.com/opendoor*.

Ferner werden exzellentes Auftreten und gute Umgangsformen vorausgesetzt, denn der Jugendliche reist quasi als Abgesandter der europäischen Politik nach Amerika. Das PPP ist daher für überdurchschnittlich engagierte Schüler geeignet, aber nicht für normal an Politik interessierte Jugendliche. Wir haben davon Abstand genommen, da unsere Tochter zwar bestimmt nicht dumm oder uninteressiert ist, es jedoch vermessen wäre, sie als zeitungslesende und politisch engagierte Jugendliche zu bezeichnen.

Es ist keine Schande, dieses Programm für sich nicht in Betracht zu ziehen, wenn die Aussichten sowieso schlecht sind. Kraft und Zeit nutze man dann lieber für andere Programme bzw. andere Agenturen, die weitere Stipendien anbieten.

Zu beachten ist in diesem Zusammenhang, dass der Vorentscheid für dieses Programm nicht automatisch zu einem Stipendium führt. Daher gerät man schnell in die Zwickmühle, zwar den Platz bei einem Veranstalter sicherzuhaben, aber ohne Stipendium. Diese Situation gefährdet bei der Unterbringung in einer Privatschule unter Umständen die Existenz der Familie.

Bei dem PPP übernimmt ein Parlamentarier aus dem zuständigen Wahlbezirk die Patenschaft für einen reisewilligen Schüler. Erste Aufgabe liegt also darin, herauszufinden, welcher Parlamentarier im jeweiligen Wohnort Ansprechpartner ist. Auf der unter „Nützliche Adressen" angegebenen Internetseite wird einfach dargestellt, wie sich dieses Problem lösen lässt. Für jeden Bezirk, also jeden Parlamentarier, ist ein anderer Anbieter durchführendes Organ. So erhalten sie auf gleichberechtigte Weise zusätzliche Schüler durch das PPP (sofern sie angenommen werden). In jedem Bezirk hat nur ein Jugendlicher diese Chance. Die Suche nach dem richtigen Wahlkreis erfolgt z.B. durch Übersichtsbögen, bei denen auch die zuständigen Agenturen stehen.

Bewerbungsfrist zu dem Programm ist stets der September des Jahres vor der Abreise.

Nicht zugelassen werden Kinder und Pflegekinder von Bundestagsabgeordneten sowie Jugendliche mit amerikanischer Staatsbürgerschaft. Der erste Wohnsitz des Bewerbers muss in Deutschland sein.

Deutscher Bundestag
Verwaltung – Referat WI 4
Tel.: 030 227-0
Zuständiger Berichterstatter:
Wolfgang Börnsen MdB
www.bundestag.de

Weitere Geldquellen

Tipp: Bei Unternehmen in der Umgebung nachfragen, ob sie einen Teil der Kosten übernehmen. Dadurch kämen sie in die regionalen Zeitungen und könnten damit werben, Jugendliche bei ihrer Persönlichkeitsbildung zu unterstützen. Das bringt Sympathiepunkte! Außerdem freuen sich viele Zeitungen über Berichte von Jugendlichen aus aller Welt. Sie lassen sicher ein paar ein paar Euro für regelmäßige Nachrichten aus Amerika springen.

Kindergeld

… bekommen deutsche Eltern weiterhin. In Österreich gehen Eltern hinsichtlich der Familienbeihilfe während des Auslandsjahres vermutlich leer aus; man erkundige sich aber auf jeden Fall noch einmal beim zuständigen Sachbearbeiter. In der Schweiz hängt die Fortzahlung von der Regelung des Kantons ab, in dem sich der Erwerbsort der Eltern befindet. Hier muss man ebenfalls nachfragen.

Hamburger Schulgeld

In Hamburg haben Schüler vorbildlicherweise die Möglichkeit, *Schulgeld* für ihren Auslandsaufenthalt zu beantragen, *www.hamburg.de/schuelerinformationen*. Es deckt das Taschengeld und eventuelle Flugkosten zwischendurch. Die Beantragung bedarf allerdings vieler Geduld und Ausdauer. Die Bewerbung reiche man früh genug ein.

Die Schulleitung händigt auf Anfrage einen zweiseitigen Antrag aus, den man in Ruhe zu Hause ausfüllt. Dabei wird das Gesamteinkommen der Familie angegeben und ein Pauschalbetrag abgezogen. Keine Angst, die Fördergrenzen liegen sehr hoch. Mit einem Durchschnittseinkommen hat man gute Chancen, mit bis zu fünftausend Euro gefördert zu werden. Leider gilt dieser wertvolle Tipp nur

für Hamburg. Sollte der Jugendliche abspringen, kann der Antrag zurückgezogen werden. In anderen Bundesländern, Österreich und der Schweiz frage man die entsprechende Schule nach einer finanziellen Förderung für Gastschüler.

Steuerliche Absetzbarkeit

Abhängig von Familiensituationen, Schulstatus des Schülers und anderen Faktoren. Um Klarheit zu bekommen, wende man sich an den Steuerberater oder zuständigen Finanzbeamten.

Weitere Ausgaben

Eine Frage vor Beginn des Auslandsjahres ist die zur Höhe des *Taschengeldes*. Im Heimatland erhält es der Jugendliche zum Kauf von Dingen, die nicht zum Überleben wichtig sind: Eis, Ohrringe, Handyaufladungen etc. In Amerika sieht die Situation anders aus. Dort werden auch Kleidung, Geschenke zu verschiedenen Anlässen, Lehrmittel, Mittagessen in der Schule, Telefonate, die Benutzung des Schließfaches, Experimentiermaterial zur Arbeit im Labor, Zubehör zur schulischen AG (Schuhe, Bälle …) oder Busfahrkarten zu finanzieren sein. Zudem muss sich der Jugendliche auch mit z.B. Hygieneartikeln versorgen. Der Betrag fällt also ungleich höher aus.

Hier wird wieder ein zuverlässiger Umgang mit Geld vom Jugendlichen erwartet, denn der Jugendliche benötigt einen bestimmten Betrag im Monat zur freien Verfügung, an den er problemlos herankommen kann. Wir haben (vorerst) die Vereinbarung getroffen, monatlich 250 Euro zu überweisen. Anfangs könnte das aber knapp werden. Man rechne also zu Beginn mit einer höheren Überweisungsrate. Später fallen dann Bälle mit der Miete von Smoking oder dem Kauf von Schuhen oder eines Kleides an, außerdem natürlich Abschiedsgeschenke für die Gastfamilie und Mitbringsel. Dann wird noch einmal mehr Geld benötigt.

Einige Veranstalter verlangen von den Eltern das ganze Taschengeld im Voraus, das sie dem Schüler dann in monatlichen Happen ausbezahlen.

Einen Notgroschen sollte der Jugendliche stets mit sich führen, am besten in Form von *Reiseschecks / Namensschecks*. Diese können nur durch ihn freigegeben werden, was Missbrauch verhindert. Zudem kann man besonders in Kanada fast überall damit bezahlen.

In den ersten paar Tagen ist es sinnvoll, 200 Dollar in der Tasche zu tragen, denn die ersten Tage sind etwas teurer. Zwei Hundert-Dollar-Scheine nützen allerdings nichts, denn viele Verkäufer nehmen keine großen Scheine (mehr als zwanzig Dollar) an. Zwanzig Dollar trage man in Ein-Dollar-Noten mit sich herum, da man die quasi überall braucht. Eine *Kreditkarte* benötigt der Jugendliche sicher nicht. Entscheidet man sich doch dafür, so beschränke man sie aus

Sicherheitsgründen auf ca. 500 Dollar. Es reicht völlig, wenn ein *Konto* bei einer europäischen Bank abgeschlossen wird bzw. schon ist. Die entsprechende Karte genügt, um in jeder Stadt Geld abzuheben.

Die Einrichtung eines Kontos in Nordamerika ist möglich, allerdings nicht nötig. Die Prozedur ähnelt dann dem *Geldabheben* bei einer Hausbank. Damit alles gut gehe, bitte man die Gastfamilie, mit dem Jugendlichen zusammen ein Konto bei deren Hausbank anzulegen. Dadurch bekommt der Gastschüler gleich eine Einweisung, wie Geldabheben in einem anderen Land funktioniert. Achtung: Da der Jugendliche noch nicht volljährig ist, ist man auf Vertrauen zu den Gasteltern angewiesen.

Die regelmäßige *Überweisung* ist teurer und aufwendiger als z.B. die Mitnahme des gesamten Taschengeldes in Reiseschecks. Dafür lauert bei ihnen die Gefahr, sie frühzeitig aufzubrauchen; zudem mag der Zeitpunkt der Besorgung dieser Schecks gerade mit einem ungünstigen Dollarkurs zusammenfallen.

Im Internet lässt sich der aktuelle Dollarkurs ganz einfach selbst prüfen.

Kleiner Tipp:
Ein internationaler Schülerausweis verhilft oft zu Ermäßigungen. Ausgestellt wird er in vielen Reisebüros bei Vorlage des gültigen hiesigen Schülerausweises. Kosten: ca. zehn Euro.

Xplore GmbH

Theodorstr. 48
22761 Hamburg (+ Büros in Berlin und Köln)
Tel.: 040.429 336 00, Fax: 040.429 336 11
info@xplore.de, www.xplore.de
Bürozeiten: Mo – Fr 9.00 – 17.00 Uhr
Ansprechpartner: Jennifer Greune
Jennifer.Greune@xplore.de

Neue Organisation mit routinierten Mitarbeitern, die über 20 Jahre Erfahrung bei der Vermittlung von Gastschulaufenthalten aufweisen.

Anzahl der jährl. Vermittlungen: Ca. 200

Partnerorganisationen:
<u>USA:</u> CIEE (J1) und educatius (USA Select, F1)
<u>Kanada:</u> Schulbezirke in British Columbia, Alberta, Manitoba und Ontario

Altersbegrenzung (Mindest- oder Höchstalter):
<u>USA:</u> 15-18 Jahre am Tag der Ankunft, USA Select: 14-17 Jahre am Tag der Ankunft
<u>Kanada:</u> 14-18 Jahre am Tag der Ankunft

Bewerbungsfrist: USA bzw. USA Select: 15.4. bzw. 1.5., Kanada: 1.5. bzw. 30.10. je nach Beginn

Besondere Voraussetzungen: Offenheit, kommunikativer Charakter, Integrationsfähigkeit, Bereitschaft, sich auf ein anderes Leben und andere Menschen einzulassen sowie die Sprache zu lernen.

Bewerbungsverlauf: Individuelle Beratung von jedem Bewerber in einem zwei bis dreistündigen Gespräch mit einem Programmverantwortlichen (keine Aushilfen/Ehemaligen!!). Telefonisch oder persönlich meist in Hamburg, Berlin und Köln möglich.

Vor- u. Nachbereitung: Zwei- bis dreistündiges Beratungs- und Bewerbungsgespräch, eintägiger Vorbereitungs-Workshop. Seminar in New York bzw. in Toronto. Mehrtägiges Nachtreffen in Deutschland.

Betreuung: 24-Stunden „Help Line" unserer Auslandspartner für alle Teilnehmer, lokale Betreuer vor Ort. Feste Ansprechpartner für Eltern und Schüler in Deutschland.

Dauer des Aufenthalts: 5 oder 10 Monate

Abreisezeit, betreuter Flug: Juli bzw. August oder Januar, <u>USA:</u> betreuter Flug bis NYC, <u>Kanada:</u> betreuter Flug bis Toronto

Programmgebühren: USA - Halbjahr: € 5.950 Schuljahr: € 6.250, USA Select: je nach Region ab € 10.000, Kanada – je nach Region ab € 8.000

Zusatzkosten: Taschengeld ca. € 150/Monat, Flug, Versicherung inkl.!, Schulbücher

Stipendien: Teilstipendium USA € 2.000

Rund um die Agentur

·······································

Vorläufige Zusage

Nach diesen Kraftanstrengungen kommt der große Tag der vorläufigen *Zusage*. In dem Postkasten haben wir den lang ersehnten Brief. Johanna ist aufgenommen, sie hat es bis hierhin geschafft, prima.

Aber der Brief enthält nicht nur die Zusage sondern auch einen vierzigseitigen *Fragebogen*. Es wird Stunden, nein sogar Tage dauern, diese Unterlagen auszufüllen. Rücksendetermin ist spätestens in zehn Tagen, denn die Agentur möchte sich möglichst schnell auf die Suche nach einer Gastfamilie machen. Deshalb heißt es, sich zügig an die Bearbeitung zu machen. Die endgültige Zusage geht nach genauer Prüfung der ärztlichen, schulischen und persönlichen Bewerbungsunterlagen ein.

In den Unterlagen geht es um Folgendes:

- ✔ Persönliche Daten
- ✔ Hobbys und Sportangelegenheiten
- ✔ Ernährungsgewohnheiten und Abneigungen
- ✔ Geschwister und Haustiere
- ✔ Vorerkrankungen
- ✔ Allergien und chronische Probleme
- ✔ Impfdaten
- ✔ Allgemeine körperliche Verfas-

sung, Vitalwerte wie Blutdruck, Puls, Gewicht, Sehstärke
- ✔ Religiöse Gewohnheiten
- ✔ Führerschein
- ✔ Suchtprobleme
- ✔ Bisherige Schulfächer (bezüglich Jahre und Benotung)

Beim Ausfüllen englischer Unterlagen ist Sorgfalt gefragt. Leicht verwendet man ein Wort, dessen Bedeutung man nicht hundertprozentig kennt, und schon hat man etwas ganz Anderes gesagt, als gewollt.

Schickt der Vermittler diese Unterlagen nur auf Englisch zu, scheue man sich nicht, nach einer Übersetzung zu fragen. Besonders Unterschriften „ins Blaue hinein" sind heikel. Seriöse Veranstalter werden sicher eine Übersetzung schicken, da sie von ihren Kunden schließlich kein perfektes Englisch erwarten können.

Zwei der vierzig Seiten füllt der Schüler selbst aus. Dabei kommen z.b. Hobbys, Sportarten, eine mögliche Vereinstätigkeit sowie Tagesabläufe zur Sprache, wie auch die Einschätzung der eigenen Belastbarkeit. Außerdem antwortet der Jugendliche auf Fragen nach dem zukünftigen Traumjob, nach Zukunftsgedanken und seinem angestrebten Schulabschluss.

Ungefähr zehn Bögen bearbeiten die Eltern. Themen sind u.a.: Aufgaben des Schülers im Haushalt, Einschätzung seiner Schulaufstiegschancen, physische und psychische Belastbarkeit, Tiere im Haushalt, Anzahl der Geschwister, Allergien usw. Zudem stellen sie eine Erlaubnis zum Fahren, zu Sport, Schwimmen, Reiten etc. aus. Außerdem ist eine Erlaubnis nötig, dass die Fotos (von der Bewerbung etc.) auch zu weiteren Werbezwecke genutzt werden dürfen, und eine Erlaubnis, dass die Namen der Familienmitglieder auf Listen der Organisation gesammelt und gedruckt werden dürfen.

Ein Vertrag auf Deutsch und Englisch liegt bei, der festlegt, wie man sich im Gastland zu verhalten hat und dass man sich in der Schule Mühe geben muss! Ebenso, dass man sich in die Familie einfügen soll und Probleme gleich meldet.

Wichtig sind zudem:

- ✔ Eine kurze Bescheinigung, wie viele Jahre der Schüler in Englisch unterrichtet wurde und der Notendurchschnitt
- ✔ Fotos vom Gastschüler, von Freunden, von der Familie, von Hobbys, Haus und Hof
- ✔ Zeugnisse der letzten Jahre
- ✔ Eine „academic history", also eine Aufstellung der Fächer und deren Noten (in Grades, also amerikanischen Kategorien)

Einen Großteil der Unterlagen füllen Mediziner aus. Der Augenarzt bestimmt die Dioptrienzahl, der Hausarzt die körperliche Belastbarkeit (auch hinsichtlich Sport und Spiel), der Zahnarzt untersucht den Zahnstatus. Ebenso werden durchgeführte Impfungen abgefragt und die noch zu verabreichenden Impfungen aufgezählt.

Einige Punkte sind nur auszufüllen, stellen also keine Probleme dar. Hinter anderen Themen stecken allerdings Aufträge. Es ist wichtig, sich das Impfbuch des Jugendlichen anzusehen und durch einen Arzt prüfen zu lassen. Fehlende *Impfungen* sind auf jeden Fall nachzuholen. Dazu lese man auch das Kapitel zum Thema Impfung.

Spätestens in diesem Abschnitt nimmt die Organisation eine körperliche *Einschränkung* oder eine lebensgefährlich werdende *Allergie* zur Kenntnis. Dann kommen Gespräche auf die Eltern zu, um gesundheitliche Einschränkungen so weit wie möglich auszuschließen. Diese sorgen für Probleme, wenn sie so groß sind, dass der Schuler nicht versichert werden kann. Dann kann er nämlich nicht teilnehmen, oder eben nur auf eigene Gefahr, was die wenigsten Anbieter zulassen werden. Hier steht ein Ruf auf dem Spiel.

Rücktritt

Tritt die Familie jetzt von dem Vertrag zurück, fallen sofort *Stornogebühren* an. Einige Anbieter ermöglichen jedoch innerhalb von sieben oder zehn Tagen nach Eingang der Programmbestätigung (vorläufige Zusage) einen kostenlosen *Rücktritt* vom Vertrag. Wird davon Gebrauch gemacht, so sind Beweise zu sichern:

- ✔ Briefumschlag des Anbieters mit dem Poststempel aufbewahren,
- ✔ Eingangsdatum des Briefes notieren,
- ✔ Kopie der Rücktrittserklärung anfertigen.

Bei einem Rücktritt ist unbedingt auf die schriftliche Form zu achten. Die Rücktrittserklärung nicht per Telefon oder Fax abschicken sondern per Einschreiben. Selbstverständlich fügt sich ein persönliches Gespräch (nicht telefonisch) an, um die Sachlage zu klären.

Ehrlichkeit und Mühe

Die europäische Agentur leitet die Informationen über den Schüler (student information / student application) an ihren Partner weiter, der sie wiederum den Repräsentanten in den einzelnen Bundesstaaten (je nach Gebietswunsch des Schülers) übergibt. Die suchen dann nach einer passenden Gastfamilie.

Einfluss auf die Gastfamiliensuche haben alle Angaben des Schülers sowie selbst verfasste Texte (Elternbrief, Selbstbeschreibung …). Geben sie ein klares, realistisches Bild wieder, steigen die Chancen auf eine passende Gastfamilie. Schwindelt der Bewerber hingegen oder beschönigt seine Eigenschaften, so kann es durchaus passieren, dass die Gastfamilie gar nicht zu ihm passt oder es zumindest in der Anfangszeit zu Schwierigkeiten kommt, weil sie sich auf einen ganz anderen Menschen eingestellt hat. Daher ist Ehrlichkeit gefragt, aber auch Sorgfalt und Mühe, denn die Gastfamilien möchten natürlich ansprechend formulierte Texte lesen. Kleine sprachliche Fehler fallen nicht ins Gewicht, aber desto stärker der Eindruck, den die Texte vermitteln: Hat sich der

Schreiber Mühe gegeben, oder liegt ihm offenbar wenig am Leser?

Übergabe der Fürsorgepflicht

Eltern haben vor der Reise des Schülers u.a. zwei Bögen zu unterschreiben:

✔ „Medical treatment consent" (Einverständniserklärung an Ärzte und Krankenhäuser, die nötige medizinische Versorgung zu erbringen)

✔ „Agreement / Liability release" (Übertragung der Entscheidungsbefugnis und Aufsichtspflicht an Gasteltern und Veranstalter)

Elternbrief

Bei der Vorstellung, dass der von uns verfasste *Elternbrief* über Johanna an vielen schwarzen Brettern in Nordamerika aushängt und dort gelesen wird (in Kirchen, Gemeinden, Schulen …), hoffen wir, nicht zu viele Fehler eingebaut zu haben. Aber was ist das eigentlich, der Elternbrief? Er heißt natürlich *parent letter*; ist möglichst fehlerfrei auf Englisch zu verfassen, und zwar von den Eltern des Schülers. Er dient der Suche nach einer Gastfamilie. Dabei vermeide man unseren Fehler: Wir haben sämtliche Stärken und Schwächen aufgezählt und den Familienalltag mit Johanna beschrieben. Das war leider nicht ganz richtig – die Schwächen lasse man bitte gleich weg. Die Familie wird keinen Jugendlichen für evtl. zehn Monate aussuchen, wenn die Eltern bereits fünf Schwächen oder

Charakterfehler voranstellen. Man vergesse die kleinen Schwächen einfach und gestalte den „Elternbrief" positiv!

Es lohnt sich nicht, bereits bekannte Angaben aufzuzählen (Alter, Schulnoten etc.). In dem Brief geht es um eine Darstellung der Persönlichkeit des Schülers, damit sich künftige Gasteltern ein gutes Bild von ihm machen können, wie auch von seinen Beweggründen, seinen Gewohnheiten, seinem Alltag. Vielleicht wird nun überlegt, ein paar schöne Sätze zu dem Jugendlichen zu erfinden, um möglichst schnell eine Familie zu bekommen. Auf jeden Fall unterlasse man diese Sache, die nur das Risiko erhöht, dass die Familie später gar nicht passt. Das macht viele Umstände, zumal die spätere Suche nach einer anderen Familie sich oft schwierig gestaltete.
Man spricht quasi „von Eltern zu Eltern", was man sich auch bei der Suche nach passenden Inhalten vor Augen führen kann: Was würde einen selbst als Gasteltern denn interessieren?

Man formuliere den Brief offen und überaus freundlich. Unbedingt zu achten ist auf liebevolle Begrüßung und Verabschiedung, was in Amerika äußerst wichtig ist. Mit einem steifen „Guten Tag" wird dort gleich angeeckt. Bitte herzlich und vollmundig liebevoll, auch wenn es eventuell ungewohnt und fremd klingt. Man erkennt bereits: In vielen Angelegenheiten muss man sich anpassen oder umstellen.

Der Brief entscheidet auch über die künftigen „Gasteltern" des Jugendlichen. Es ist also ratsam, sich Mühe zu geben und eine Nacht über diesem Brief zu schlafen. Erst wenn sich das Gefühl einstellt, den Jugendlichen genau getroffen zu haben, ist der Brief fertig.

Es ist nicht zum Lachen, im Bekanntenkreis herumzufragen, wer sich sicher in der Sprache fühlt. Empfohlen sei, den „parent letter" gegenlesen zu lassen. Da wir bis zu diesem Zeitpunkt die Lehrer unserer Tochter schon sehr in Anspruch genommen hatten, ließen wir sie bei dieser Angelegenheit außen vor. Freunde haben uns geholfen. Sicherlich besteht die Möglichkeit, einige „Sprachexperten" hinzuzuziehen.

Als wir unseren Brief nach ein paar Tagen noch einmal gelesen haben, brachen wir in schallendes Gelächter aus. Denn auch wir haben ein paar Wortungetüme eingebaut. Sicherlich ist es ein Sympathiepunkt, wenn eine amerikanische Familie vor dem Brief steht und lacht ...

Damit der „parent letter" rasch und einfach verfasst wird, haben wir einen Beispielbrief erstellt. Sicherlich kommt einem das fehlende „Sie" ungewohnt vor; vielleicht sind einige Leser mit ihrem Englisch genauso unbeholfen wie wir? Dann: Kopf hoch! Bis heute hat uns noch niemand deshalb Steine in den Weg gelegt.

Beispiel: Elternbrief

Dear host family,
This is a short characterization of Johanna.

Johanna is a friendly, honest girl who likes to socialize. Although she has to work hard for school, she is always ready to help her family, friends and classmates.
She rides the bike to school every day, whether it's raining or not. She plays handball twice a week. Her handball team is an all-girls group and they are all friends. They like to spend their vacations together.
They have a handball match every weekend. That's when the parents work as „chauffeurs" for the girls. Thus, we are helping the team play handball.
Johanna`s little sister is called Leonie. She is thirteen years old and a nice girl. She goes to the same school and has a lot of girlfriends.
Johanna has a little dog named Pico, he is a greyhound and from spain. He is brown with short legs. Pico needs to go for a walk in the forest quite often. Luckily, our house is in the „Alstertal" forest, so it is no problem for Johanna and her dog to take a walk through it.

We are Johanna's parents, and we are very excited about this great opportunity for her. However, it will be odd for us to be without her. She is happy, friendly and helpful to both people and animals.
We are looking forward to Johanna's return to us when she gets back from her journey around the world; when she comes back to our little Hamburg.

Thank you very much for reading this letter and welcoming her in your family.

With the very best wishes for you all,
your family …

Selbstbeschreibung

Der *Student letter,* ein Brief des Schülers an seine künftige Gastfamilie, hat die größte Bedeutung bei der Bewerbung. Auf Englisch verfasst, spricht er mögliche Gasteltern direkt an und verrät viel von der Persönlichkeit des Schreibers. Der Vermittler benutzt die Angaben, um eine passende Gastfamilie zu finden, indem er den Brief möglichen Familien vorlegt.

Die Aufgabe hört sich im ersten Moment einfach an, aber Hand aufs Herz, es ist ganz schön schwer. Der Schüler darf sich nicht in einem zu positiven Licht darstellen, denn das wirkt unecht. Aber seine Schwächen dürfen auch nicht zu deutlich werden, da er dann eventuell keine Gastfamilie findet. Es ist wichtig, dass diese *Selbstbeschreibung* ein umfassendes Bild des Schreibers gibt.

Grundsätzlich muss eine sehr liebe und ausschweifende Begrüßung den Brief einleiten. Im Text stelle man auch Fragen und baue kleine Dankeschöns ein. Am Ende des Briefes betone man, wie sehr man sich freue und dass man es gar nicht abwarten könnte.

Man verschwende den Platz nicht durch die Wiederholung bereits angegebener Fakten – Geburtsdatum, Alter, Nationaltität o.Ä. Gefragt sind die Beweggründe zur Reise, die Dinge, auf die der Schüler sich am meisten freut, und die, die er in der Heimat gewohnt ist. Ebenso kommen Hobbies und Interessen zur Sprache. Dabei lasse man den Text so freundlich und persönlich klingen wie möglich. Zu vermeiden sind viele Erwartungen und Ansprüche, außerdem das Nennen eines bestimmten Wunschgebietes.

Gedanken wie: „Das geht doch niemanden etwas an" wurden während dieses Verfahrens sicherlich schon längst abgelegt. Natürlich möchte die Gastfamilie wissen, ob die neue Person im Haus auch wirklich zu ihnen passt. Fragen wie: Kann sie oder er morgens den Hund spazierenführen, ist sie oder er in der Lage, sich in einen Verein zu integrieren oder ist sie oder er in Bezug auf Hausarbeiten fleißig etc., sind wichtig. Zudem wäre es möglich, dass der Gastschüler im neuen Zuhause gar kein eigenes Zimmer hat. Daher sind auch Aussagen zur Wohnsituation bedeutende Hinweise. Der Schüler spare nicht mit Informationen.

Nach drei Verwürfen hat unsere Tochter sich für eine chronologische Erzählweise entschieden. Alltag, Gewohnheiten und das tägliche Pflichtprogramm sagen nämlich eine Menge über die Person aus. Das Beispiel nutze man, um auf eigene Ideen zur Beschreibung zu kommen. Natürlich ist dieses Schreiben nicht von Eltern zu verfassen, aber unterstützen dürfen sie. Der Text ist ohne Hilfe zu schreiben. Kleine Sprachfehler dürften auch gar nicht ins Gewicht fallen, denn schließlich reist der Schüler ja des Englischlernens wegen nach Amerika. Keine Gastfamilie wird einen Schüler mit perfekten Englischkenntnissen erwarten. Außerdem wäre es nicht fair gegenüber der Gastfamilie und eine große Enttäuschung, wenn der Schüler im Student letter als Englisch-As erschien (weil der große Bruder den Brief verfasste), sich in Wirklichkeit aber als mäßiger Englischsprecher herausstellt.

Ist die Selbstbeschreibung fertig, so frage man jemanden, der den Jugendlichen kennt, ob der Text wirklich passt. So unscheinbar dieses Schreiben jetzt auch erscheint, ist er für eine Familie eventuell ausschlaggebend bei der Entscheidung für den Jugendlichen. Daher ist es wichtig, dass der Inhalt in Bezug auf die Person stimmt.

Beispiel: Student letter

Dear host family,
Thank you very much for reading my letter. I am excited that you are considering making me a part of your family. I have been fascinated by the United States for a long time and cannot wait to experience your way of living.

My name is Johanna and I am 15 years old. I live with my family (my parents and sister) in Northern Germany. My sister's name is Leonie, she is 13 years old. My mother's name is Anke and my father is called Torsten. My mother is self-employed in the field of quality management and my father works in care. We live in a house with a big garden. My uncle, my grandma and my great-uncle with his wife also live in our street.

We have several animals: a dog, a cat, a guinea pig and 11 birds. All of our animals live in the garden, except the dog and the cat. Three times a day I go for a walk in the forest with my dog Pico. Sometimes my best friend Kamilla accompanies me. She also has a dog whose name is Sunshine. I play with the dog in the garden or, in the case of bad weather, in our house every day. At weekends, we mostly have family days. We usually make trips or work in the garden.

Every morning my sister Leonie, my mother and I get up at 6:30. After breakfast, Leonie and I go to school and afterwards, we have lunch with the family. My father is also home by then, and we talk about our day so far. In the afternoon I do my homework and in the evening I have handball training or read a book.

I am in 10th grade at high school.. My class is special because it is an integration class. This means that my classmates and I have more exercise than other students because we change school buildings with our wheelchair users.

My favorite class is sports (P.E.) but I am also interested in all the other subjects. I often study with my friend Nina. It is better than studying on my own because we discuss the subjects together and that way often find a solution.

At University, I would like to study medicine. I want to help people, and I think this occupation is very important today and will continue to be so in the future.

In my free time I often read. I am also in a handball team of 13 girls. Training is twice a week, and we have a game every weekend. I really enjoy it because it is my favourite sport.

In the afternoon, I meet my friends, usually Kamilla or Nina. We go shopping or stay at home and play games. The main goal is to have fun.

I usually go on vacation with Kamilla or my family. Kamilla and I have often travelled with other young people, for example to Denmark or the South of Germany. My family usually travels in March. We have already been to many countries such as Denmark, France, Austria, Luxembourg, the Netherlands, Spain and many more.

Last summer I took a two-week long language-learning trip to Spain. There were many students from different countries, for example from France, England or the USA. We had three hours of Spanish a day. We went to the beach often or just stayed in Catagena and visited the sights of the city. It was a wonderful experience and I learned a lot.

It is difficult for me to describe my own character, but I think I am athletic, punctual, adaptable, eager, friendly, sociable and have a good sense of humor.

I am also an adventuress. I already took a ride in a hot-air balloon, in a glider and in a hang-glider, and this year, I went skydiving. These experiences were wonderful!

I hope I could give you an impression of myself.

I can't wait to hear from you and am really excited to become a member of your family. I hope you can tell me something to get to know you better – do you live in a town or in the country? What is your, the host parents', profession, and how many children do you have? Do you have any pets? I would love that. What are the kind of things you enjoy doing in the weekend?

Hope to hear from you soon!
Best wishes

Sprachtest

Normalerweise sprechen wir zu Hause nur unsere Muttersprache. Vielleicht wäre es besser gewesen, eine Zeit lang Englisch zu reden, denn nun stand ein *Sprachtest* an. Er würde mindestens zwei Stunden dauern. Johanna wollte sich am liebsten in Luft auflösen. Zwar stand sie in der Schule bei einer Zwei, aber sie fragte sich ernsthaft, was wohl über Stunden geprüft werden würde. In dem netten Anschreiben stand:

✔ Ausgeschlafen sein
✔ Zeit mitbringen
✔ Allein erscheinen
✔ Schreibzeug nicht vergessen

… und natürlich die Konsequenz eines negativen Prüfungsergebnisses: Die Belegung eines Sprachkurses, um sich in Amerika dann doch sprachlich zurechtzufinden. Sicher kann der Schüler den Test auch wiederholen. Fällt der Schüler jedoch endgültig durch, wird er von der Highschool nicht angenommen.

Bei einer Zwei in dem Fach stellt der Test kein Problem für den Schüler dar. Schließlich soll er ja auch nicht entmutigen. Schülern hilft bei der Bewältigung sicher das Gefühl, nicht allein zu sein, denn eine Prüfgruppe besteht aus ca. 15 Schülern. Unsere Tochter berichtete von einer positiven Atmosphäre. Diese Tests werden sich wahrscheinlich inhaltlich ändern. In Johannas Fall bestand der Test aus vielen Multiple-Choice-Fragen (Fragen zum Ankreuzen). Es kam also nicht so sehr aufs Hörverständnis als vielmehr auf das Grundverständnis der Sprache an. Der Test hatte u.a. folgende Schwerpunkte:

Alltagskommunikation mit korrekter Grammatik

Beschreibung von Gegenständen und Tieren, Angabe verschiedener Begriffe für die gleiche Sache

Fragen nach Bahnhof, Flugzeug und Bus

Erkundigungen nach Wegen, Strecken und Gebäuden

Höflichkeitsfloskeln

Umgang mit Zahlenmaterial

Kommunikation in Gesellschaft, Schule und bei Festen

Furcht und Schrecken

Vor dem Sprachtest hatte ich einen ziemlichen Bammel, denn ich wusste nicht, was auf mich zukommen und was abgefragt werden würde. Mir war auch nicht bekannt, ob es um eine schriftliche oder mündliche Arbeit ging. Bereits Wochen vorher hatte ich mir von Bekannten englische Hörspiele ausgeliehen und angehört. Im Endeffekt war das jedoch egal, denn die Texte, die wir während der Prüfung zu hören bekamen, waren wirklich leicht verständlich. Auch der Rest des Tests war gut zu meistern. Ich hätte mir nicht so einen Kopf machen brauchen, aber das habe ich natürlich nicht gewusst. Es gab insgesamt 145 Fragen in Form von Aufgaben. Auf einem Bogen waren je vier Antworten (A-D) angegeben. In einem zusätzlichen Heft standen die

*Aufgaben. So war zum Beispiel zu eng-
lischen Sätzen das richtige Bild her-
auszusuchen. Bei jeder Aufgabe durfte
man nur eine Antwort an-kreuzen, d.h.
es gab stets nur eine Antwort. Fast die
Hälfte der Zeit haben wir Aufgaben
zum Hörverständnis bearbeitet. Die
waren nicht sehr schwer.
Ein gewisser Druck lastet schon auf
den Schultern der Teilnehmer, da vorher bekannt gegeben wurde, dass mindestens die Hälfte der Aufgaben richtig
sein müssen, sonst hieß es, einen
Sprachkurs zu belegen. Zum Glück
haben wir den Test in der Gruppe
geschrieben; so fühlte sich niemand
allein. Da wir drei Stunden Zeit hatten,
konnte man sich auf den Test ganz gut
einlassen.*

Johanna

Auf jeden Fall ist eine gründliche Vorbereitung, besonders für nervöse
Jugendliche, unausweichlich. Hier ein
paar Tipps:

- ✓ Zu Hause für ein paar Tage nur
  Englisch sprechen.
- ✓ Hörspiele auf Englisch ausleihen.
  Mit „Der kleine Hobbit" haben wir
  gute Erfahrungen gemacht.
- ✓ Bücher auf Englisch lesen.
- ✓ Im Kinderjournal „National Geo-
  graphic World" sind die deutschen
  Texte ebenso auf Englisch zu lesen,
  ein toller Lerneffekt. Es ist zwar
  eigentlich für Acht- bis Dreizehnjährige herausgegeben, verfolgt
  aber ein intelligentes Sprach-
  konzept. Beim Lesen lernt man

spielerisch und ganz nebenbei Englisch. Das Abo lohnt sich auf jeden
Fall, um das Englisch aufzufri-
schen. Verlag: Gruner und Jahr,
Hamburg

- ✓ Wer CBS und CNN als Fernseh-
  kanäle eingespeist hat, kann diese
  zum abendlichen Pflichtprogramm
  machen.

- ✓ Ebenfalls eine Lektüre wert: die
  Zeitschrift Spotlight, www.spot-
  light-online.de.

TOEFL, MELAB, SLEP

In der Regel wird einer dieser drei
Tests durchgeführt. Sie sind von den
Highschools anerkannt und geben
schon einmal einen Hinweis, in welches Kursniveau der Gastschüler ein-
gegliedert werden könnte.

SLEP steht für Secondary English Pro-
ficiency Test. 150 Fragen sind Inhalt
dieses Tests. Der Schüler löst die Aufgaben durch Ankreuzen. 75 Fragen
dienen dem Hörverständnis, wobei der
Schüler von vier möglichen Antworten
die eine richtige herausfinden muss.
Die restlichen 75 Fragen beziehen sich
auf das Leseverständnis. Der Schüler
muss mindestens 49 Punkte erreichen,
die Höchstbewertung liegt bei 67
Punkten.
Der Michigan-Test, auch **MELAB**
genannt (Michigan English Language
Battery), wird in einigen Schulen alternativ zum TOEFL-Test eingesetzt. Er
besteht aus vier Einzelprüfungen:

- ✓ schriftliche Zusammenstellung
  (Text)

✔ Hörverständnis
✔ Multiple-choice-Test
✔ Sprachtest oder Interview

Die Maximale Punktzahl beträgt 90. Der **TOEFL**-Test (Test of English as a Foreign Language) ist international anerkannt. Bewertet werden die Fähigkeiten von nicht muttersprachlichen Englischsprechern im Bereich des Sprachverständnisses und der Sprachanwendung. Der Test orientiert sich dabei an der Sprachform, die man an Hochschulen spricht, schreibt und hört. Er hat damit eine akademische Ausrichtung.

Sprachkurs

Nicht Eltern sondern die Agenturen treffen die Entscheidung, ob der Jugendliche noch einen Sprachcrashkurs braucht. Es wird erwartet, dass jeder Jugendliche in Amerika fähig ist, sich zu verständigen. Außerdem möchte die entsendende Firma auch bei den Gastfamilien einen guten Eindruck hinterlassen. Schüler mit mangelndem

Sprachvermögen erwecken sicherlich keinen so positiven Eindruck. Johanna hat diese Prüfung bestanden. Trotzdem erhielt sie eine Einladung zu einem freiwilligen Aufbau-Sprachkurs, der ca. dreihundert Euro kosten würde. Entscheidet man sich dafür, so achte man darauf, dass er tatsächlich auf das Zielland vorbereitet. Inhalte sollten also zum Beispiel Fächerbezeichnungen, sprachliche Besonderheiten, wichtige Vokabeln etc. sein.

Schlechte Laune?

Herrscht in den Familien nun ab und zu eine gereizte Stimmung, weil z.B. ein Ereignis wie ein Sprachtest zu bewältigen ist, so ist es wichtig, sich nicht mitziehen zu lassen. Der Jugendliche steht unter Druck, da das gesamte Bewerbungs- und Anlaufverfahren so angelegt ist, dass der Schüler selbst das Engagement aufbringt – neben schulischen und evtl. auch Freizeitaktivitäten. Diese Anforderungen führen schon einmal zu Entgleisungen oder *schlechter Laune*

In Chicago

Gesundheit

··

Impfungen

Zur Einreise nach Amerika benötigt der Jugendliche auf jeden Fall einige Impfungen. Die Meinung der Eltern zählt dabei nicht allzu viel. Welche Impfungen erforderlich sind, entscheidet neben der Regierung auch jede Schule für sich. Besonders die Bestimmungen der Schulen sind recht streng, denn keine möchte einen „Infektionsherd" aufnehmen. Aus der Kombination von Regierungs- und Schulbestimmungen entstehen die schier nicht enden wollenden Impfanforderungen. Die Agentur ist bemüht, diese Impfbestimmungen zu bündeln, und schreibt sie dann in den eigenen Unterlagen aus. Hier ein Überblick (Schwankungen sind möglich):

✓ Hepatitis A (Zwei Impfungen, die letzte muss kurz vor der Einreise abgeschlossen sein)

✓ Hepatitis B (Drei Impfungen, die letzte muss kurz vor der Einreise abgeschlossen sein)

✓ Tuberkulose (Immunitätsnachweis oder Impfung. Näheres siehe unten. Immunitättest / Imfpung frühestens sechs Monate vor der Einreise in die USA bzw. zwölf Monate vor der Einreise nach Kanada)

✓ Masern, Mumps und Röteln (Nachweis der Immunität oder Mischimpfung. Zwei Impfungen.

Die letzte muss in den letzten 10 Jahren verabreicht worden sein.)

✓ Windpocken (Nachweis der Immunität)

✓ Keuchhusten (Vier Impfungen. Die letzte muss in den letzten 10 Jahren verabreicht worden sein.)

✓ HIB-Impfung / Meningikokkenimpfung (normalerweise schon im Kindesalter gegeben)

✓ Kinderlähmung (= Polio, mind. vier Impfungen, normalerweise schon im Kindesalter gegeben)

Besonders angesichts neu auftretender Seuchen (z.B. Vogelgrippe) ist es verständlich, dass sich die Impfbestimmungen von einem Tag auf den anderen ändern können.

Apropos Immunität: Hat der Körper z.B. eine Windpockenerkrankung hinter sich, so entwickelt er Antikörper, d.h. er bekommt diese Krankung nicht wieder. Hat der Jugendliche eine Erkrankung, die man nur ein Mal bekommt, durchgestanden, werden die Blutergebnisse als Beweis verlangt.

Man prüfe frühzeitig, welche Impfungen fehlen. Viele Stoffe müssen zwei- oder dreimal geimpft werden, womöglich mit mehreren Monaten Abstand. Vorher ist keine Einreise möglich. Daher wende man sich mit dem Impfbuch rechtzeitig an einen Arzt des Vertrauens. Fehlende Impfungen sind in Amerika nachzuholen, eine wahrscheinlich teure und komplizierte Angelegenheit. Welcher Erdenbürger kennt sich schon mit Impfdaten, Häufigkeiten, fremdländischen Bezeichnungen, Doppelimpfungen und Titer-höhen aus – oder gar ihren englischen Bezeichnungen?

Man verlasse sich auf die Angaben des Anbieters und halte seine Regeln ein. Die Highschoolleitung bestätigt den Schulplatz nämlich erst, wenn alle Impfungen vorgenommen wurden. Das heißt, es müssen alle Impfungen vorgenommen werden, die noch nicht an den Veranstalter gemeldet wurden. In den meisten Fällten hält der ein Formblatt zu diesem Zweck bereit. Ist dies nicht der Fall, erkundige man sich, wie man die Nachreichungen handhaben soll.

Mitunter kommen in letzter Minute neue Impfanforderungen auf den Jugendlichen zu. Oder es ist, wie in unserem Fall, ein komplizierter, zusätzlicher Impfbogen auszufüllen. Dieser ist dann auf einen amerikanischen Bundesstaat bzw. eine Provinz bezogen und gilt nur für Jugendliche, die dorthin reisen. Der Bogen wird ausgefüllt (nachdem man ihn übersetzt hat), die Kopie an den Veranstalter geschickt und das Original mit zur Highschool genommen.

Einem „Impfmuffel" bleibt vor der Reise keine andere Wahl, als über seinen Schatten zu springen, da ein Amerika-Aufenthalt ohne Impfung nicht in Frage kommt. Schafft der Jugendliche es ohne Impfung bis nach Übersee, erwarten ihn dort erhebliche Kosten – eben die der ausgelassenen Impfungen.

Aber aufpassen: Man erforsche genau, welche Impfungen notwendig sind, da eine Überimpfung ebenso schädlich ist wie keine. Schließlich wird der Körper der Krankheit (auf ungefährliche) Weise ausgesetzt.

Impfungen werden im Impfpass dokumentiert, möglichst in einem internationalen, denn darin stehen die Impfungen auch in anderen Sprachen. Man achte darauf, dass nicht nur der Aufkleber des Impfstoffes mit Chargennummer hineingeklebt wird, sondern auch Unterschrift und Stempel hinzukommen.

Ein Elternteil begleite den Jugendlichen zum Impfen, denn der bekommt sicherlich mehrere Spritzen.

Ganz wichtig: Steht dem Schüler eine Impfung gegen Hirnhautentzündung offen, so nehme er sie wahr. Diese Erkrankung tritt immer häufiger auf, und zumindest in Hamburg ist die Impfung kostenlos.

Leider bezahlen die Krankenkassen nicht alle Impfungen; die Familie muss bis zu zweihundert Euro selbst übernehmen. Schließlich muss nicht nur der Impfstoff muss bezahlt werden, sondern auch die Verabreichung. Doch: Viele Menschen schimpfen über unser Gesundheitssystem, wir nicht. Denn wir haben Johanna die notwendigen Impfungen verabreichen lassen und diese Rechnung dann bei der Krankenkasse eingereicht. Bereits 14 Tage später wurde uns der Betrag ganz komplikationslos überwiesen.

Tuberkulose

In unseren Breitengraden kommen wenige Fälle von Tuberkulose vor, allerdings sieht dies in anderen Gebieten der Erde anders aus. Viele Länder möchten ganz sicher gehen, dass diese Erkrankung nicht über Reisende „eingeschleppt" wird. Daher hat ein Amerika-Einreisewilliger nachzuweisen, dass entweder ein ausreichender Schutz vor Tuberkulose besteht und keine Erkrankung der Lungen oder eine entsprechende Impfung vorliegen.

Unterschiedliche Verfahren und Tests dienen zur Prüfung des Schutzes vor Tuberkulose (Tuberkulose-Titers) und damit der Feststellung, ob eine Impfung nötig sei. Normalerweise steht ein Hauttest an. Dabei bekommt der Jugendliche eine Flüssigkeit unter die Haut eines Armes gespritzt. Nach ca. fünf Tagen prüft der Arzt, ob und in welchem Ausmaß die Haut eine Reaktion zeigt.

Stellt sich dabei heraus, dass Antikörper gegen Tuberkulose im Körper vorhanden sind, steht eine Rötgenaufnahme der Lunge an. Auf ihr sieht der Arzt, ob irgendwann eine Infektion mit Lungenbeteiligung vorgekommen ist (in der Lunge sind die Infektionsherde abgekapselt; man bemerkt sie also nicht).

Sind keine Antikörper vorhanden, ist die Rötgenaufnahme überflüssig, da der Körper noch nie etwas mit Tuberkulose zu tun hatte. Nun muss geimpft werden, damit er Antikörper entwickelt.

Test und Impfung dürfen nur innerhalb von sechs Monaten vor der Einreise in die USA und zwölf Monate vor der Einreise nach Kanada durchgeführt werden.

Die Kosten der Tuberkuloseimpfung, des Nachprüfens des Ergebnisses sowie der Röntgenaufnahme unter-

scheiden sich in sämtlichen Bundesländern; in Hamburg belaufen sie sich z.B. auf ca. dreißig Euro. Achtung: Diese Kosten übernimmt nicht die Krankenkasse.

Nützliche Adressen

Gesundheitsamt. Dessen Mitarbeiter nehmen den Tuberkulosetest selbst vor oder nennen die Adresse der durchführenden Einrichtung.

Robert-Koch-Institut, *www.rki.de*, Sprachorgan der Regierung, um über Infektionserkrankungen oder Impfungen zu informieren

Zahnarzt

Selbstverständlich hält man für sich selbst und für die eigenen Kinder die notwendigen Zahnarztbesuchsintervalle ein. Aber vor einer Ausreise ist es ratsam, zusätzlich sechs Monate vorher einen Besuch beim Zahnarzt einzuplanen. Dann bleibt diesem, wenn notwendig, noch Zeit zur Optimierung des Zahnstatus. Diese Untersuchungen, Röntgenaufnahmen, Operationen oder Wiederherstellungsverfahren kosten Zeit. Dafür sind sechs Monate Minimum. Ist bei dem Besuch alles in Ordnung, werden die *Zähne* des Jugendlichen noch einmal drei Monate vor dem Abflug kontrolliert.

Bei ständigen Problemen mit den Zähnen und bei Zahnschmerzen ist es wichtig, die gesamte Zahnsituation rechtzeitig vorher abzuklären. Außerdem gibt evtl. die Krankenkasse Tipps für eine Zusatzversicherung, so dass hohe Kosten im Ausland abgefedert werden. Tipp: Es ist sinnvoll, für den Schüler einen Zahnarztpass ausfüllen zu lassen, so dass alle Behandlungen hinsichtlich späterer Einreichungen bei der Kasse vereinfacht werden.

Und was ist mit der *Zahnspange*? Nach Möglichkeit beende man die kiefernorthopädische Behandlung bereits im Heimatland. Sie ist durch die Auslandskrankenversicherung nämlich nicht gedeckt.

Formalitäten

Abmeldung

Zehn Monate Schule schwänzen ... Das wäre eine erhebliche Verletzung der Fürsorgepflicht. Und ohne eine *Abmeldung* von der Schule wäre der Begriff „Schwänzen" hier korrekt. Daher wird an die Schule, die der Jugendliche in der Zeit eigentlich besuchen würde, eine Bitte um *Freistellung* geschickt. Die Direktion der Schule bestimmt, ob sie der *Beurlaubung* zustimmt. In einigen Fällen bleibt diese Zusage aus, z.B. wenn anzunehmen ist, dass der Schüler weder in seinem Heimatort noch im Ausland die Schule zuverlässig besuchen würde. Auch hier wird wieder deutlich, dass nicht die Eltern allein die Entscheidung des Auslandsjahres treffen. Nur eine zuverlässige Person mit notwendigem Verantwortungsbewusstsein wird eine Zusage erhalten. Eine endgültige Entscheidung trifft die Schulkonferenz. Hat diese entschieden, ist ein Schreiben an die Schule mit der Bitte um Abmeldung lediglich ein formaler Akt.

Zu Beginn des Buches war zu lesen, dass ein guter *Notendurchschnitt* zur Annahme bei einigen Organisationen notwendig ist. Einige Anbieter nehmen auch Schüler mit schlechteren Noten an. Allerdings macht dann die Entscheidung der Schule, ob eine Freistellungsgenehmigung erteilt wird,

häufig den Traum zunichte. Wer den Weg bis hier jedoch geschafft hat, dem wird die Genehmigung sicherlich erteilt.

Eine Kopie der Abmeldung geht an das BAföG-Amt (nur für Deutschland), eine an andere unterstützende Ämter (z.b. bei Schulgeld), eine an den Veranstalter. Ein Verteiler hilft, niemanden zu vergessen.

Möchte der Schüler nach dem Auslandsjahr auf eine andere Schule wechseln, ist zunächst eine Anmeldung vonnöten. Der Schüler wird also in der Schule geführt, ist jedoch abwesend. So hätte er auf jeden Fall einen Schulplatz, falls er aus gesundheitlichen oder anderen Gründen vorzeitig zurückkäme. Nach der Anmeldung vereinbare man ein Gespräch mit der Schulleitung, um von dem geplanten Auslandsjahr zu erzählen. Da es für jede Schule eine Auszeichnung bedeutet, solche Schüler zu fördern, werden keine Steine in den Weg gelegt. Bei diesem Gespräch bitte man um eine Abmeldegenehmigung mit der Festlegung der späteren Aufnahme.

Anerkennung

Die *Anerkennung* des Auslandsschuljahres hängt in **Österreich** und der **Schweiz** von der jeweiligen Schule ab, da Schulformen sich von Region zu Region unterscheiden. Man wird ausloten müssen, ob und wie weit ein Schüler in der Lage ist, ein Schuljahr zu überspringen.

In **Deutschland** ist die Anerkennung des Auslandsschuljahres während der

Klasse 10 (G8) bzw. Klasse 11 (G9) in allen Bundesländern möglich. Der Schüler geht mit Abschluss der Klasse 9 bzw. 10. ins Ausland. Es ist möglich, dass er danach ohne Wiederholung die Klasse 10 bzw. 11 besucht. Dies geht auch auf Probe. Hier steht also noch eine wichtige Entscheidung an: Entweder kehrt der Jugendliche nach dem Auslandsaufenthalt sozusagen in seine „alte" Klasse zurück, oder die Rückkehr erfolgt in die vorhergehende Klasse, d.h. der Jugendliche wiederholt ein Schuljahr.

Voraussetzung für eine behördliche Förderung ist die Gewähr, dass der Schüler voraussichtlich die Klasse „überspringen" kann. Scheint dies nicht möglich, erhält er keine Förderung.

In einigen (Bundes-)ländern muss der Antrag auf Anerkennung schon vor der Abreise nach Amerika gestellt werden.

Folgende Punkte gilt es zum nahtlosen Übergang in eine höhere Klasse zu bedenken:

- ✔ Die Berechtigung zum Besuch der gymnasialen Oberstufe ist vorzulegen.
- ✔ Falls keine Mittlere Reife erworben wurde, prüft die Schule, ob die im Ausland erworbenen Leistungen der Mittleren Reife gleichzustellen sind.
- ✔ Schüler, die in der Jahrgangsstufe 10 ein Auslandsjahr absolvieren, erlangen erst mit Bestehen der Probezeit die Mittlere Reife.
- ✔ Die erfolgreiche Teilnahme des

Auslandsschulbesuches ist nachzuweisen.

Überspringen?

Die Entscheidung, ob ein Schuljahr übersprungen wird, treffe man am besten in enger Absprache mit Lehrern und dem Jugendlichen. Nicht vergessen: Zwar findet in Amerika ein Schulbesuch statt, doch ist der Stoff ein anderer. Nach der Rückkehr fehlt also definitiv ein Schuljahr in Form von Schulwissen. Sicherlich fühlt sich ein Jugendlicher geschmeichelt, wenn man ihm zutraut, eine Klasse sozusagen zu überspringen. Aber die Familie sollte bedenken, dass die Rückkehr auf jeden Fall viel Unruhe mit sich bringt und eine Reintegration stattfindet. Kommen dazu noch unbekannter Schulstoff und evtl. tägliche Nachhilfestunden, wird der Auslandsaufenthalt leicht zum negativen Erlebnis. Daher ist genau zu prüfen, wie viele Hürden dem Jugendlichen zuzumuten sind.

Selbst wenn man eine Klasse wiederholen muss, ist das Jahr keineswegs verlorene Zeit, im Gegenteil. Der Schüler gewinnt im Ausland unglaublich viel. Das lässt sich zwar nicht in Noten ausdrücken, aber der Gastschüler würde den Aufenthalt sicher nicht missen wollen – Wiederholungsjahr hin oder her.

Fächerwahl

Die *Pflichtfächer* sind dringend mit der zu besuchenden Schule abzuklären, ebenso mit der momentan besuchten. Vielleicht hat der Schulleiter einen

Tipp, damit der Wiedereintritt nicht zu schwer wird. Es kann Fächer geben, die in dem Gastland unbedingt belegt werden sollen, um den nahtlosen Übergang sicherzustellen. Wiederholt ein Schüler später im Heimatland die Klasse, so wird er wahrscheinlich keine Pflichtfächer belegen müssen. Wechselt er auf eine andere Schule, werden mitunter lediglich Empfehlungen ausgesprochen.

USA-Visum

Ja, das mit dem Visum ist wirklich umständlich. USA-Fahrer füllen haufenweise Formulare aus, bevor sie einen Termin im Konsulat oder in der Botschaft wahrnehmen. Dabei ändern sich die Vorschriften häufig, weshalb wir unmöglich ein ewig gültiges Bild der Beantragungsprozedur liefern können. Bereits während der Arbeiten an diesem Buch hat sich einiges geändert, so dass Schweizer zu Auskünften auf Deutsch plötzlich nach Deutschland verwiesen wurden. Im Folgenden also nur ein ungefährer Überblick.

Es gibt verschiedene Visa, je nach Zweck der Reise: privat, der Arbeit wegen oder Ähnliches. Gastschüler benötigen das sogenannte J-Visum, das sie als „Nichteinwanderer" auszeichnet. Das J-Besuchsprogramm fördert Wissenstransfer, Bildung und Austausch.

Ist der Zeitraum, den das Visum umfasst, lang genug, erlaubt es auch mehrere Ein- und Ausreisen. Ein Visum für die USA wird als Privileg angesehen. Nicht jeder Antragssteller erhält eins. Verstöße gegen Gesetze führen zur sofortigen Ausreise und einer mehrjährigen Einreisesperre.

Achtung, aufgrund der Sicherheitsbestimmungen werden Regeln und Vorgänge ständig geändert. Da benötigt man an einem Tag eine Aufenthaltsbestimmung, am nächsten Tag nicht mehr. Ebenso möchten manche Botschaften einen Nachweis, dass man wieder zurückkehren werde, was z.B. durch ein teures Boot oder einen eigenen Hund nachgewiesen wird. Andere benötigen dies nicht. Man muss sich einfach erkundigen.

Die Organisation kann bei der Visumbeantragung nur Hilfestellungen geben, d.h. sie klärt darüber auf, was der Schüler alles beachten und welche Papiere er mitnehmen muss. Die Beantragung obliegt dem Schüler jedoch selbst. Wir geben hier einen Überblick über das Prozedere im Allgemeinen.

Formulare und Gebühren

Die Visumbeantragung ist für alle Familien Stress pur! Es ist wichtig, rechtzeitig damit zu beginnen (mind. sechs Wochen vor der Reise), denn ein paar Wochen vor dem Abflug wird es knapp. Möglicherweise fordert der Konsul eine medizinische Untersuchung, was die Prozedur natürlich verlängert.

Ein Riesenhindernis für fast alle Eltern stellt die Beantragung im Internet dar, wobei die Verzweiflung irgendwann nicht mehr zu leugnen ist.

Die Unterlagen sind auf Englisch im Internet auszufüllen und auszudrucken. Ein Wirrwarr an englischen Erklärungen, Vorschriften und Formularen. Man veranschlage also in jedem Fall mehr Zeit als auf den Formularen angegeben. Als Ausfüllhilfe lasse man sich das Dokument auf Deutsch anzeigen.

Problem ist, dass die Einträge beim einen Formular manchmal gleich auf das nächste auszufüllende Formular übertragen werden. Dadurch hat der Antragsteller weniger Arbeit, aber der große Nachteil kristallisiert sich schnell heraus: Schleicht sich auf dem ersten Bogen ein Fehler ein (Datum falsch herum geschrieben oder deutsche Buchstaben wie ü, ö oder ä benutzt), so fügt sich dieser Fehler nahtlos in das nächste Dokument ein. Er lässt sich nicht revidieren, so dass der Antragssteller noch einmal von vorne anfangen darf. Man achte darauf, dass Datumsangaben anders herum geschrieben werden: 12. Mai 1997 = 5/12/1997.

Alle ausgefüllten und ausgedruckten Formulare nimmt der Schüler später mit aufs Konsulat. Jungen müssen übrigens ein Formular mehr ausfüllen als Mädchen, nämlich das DS-157. Es beinhaltet Fragen zu bisherigen Reisen, zum Militärdienst, zu Kenntnissen über z.B. Schusswaffen, zum Bildungsweg und zu den letzten Arbeitgebern.

Alle Teilnehmer des J-Programms müssen über ausreichende finanzielle Mittel verfügen. Sie benötigen einen Nachweis über die Entrichtung der Raten an die Organisation und über „offene" Mittel für den Aufenthalt. Dazu reicht ein Auszug oder ein Beleg der Bank über die vorhandenen Mittel und die Möglichkeit, sie zu nutzen.

Zuerst benötigt man zur Erfragung eines Termins beim Konsulat eine Pinnummer. Diese erhält man jedoch erst, wenn zehn US-Dollar per Kreditkarte überwiesen sind. Problem: Nicht jeder hat eine. Aber keine Panik, irgendjemand wird einem schon seine Karte für zehn US-Dollar leihen. Man frage Freunde, Nachbarn, Verwandte … Hat man die Karte, überweist man das Geld an den Online-Visa-Informationsservice. Wenige Minuten später trudelt per E-Mail der Beleg darüber ein.

Ein wenig beruhigend ist die Tatsache, dass man mit einer einmal erhaltenen Pinnummer den Termin über einen bestimmten Zeitraum verschieben und die notwendigen Unterlagen auch mehrfach ausfüllen kann, wenn sie nicht korrekt waren.

Nun möchte man einen Termin haben, doch stellt sich dabei die Frage, ob die *Visumgebühr* schon entrichtet sei. Diese Gebühr (ca. 100 Euro) kann nicht im Konsulat bezahlt werden. Sie kann jedoch an einen deutschen Kooperationspartner unter www.roskosmeier.de (info@roskosmeier.de) überwiesen werden. Man lasse sich nicht aus der Ruhe bringen, denn drei Anläufe sind normal und man bezahlt nichts doppelt. Es kann wenig passieren, wenn man aufpasst, alles richtig zu schreiben. Diesmal sind Euro übrigens anerkannt, und man erhält sofort einen

Beleg über die Zahlung (per E-Mail, eine Bestätigung per Post dauert ein paar Tage).

Nun fehlt noch die *SEVIS-Gebühr*, die alle Gastschüler bezahlen müssen (180 US-Dollar). Hier lauern ebenfalls interessante Fallstricke, denn diese Gebühr wird in US-Dollar nach Amerika überwiesen. Das geht nicht wie gewohnt mal eben im Internet, sondern es ist Einfallsreichtum gefragt: Man gehe zur Bank, schildere das Problem und lasse sich einen entsprechenden Auslandsscheck ausstellen. Diese Überweisung und der Zahlungsbeleg werden per Post an die entsprechende amerikanische Adresse (auf den Unterlagen angegeben) gesendet.

Nach ca. zehn bis 14 Tagen trifft per Post oder Bote (je nach Wunsch) der Zahlungsbeleg über die SEVIS-Gebühr vom Department of Homeland Security ein. In der Bestätigung findet man auch die persönlichen Daten des Gastschülers. Da die USA nicht unendlich viele Schüler-Visa ausstellt, ist diese Bestätigung für den Konsul wichtig. Er sieht nun, dass nicht nur die Gebühr entrichtet wurde, sondern der Schüler auch offiziell in den USA angemeldet ist. Dieses Zertifikat zeigt den Status, also J-1 für Austauschprogramme, das Geburtsdatum, die bezahlte Summe und die Programmnummer, die identisch mit der Nummer der Agentur ist. Dies ist grundlegend für einen Schulbesuch.

Das DS-2019-Zertifikat („Certificate of Eligibility for Exchange Visitor (J-1) Status") ist durch die Organisation in den USA beantragt worden und besagt, dass der Einreisewillige „Schülerstatus " hat und nur ein begrenztes Visum haben möchte. Außerdem steht mit dem Dokument fest, dass das europäische Unternehmen eine amerikanische Partnerorganisation hat, die als Ansprechpartner und Garant zur Verfügung steht. Der Schüler benötigt das Dokument zur Beantragung des Visums, da dies – so nennt es sich – durch das Zertifikat generiert wird. Zudem ist das DS 2019 eine Art Bürgschaftserklärung: Die amerikanische Agentur übernimmt damit die Verantwortung für den Schüler. Hat der Schüler das Zertifikat vom Veranstalter zugeschickt bekommen, unterschreibt er es und legt es zum Stapel, der später mit zur Botschaft muss.

Normalerweise müssen Touristen vor der Einreise einen Beleg ausfüllen, der angibt, wo sie wohnen werden. Das entfällt bei Gastschülern mit einem J-Visum, denn dieses Daten werden über SEVIS verarbeitet.

Sind alle Unterlagen beisammen, geht es weiter, indem man mit der vergebenen Pinnummer einen Termin im Konsulat anklickt. Mitschreiben nicht vergessen.

Vor dem Treffen mit dem Konsul füllt der Schüler die Visumunterlagen vollständig aus und entrichtet alle Gebühren. Deutsche begeben sich zum Konsulat in Frankfurt oder München oder zur Botschaft in Berlin. Schweizer wenden sich an die Botschaft oder das Konsulat in Bern, und Österreicher an das in Wien.

Papierkrieg

Vor der Fahrt zum Konsulat oder zur Botschaft prüfe man doppelt und dreifach nach, ob tatsächlich alle erforderlichen Unterlagen, Fotos etc. beisammen sind. Es wäre zu ärgerlich, hunderte Kilometer zu fahren, um festzustellen, dass ein Dokument vergessen wurde.

Wer ein Visum beantragen möchte, braucht:

- alle Unterlagen (vollständig ausgefüllt), die der Vermittler forderte
- einige Unterlagen zur Beantragung, unterschrieben und natürlich ausgefüllt (teils auf Englisch): das Formular DS 156, das Zusatzformular DS 158 und – bei männlichen Antragsstellern – das Formular DS 157.
- den Beleg über die Zahlung der SEVIS-Gebühr (Zertifikat der US Behörde)
- das Formblatt DS 2019 (wird vom Veranstalter zugesandt)
- den Nachweis, dass er deutscher / österreichischer / schweizerischer Staatsbürger ist und seinen ersten Wohnsitz in diesem Land hat (Meldebestätigung). Außerdem achten die Behörden darauf, dass die Familie im Heimatland sesshaft ist. Diese Familienstränge stellen ebenso wie der Wohnsitz sicher, dass der Einreisende wirklich nur für die angegebene Zeit in den USA bleibt. Um den Nachweis des ersten Wohnsitzes zu erbringen,

meldet sich der Schüler mit einem gültigen Reisepass und ca. sechs Euro bei dem zuständigen Ortsamt. Der Bogen wird in der Regel sofort ausgestellt. Achtung: Man muss erwähnen, dass diese Meldebestätigung der Einreise nach Amerika dient, denn es gibt unterschiedliche Varianten.

- die Zahlungsbestätigung der Visumgebühr über Roskos-Meier (Kontoauszug oder Kopie eines Zahlscheins genügen nicht)
- den Nachweis der Organisation, dass alle Raten gezahlt sind. Die Einreise nach Amerika ist verboten, wenn die Agentur noch nicht bezahlt wurde.
- einen gültigen Personal- und Reisepass mit biometrischem Foto. Der Reisepass muss noch mindestens zwei freie Seiten für Einträge aufweisen und noch über ein Jahr gültig sein.
- ein biometrisches Foto mit ganz bestimmten Maßen. Auf ihm sollen zum Beispiel die Ohren sichtbar sein, die Haare (wenn vorhanden) hinter dem Hinterkopf herabfallen. Große Schmuckstücke sind verboten. Der Hintergrund muss ruhig gestaltet sein, ohne Farbveränderungen, und der Mund darf nicht zu sehr verzerrt sein (durch Lächeln o.ä.). Der Kopf wird in einem bestimmten Winkel fotografiert. Ein Telefonat mit dem Fotografen verrät, ob er die Regeln für das Foto kennt. Näheres bei der US-Botschaft oder einem Konsulat.

VISABEANTRAGUNG

Foto-Bestimmungen für US-Visa

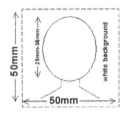

Antragsteller eines US-Visums benötigen lediglich ein Foto. Bei Nichteinhaltung der folgenden Bestimmungen kann Ihr Antrag nicht bearbeitet werden. Bitte beachten Sie auch die nachfolgenden Hinweise.

1. Die Fotos dürfen nicht älter als 6 Monate sein.
2. Die Fotos müssen 5 x 5 cm groß sein.
3. Der Kopf muss zwischen 2,5 and 3,5 cm groß sein, vertikal gemessen.
4. Die Fotos müssen in Farbe sein und einen weißen Hintergrund haben.
5. Die Fotos müssen den Antragsteller mit Vorderansicht zeigen, beide Ohren müssen sichtbar sein.

✓ alle notwendigen Impfungen und die gesundheitliche Bescheinigung

✓ ein Schreiben der Eltern (auf Englisch), in dem sie den Besuch im Konsulat und den geplanten Aufenthalt erlauben sowie darauf hinweisen, dass die Reise finanziell gesichert sei (siehe unten).

✓ Erklärungen von mindestens zwei Nichtfamilienmitgliedern, die bestätigen, dass der Jugendliche wirklich seinen ersten und einzigen Wohnsitz in Deutschland / Österreich / der Schweiz habe.

✓ einen frankierten Rückumschlag, groß genug für den Pass

✓ eine durchsichtige, offene Mappe oder einige Klarsichtfolien, in der / denen der Jugendliche alle Unterlagen zur Botschaft bzw. zum Konsulat bringt. Undurchsichtige oder verschlossene Mappen oder Umschläge sind nicht gestattet.

✓ ein paar Dollar für Kopien und ein Getränk. Da sich der Besucher im Konsulat oder in der Botschaft auf amerikanischem Terrain befindet, kann er nur mit Dollar bezahlen.

Da sich die Visumbestimmungen täglich ändern können, beachte man in jedem Fall auch die Liste der nötigen Unterlagen des Anbieters und die Angaben der US-Regierung.

Länder und Städte
www.ReiseTops.com

Roskos & Meier OHG
Kurfürstendamm 150
10709 Berlin

Tel: (030) 893 20 00
Fax: (030) 893 20 70
info@roskosmeier.de

Roskos & Meier OHG - Kurfürstendamm 150 - 10709 Berlin

Johanna Peters
Strengesweg 10

22391 Hamburg
Deutschland

Visa-Einzahlungsnachweis

Dieses Dokument belegt die von Ihnen für ein Visum für die Vereinigten Staaten von Amerika eingezahlte Summe von 107,42 EUR.

Das Dokument selbst ist weder ein gültiges Visum, noch garantiert es den Erwerb desselben. Im Falle einer Verweigerung des Visums oder für den Fall einer sonstigen Ablehnung des Visumantrages, wird die von Ihnen geleistete Zahlung nicht zurückerstattet.

This document furnishes proof of your payment of the amount of EUR 107.42 for the application of a visa for the United States of America.

This document is, however, neither a valid visa nor does it guarantee the acquisition of one. In case of a denial of the visa or any other type of refusal of your visa application, you will NOT be refunded the above payment.

09.06.2009
ausgestellt am / issued on:

1030215428 - 0001
Coupon-Nummer / Voucher Number:

Dieses Dokument wurde elektronisch signiert. Die Botschaft der Vereinigten Staaten von Amerika behält sich vor, dieses Dokument auf seine Gültigkeit zu verifizieren.

This document was signed electronically. The Embassy of the United States of America reserves the right to verify the validity of this document.

I

Gastschuljahr.de   Alles zum Thema für Schüler und Eltern
Die besten Anbieter, Bewerbung, Vorbereitung, Flug, Schule, Gesellschaft und Kultur. Erfahrungsberichte illustrieren den „American Way of Life", erläutern den „American Dream".

II

III

au-pair-box.com Das Weg zum großen Abenteuer in den USA oder auch zu einer netten Familie in anderen Ländern.

zivi.org Stellen im Zivildienst und dem "Anderen Dienst im Ausland" (ADiA)

Erlaubnis zum Konsulatbesuch

(Datum, Briefkopf)
We hereby authorize [our daughter] Johanna Peters, born May 27th 1993 in Hamburg, to enter the Consulate in Berlin without her legal guardians in order to take part in the interview as part of the visa application process for her High School Exchange.
We support and financially fund the Student Exchange.
(Datum und Unterschrift der Eltern)

Besuch im Konsulat

Nur der Antragssteller und seine in (durchsichtige) Folie geschobenen Unterlagen erhalten Zugang zum Konsulat. Eltern, Geschwister, Hunde und Gepäck bleiben draußen. Selbst Rucksäcke, (Akten-)Koffer, elektronische Geräte (darunter auch Handys) oder Kinderwagen dürfen nicht mit ins Gebäude. Einzig ein kleines Portemonnaie ist erlaubt. Die Angestellten bewahren keine Gegenstände für den Besucher auf!

Bei der Visumbeantragung wird meist nur Englisch gesprochen. Der Beamte fragt den Jugendlichen, warum er einreisen möchte, was er in Amerika zu tun habe und ob es finanzielle Schwierigkeiten geben werde, die Schule dort zu bezahlen. Außerdem werden Abdrücke aller zehn Finger abgenommen und registriert. Sie werden später bei der Einreise in die USA mit den dann genommenen verglichen. Der Konsul behält den Reisepass des Jugendlichen im Konsulat. Er wird nach ein paar Tagen mit dem Visum zurückgeschickt.
Der Organisation gebe man Bescheid, wenn das Visum angekommen ist.

Viel Wind um nichts

Heute hatte ich einen Termin im amerikanischen Konsulat in Berlin. Der große Nachteil war, dass dieser schon um 9:15 Uhr stattfinden sollte und ich von anderen Gastschülern gehört hatte, das man wegen der langen Wartezeiten ca. eine Stunde früher da sein sollte. Mein Vater und ich fuhren somit um 4:30 Uhr los, und da wir gut durchgekommen sind, waren wir bereits um 7:20 Uhr dort. Von weitem haben wir schon die lange Schlange gesehen, was ich mir bei dieser Uhrzeit kaum vorstellen konnte. Wir haben uns gleich mit angestellt, um schneller wieder draußen zu sein.

Die Botschaft ist von einem riesigen Zaun umgeben, und wer hinein will, muss sich von Wachleuten untersuchen lassen – ob man nicht vielleicht doch einen Anschlag geplant hat und somit vielleicht Waffen mit sich trägt.

Besucher mit einer Tasche werden in den Sicherheitstrakt gar nicht erst hereingelassen. Entweder bleibt die Tasche draußen, oder sie dürfen nicht in das Gebäude. Besucher in Begleitung eines Verwandten oder Bekannten haben damit kein Problem, doch Alleingekommene wissen oft nicht, wohin damit. Hinter mir stand ein Paar, das ins Konsulat musste, und natürlich hatte die Frau eine Handtasche dabei. Da sie weder mit einem eigenen Auto in der Stadt waren noch hier wohnten, wussten sie nicht weiter. Aus Verzweiflung nahm die Frau all ihre Sachen heraus und versuchte, die Tasche hinter einer Mülltonne zu verstecken. Doch ein wachehaltender Polizist verhinderte dies; er sagte, es sei verboten. Also lief der Mann auf die andere Straßenseite und versteckte die Tasche dort in einem Gebüsch.

Endlich wurden die nächsten fünf Personen aufgerufen, zu denen ich gehörte. Im Sicherheitsraum zeigten wir unsere Reisepässe vor. Nachdem wir auf Waffen und sonstige verbotene Dinge überprüft waren und alles wieder eingepackt hatten, beschrieb man uns den Weg zum Konsulat. Auf dem Weg begegnete uns ein amerikanischer Soldat, der wie im Fernsehen sehr steif und streng dastand und das Gebäude sicherte.

Durch mehrere schwere Türen gelangten wir in den besagten Raum. Zuerst sollten wir fünf uns vor einen Tresen stellen. Dort wurden noch einmal unsere Reisepässe abgenommen und überprüft. Danach sollten wir unsere Dokumente (die auf einem Extrazettel notiert waren) sortieren. Um angesichts der vielen Menschen Zeit zu sparen, genehmigte eine Polizistin, dass diese Formulare auch auf dem Boden sortiert werden durften. Dies gefiel einer anderen Beamtin überhaupt nicht, denn sie polterte durch das ganze Konsulat, dass dies gegen die Vorschriften verstoße und das Ordnen am Tisch zu erledigen sei.

Anschließend reihte man sich in eine neue Schlange ein, um die sortierten Dokumente vorzuzeigen. Hier stellte sich manchmal heraus, das etwas fehlte, was dem Antragssteller aber nicht freundlich erklärt wurde, sondern die Beamten polterten gleich drauflos. Natürlich war dieser Umgangston nicht gerechtfertigt, und so fingen einige Leute schnell an zu weinen.

Leider fehlten auch mir auf merkwürdige Weise zwei Formulare. Ich hatte schon eine Lösung im Kopf und wollte sie aussprechen, doch die Frau ließ mich nicht, sondern sagte nur, ich solle mich hinsetzen. Das tat ich selbstverständlich auch, da ich dachte, sie helfe mir oder gebe mir einen Rat. Allerdings saß und saß ich da. Weil das doch so nicht ging, habe ich mich der Frau wieder zugewandt. Ich habe sie gefragt, ob ich nicht an dem Computer in der Ecke das fehlende DS-156-Formular noch einmal ausfüllen könne. Sie erlaubte es mir. Ich setzte mich also dorthin und wiederholte die ganze Prozedur. Als ich endlich fertig war und auf WEITER drückte, funktionierte gar nichts mehr. Es stellte sich heraus, dass ein Fehler aufgetreten war, und so hatte ich die gewünschten Dokumente immer noch nicht. Da ich nicht ohne das Visum zurück nach Hamburg wollte, fragte ich nach dem nächsten Internetcafé.

Mein Vater wartete schon vor der Botschaft. Im Auto, bevor wir zum Internetcafé fuhren, sah ich noch einmal in meinem dicken Ordner nach, ob ich nicht zufällig eine Kopie dieser beiden Seiten hatte. Das würde den Weg sparen. Ich hatte Glück, sie waren vorhanden.

Also machte ich mich guten Gewissens wieder zur Botschaft auf. Freundlicherweise hatte mir die Frau einen gelben Zettel mitgegeben, mit dem ich mich nicht erst an die ca. 100 Meter lange Schlange stellen musste, sondern gleich vorne durchschlüpfen konnte. Natürlich fand die gleiche Tortur mit den Sicherheitsvorkehrungen statt.

Nachdem die Dokumente für vollständig befunden waren, durfte ich mich an den nächsten Schalter wagen. Hier wurden die ganzen Papiere abgegeben, und man musste jetzt nur warten. Irgendwann wurde man dann zum „Interview" aufgerufen. Manchmal kamen die Personen sofort wieder heraus und durften gehen, manchmal dauerte es länger. Als ich an der Reihe war, musste ich erst meine Fingerabdrücke abgeben. Dann wurde ich nur schnell gefragt, warum und für wie lange ich in die USA möchte und ob ich eine Familie habe. Bei diesem Gespräch hatte ich Glück, denn ich wurde hauptsächlich auf Deutsch befragt, manches allerdings auch auf Englisch. Nach dem dreiminütigen Interview verkündete der Beamte, dass alles in Ordnung sei und das Visum in ca. drei Tagen in meinem Briefkasten liegen müsse. Somit konnte ich frohen Mutes endlich die amerikanische Botschaft verlassen.

Im Nachhinein war es ein bisschen unsinnig, so viele unnötige Sachen dabei gehabt zu haben, wie z.B. die Bestätigung, dass ich nächstes Jahr wieder die deutsche Schule besuchen würde. Trotzdem sollte man diese Sachen lieber mitnehmen, weil man sie dann im Zweifelsfall vorlegen kann.

Viel, viel Wind um nichts!

Johanna

Nützliche Adressen

www.amerika-forum.de

Botschaft der USA
Pariser Platz 2, 10117 Berlin
Tel.: 030 / 238 51 74,
www.usembassy.de

Botschaft der USA
Sulgeneckstrasse 19, 3007 Bern
Tel.: 031 357 70 11
http://bern.usembassy.gov
www.usembassy.ch

Konsulat der USA
Parkring 12a, 1010 Wien
Fax: 01 512 58 35
ConsulateVienna@state.gov
www.usembassy.at

Kanada-Visum

Die Agentur kann bei der Visumbeantragung nur Hilfestellungen geben, d.h. sie klärt darüber auf, was der Schüler alles beachten und welche Papiere er mitnehmen muss. Im Folgenden ein kleiner Überblick. Was genau der Einreisewillige zu beachten hat, kann sich allerdings täglich ändern. Antragssteller sollten sich deshalb auf jeden Fall noch einmal selbst bei der Botschaft vergewissern und sich nach den Vorgaben des Veranstalters richten. Auf der Webseite der kanadischen Botschaft findet man eine recht gute Anleitung zur Vorgehensweise der Visumbeantragung.

Ab einer Aufenthaltsdauer von sechs Monaten benötigen Gastschüler

neben dem Visum auch eine Studienerlaubnis (Studienvisum, study permit). Je nach Region kommt eine Besuchererlaubnis hinzu. Eine Zulassung der aufnehmenden Schule ist zudem unbedingt notwendig.

In einigen Ländern bearbeitet die Botschaft den Antrag auf Visum und Studienvisum gleichzeitig, was ein zweites Antragsverfahren erspart. Es ist in jedem Fall wichtig, rechtzeitig mit der Beantragung zu beginnen, denn ein paar Wochen vor dem Abflug wird es knapp. Möglicherweise fordert der Konsul eine medizinische Untersuchung, was die Prozedur natürlich verlängert (durchaus um zwei Monate).

Bei der Beantragung ist sicherzustellen, dass

✔ der Schüler seinen ersten Wohnsitz in Deutschland / Österreich / der Schweiz hat und behält,

✔ er über ausreichende Geldmittel verfügt, d.h. den Aufenthalt finanziell stemmen kann,

✔ ein einwandfreies polizeiliches Führungszeugnis vorliegt,

✔ der Schüler auf jeden Fall wieder ins Heimatland zurückkehrt.

Zur Beantragung fülle man einige Formulare aus und sende sie zusammen mit den anderen nötigen Unterlagen an die Botschaft. Von allem behalte man eine Kopie! Manchmal ist auch ein persönliches Gespräch erforderlich. Der Antrag kann dann allerdings nicht immer am selben Tag genehmigt werden, sondern wird normalerweise nachgeschickt.

Studienerlaubnis

Nötig sind folgende Unterlagen:

- ✔ Zulassungsbestätigung der Schule in Kanda (letter of acceptance)
- ✔ Antragsformular der kanadischen Botschaft (IMM 1294)
- ✔ Zwei aktuelle Passbilder, auf der Rückseite mit Namen und Geburtsdatum versehen
- ✔ Kopie des gültigen Reisepasses
- ✔ Nachweis, wie die laufenden Kosten bezahlt werden sollen (Kontoauszug, Schreiben der Bank, Erklärung der Eltern über die Kostenübernahme etc.)
- ✔ Polizeiliches Führungszeugnis (bei Über-Achtzehnjährigen und einem Aufenthalt von mehr als sechs Monaten)
- ✔ Frankierter Umschlag mit der eigenen Anschrift
- ✔ Eine schriftliche Stellungnahme der Erziehungsberechtigten, dass diese mit dem Aufenthalt in Kanada, dem Gastaufenthalt und dem Schulbesuch einverstanden sind (bei Personen unter 18 Jahren).
- ✔ Nachweis über die bezahlte Bearbeitungsgebühr von zur Zeit neunzig Euro (an die Botschaft, siehe Internetseite)

Visum

Erforderliche Unterlagen:

- ✔ die am PC ausgefüllten Formulare
- ✔ Reisepass (noch mindestens 6 Monate nach Ende des Aufenthalts gültig)

- ✔ aktuelles Passfoto
- ✔ Originalbeleg über die Zahlung der Visumbearbeitungsgebühr von zur Zeit ca. hundert Euro bzw. ca. 130 Dollar
- ✔ ein frankierter Rückumschlag

Nützliche Adressen

Für alle drei Länder: www.kanada.de

Kanadische Botschaft
Leipziger Platz 17, 10117 Berlin
Tel.: 030 20 31 2

Kanadische Botschaft
Kirchenfeldstr. 88, 3005 Bern
Tel.: 031 35 73 200

Kanadische Botschaft
Laurenzberg 2, 1010 Wien
Tel.: 01 53138 3000

Vokabeln zum Visum

Dollar: Bitte immer beachten, ob es US-Dollar oder kanadische Dollar sein sollen.

Exchange visitor(s): Austauschbesucher

J-1 Status: bezeichnet den Status der Gastschüler

Nonimmigrant: Nichteinwanderer. Es besagt, dass der Schüler nicht einwandern möchte, sondern seinen festen Wohnsitz im Heimatland behält.

Paperwork: Papieraufwand. Steht häufig unten auf den Formularen; es dient der Erklärung, dass die Onlinearbeit Papier spart.

Secondary school: „höhere Schule". Darunter fällt auch die Highschool.
SEVIS: Student and Exchange Visitor Information System, dient zur Erfassung der Daten aller Gastschüler in den USA.

Ausflug ins Nachbarland
Tipp für USA- und Kanada-Gastschüler: Auf jeden Fall im persönlichen Gespräch oder Telefonat er-wähnen, eventuell nach Mexiko, Kanada oder die USA reisen zu wollen. Die Erteilung des Visa steht im Ermessen des Immigration Officers, ebenso die Erteilung eines „multiple entry visa" mit dem man, wie der Name schon sagt, mehrfach Ein- und Ausreisen darf; gerade im Grenzgebiet eine nette Sache.

Nils

Johanna und ihre Gastfamilie

Persönliche Vorbereitung

Auf ins Ungewisse

Fragebogen

Vor der Abreise mag eine Prüfung der inneren *Einstellung* nützlich sein. Sie hilft nicht nur dabei, sich selbst näher kennenzulernen, sondern dient auch als Vorbereitung auf die neue Welt. Daher nehme man sich Stift, Papier und mindestens eine halbe Stunde Zeit.

✔ Welche Reisen habe ich hinter mir? Welche Erfahrungen habe ich gesammelt? Haben sich meine damaligen Vorurteile bezüglich Land und Leuten bestätigt?

✔ Warum möchte ich einige Monate im Ausland verbringen? Möchte ich eine neue Kultur kennenlernen, mal von zu Hause ausbrechen oder geht es mir um den Spracherwerb? Was möchte ich durch dieses Jahr erreichen?

✔ Warum interessiere ich mich ausgerechnet für dieses Land?

✔ Was erwarte ich vom Gastland / vom Auslandsjahr? Wie überzeugt bin ich, dass sich diese Vorstellungen erfüllen?

✔ Mit welchen Gefahren rechne ich? Welche habe ich ausgeblendet (z.B. in eine unpassende Gastfamilie zu kommen)?

✔ Bringe ich genug Flexibilität mit?

✔ Bin ich bereit, mich an die fremde Gesellschaft und Gastfamilie anzupassen? Kann ich liebgewonnene Gewohnheiten aufgeben und auch mal zurückzustecken?

✔ Bleibe ich auch bei einem unmöglichen Verhalten der Gastfamilie oder einer ebensolchen Einstellung der Klassenkameraden gelassen und respektiere die andere Ansicht?

✔ Bin ich auch in schwierigen Situationen zuverlässig und ehrlich?

✔ Sehe ich dieses Jahr nur als Chance für mich, oder bin ich auch bereit, der Gastfamilie ein möglichst schönes Jahr zu bereiten?

✔ Erwarte ich sehr viel von meiner Gastfamilie, d.h. habe ich feste Vorstellungen, oder bin ich bereit, mich auch auf Unbekanntes, Ungewöhnliches und mitunter Enttäuschendes einzulassen?

Diese Fragen dienen auch nicht dazu, von der Reise abzuhalten, sondern sollen auf mögliche Probleme aufmerksam machen. Wer sich mit ihnen schon vor der Reise auseinandersetzt, beginnt unbewusst bereits mit ihrer Vermeidung.

Noch ein Tipp: Vorurteile zum Gastland bzw. zu Amerikanern aufschreiben. Auf sie gilt es zu achten, um nicht als Gastschüler ungerecht oder abfällig über die Einheimischen zu urteilen. Interessant wird die Sache übrigens, wenn man die Liste nach dem Jahr noch einmal durchliest …

Erwartungen

Der Jugendliche und seine Eltern haben natürlich einige Ansprüche an den Aufenthalt und besonders an die Gastfamilie. Viele lassen sich zumindest teilweise umsetzen, andere hingegen gar nicht. Hier ein kleiner Überblick der Wünsche:

Erlernen eines bestimmten Slangs
Zwar lässt sich der Bundesstaat in den meisten Fällen wählen, aber selbst die Einwohner eines Staates sprechen unterschiedliche Dialekte. Daher ist es fraglich, ob man tatsächlich den gewünschten lernt.

Latein-Unterricht an der Highschool
Schwierig zu planen, denn nur wenige Highschools bieten dieses Fach an. Findet der Schüler selbst eine entsprechende Schule, könnte dies eine Privatschule sein, was hohe Kosten verursacht. Zudem benötigt der Schüler dann ja noch eine Gastfamilie in der Nähe.

Ausüben einer bestimmten Sportart
In Amerika und Kanada wird traditionell viel Sport angeboten. So ausgefallene Sportarten wie Tischtennis oder Hallenhockey gehören in vielen Schulen aber vermutlich nicht zum Repertoire.

Erwerb des Führerscheins
Die Möglichkeit des Führerscheinerhalts, beziehungsweise der Anerkennung dessen, hängt vom Bundesstaat ab. Das größte Hindernis besteht jedoch in der Durchführung der Fahrschulprüfung, wozu sich der Jugendliche ein Auto leihen muss. Nicht jede Gastfamilie möchte ihres hergeben.

Enger Kontakt zur leiblichen Familie
Auf keinen Fall darf dieser Druck auf dem Jugendlichen lasten, denn so würden Sinn und Zweck des Programms in Frage gestellt. Es geht um Abnabelung und Selbstständigkeit. Zudem bleibt dem Schüler oft wenig Zeit zum engen Kontakt nach Hause.

Die Eltern möchten den Gasteltern wichtige Informationen über den Jugendlichen mitteilen.
Keinesfalls ist es notwendig, von Mutter zu Mutter zu kommunizieren, um alles über den Jugendlichen mitzuteilen. Der Jugendliche nimmt ein Stück seines Lebens in die eigene Hand und wird sich entsprechend mitteilen.

Eine „intakte" Gastfamilie mit Vater, Mutter und zwei Geschwistern
Eine Bevorzugung dieser Konstellation wäre eine Diskriminierung anderer Familien. Jede Art Familie, auch z.B. ein Großelternpaar oder ein Alleinstehender, hat ihre eigene nachvollziehbare Motivation zur Aufnahme eines Gastschülers. Auch eine alleinerziehende Mutter kann durchaus in der Lage sein, einen Jugendlichen aufzunehmen. Damit der Gastschüler zu der Familie passt, werden u.U. sogar Referenzen über die Familie bei Nachbarn und Gemeinde eingeholt.

Eine hellhäutige Familie
Dieser Wunsch würde ebenfalls eine Diskriminierung darstellen und ist daher nicht zu verwirklichen.

Eine dunkelhäutige Familie
Es gilt gerade Gesagtes. Zu bedenken ist außerdem, dass die Aufnahme in eine dunkelhäutige Familie zu großen inneren und äußeren Konflikten führen kann: nämlich wenn im Wohngebiet immer noch eine Art informeller „Rassentrennung" besteht. Manchmal kann der Jugendliche diese Situation weder begreifen noch verarbeiten und muss aus der Familie ausziehen.

Eine „echt amerikanische" Familie, keinesfalls Einwanderer (z.B. aus Asien oder Südamerika)
Es gilt gerade Gesagtes. Familien mit z.B. chinesischen Ursprüngen sind ebenso gut als Gastfamilien geeignet als Familien, deren Ureltern aus England oder Frankreich einwanderten. Amerikaner sind sie alle.

Eine vegetarische Familie
Dies ist nur in sehr wenigen Fällen möglich. Meist wird der vegetarische Gastschüler seinen Weg des Kompromisses finden müssen. Entweder er probiert die Mahlzeiten seiner Gastfamilie und lebt mit ihr, ohne sie zu verprellen. Oder er erklärt, warum er kein Fleisch essen möchte, und erhält in Ausnahmefällen sogar zusätzliche Angebote. Allerdings wird er in der Schulkantine Probleme bekommen, wo Fleisch fast täglich auf dem Programm steht.

Eine angemessen religiöse Familie, auf keinen Fall eine mit übertrieben religiösen Absichten oder gar Zeugen Jehovas
Familien in Amerika sind religiöser als

bei uns. Die Religion bestimmt einen großen Teil ihres Lebens und kann daher nicht als Ausschlusskriterium gelten. Eine Familie, die zu den Zeugen Jehovas gehört, ist ebenso als Gastfamilie geeignet wie eine katholische, jüdische, muslimische ... Eine ausgeprägte Religiosität ist kein Grund, den Jugendlichen aus der Familie zu nehmen, denn Amerika ist das Land der Glaubensfreiheit. Eine gewisse Gelassenheit des Jugendlichen setzt man daher voraus.

In den USA und Kanada gilt die Vielfalt der Glaubensgemeinschaften als hohes Gut. Ein Mitglied einer Glaubensgemeinschaft akzeptiert ein Mitglied einer anderen als sozialen Bestandteil der Gesellschaft. Daher kann sich ein Jugendlicher nicht gänzlich von der Religion seiner Gastfamilie abgrenzen.

„Bekehrungsversuche" gegenüber dem Jugendliche sind noch kein Grund, dem Schüler eine neue Familie zu geben. Der Jugendliche kann sich z.B. durchaus taufen lassen und so in die Religion der Gastfamilie eintauchen, wenn seine leiblichen Eltern damit einverstanden sind. Dieses Vorgehen bedeutet ja nicht, dass er als anderer Mensch nach Hause zurückkehrt. Erst bei massiver Bedrängung und wenn z.B. eine Taufe oder Ähnliches gegen den Willen des Jugendlichen durchgeführt werden soll, ist zügig eine Änderung gefragt: Bei unangemessener Beeinflussung wird der Jugendliche aus der Familie genommen.

*Keine Kirchenbesuche mit der Gast-
familie*
In Amerika ist Religion bzw. deren
Ausübung ein Teil des Lebens. Dazu
gehören u.u. auch ganztägige Kirchenbesuche, um gemeinsam zu essen, zu
singen und etwas zu unternehmen. Das
hat nichts mit „Missionierung" zu tun,
sondern bedeutet eine Integration in die
Familie und deren Leben. Jugendliche
müssen diesem Leben gegenüber Offenheit und Toleranz zeigen und sich
anpassen. Es ist sicherlich eine neue
Erfahrung, auch für die Eltern.

Ein eigenes Zimmer
Das kann wohl nicht garantiert werden,
denn nicht jede Familie hat ein Zimmer
für ihren Gast frei. Mitunter teilt er
sich eins mit Gastschwester oder -bru-
der.

Ein schönes Haus
Dieser Wunsch lässt sich nicht immer
verwirklichen, denn Gastfamilien können ebenso aus unteren finanziellen
Schichten stammen wie andere Famili-
en. Viel wichtiger als Geld sind die
Motivation und hygienischen Verhältnisse, sowie die Offenheit und Kommunikationsfähigkeit der Familienmitglieder. Es könnte sogar sein, dass die
Familie in einem sogenannten „mobile
home" lebt, also einem transportablen
Haus, das wahrscheinlich nicht sehr
groß ist.

*Keinerlei Kontakt zu Waffen (indem
diese z.b. an der Wand hängen)*
Kanadier und US-Amerikaner leben
mit ihren Waffen und haben aufgrund
der Tradition keine Berührungsängste

vor ihnen. Viele jagen, pflegen das
Schießen als Hobby oder sammeln
Waffen. Auch die Themen „Krieg" und
„Military" sind überhaupt nicht negativ
besetzt.

Verhaltenstipps

Vorurteile
Menschen neigen dazu, andere aufgrund ihres Aussehens oder aufgrund
einiger Informationen (Beruf / Natio-
nalität / Alter …) in bestimmte Schubladen zu stecken. Oft haben wir uns
bereits binnen Sekunden ein Bild des
Gegenübers gemacht, das nicht immer
zu dessen Gunsten ausfällt. Wer sich
jedoch als Gastschüler in ein anderes
Land begibt, sollte mit gewohnten
Beurteilungsmustern brechen. Sonst
erwarten ihn herbe Schwierigkeiten,
wenn sich z.B. die meisten Einheimischen anders verhalten, als er es gewohnt ist, oder die Gastfamilie gar
nicht den eigenen Vorstellungen entspricht. In solchen Fällen sollte er nicht
innerlich „dichtmachen" und den Aufenthalt als gelaufen ansehen, sondern
sich dem Neuen öffnen. Jeder Mensch,
jede Familie verdient die Chance, genauer betrachtet zu werden – innerlich
und äußerlich. Oft stellt sich nämlich
heraus, dass das scheinbare Unglück
eigentlich ein Glücksgriff ist.

Konflikte
Jede Situation verdient es, überdacht
zu werden. Hier sollte man sich einmal
in die Rollen und Lagen der anderen
versetzen, statt die Situation nur aus
der eigenen Warte zu beurteilen. Das

Stepin

(Student Travel & Educational Programmes International)

Beethovenallee 21, 53173 Bonn
Tel. 0228-95695- 30, Fax. 0228-95695- 39
school@stepin.de, www.stepin.de
Bürozeiten: Montag bis Freitag von 08.30 bis 17:30 Uhr
allgemeine Beratung
Ansprechpartner: Tessa Kuhl

Student Travel & Education
Programmes International

High School Aufenthalte in den USA, Kanada, Australien, Neuseeland, Argentinien, Spanien, Frankreich, Irland und Skandinavien

Altersbegrenzung: 14 bis 18 Jahre, Studentenzahl: 350 High School Teilnehmer.

Gründungsjahr: 1997

Aufenthaltsdauer: 3, 5 oder 10 Monate, auch Kurzzeitprogramme von 2 bis 8 Wochen.

Zulassung: Schriftliche Bewerbung und persönliches und individuelles Auswahl-gespräch. Teilnahmevoraussetzungen: kulturelle Aufgeschlossenheit, Reife, Toleranz, und befriedigende schulische Leistungen. Mindestalter 14 Jahre; Höchstalter 18 Jahre.

Fristen: in allen Ländern nur begrenzte Schulplätze, frühzeitige Anmeldung ist erforderlich.

Gebühren: USA ab € 6.690; Kanada ab € 6.780; Australien ab € 5.540; Neuseeland ab € 6.500; Argentinien ab € 6.950; Irland ab € 6.250; Spanien ab € 4.700; Frankreich ab € 3.950; Skandinavien ab € 6.850; Kurzzeitprogramme ab € 2.495.

Internationales: High School Aufenthalte weltweit sowie Internate in Kanada, Australien, Neuseeland, Irland und Spanien.

Mitgliedschaften/Zertifizierung: DFH (Deutscher Fachverband High School), CSIET, IATA, GWEA, IAPA, WYSET Confederation.

Programmbeispiele: Ein Austauschjahr an einer High School in einem anderen Land ist immer ein Gewinn – ob für 3,5 oder 10 Monate. Man lernt eine neue Fremdsprache, entwickelt interkulturelle Kompetenzen und entwickelt sich persönlich weiter. Auch Kurzzeitaufenthalte bis 8 Wochen sind möglich.

Leistungen: u.a. Hin- und Rückflug, Vorbereitungsseminar, Handbücher für Schüler und Eltern, Vermittlung in eine Gastfamilie und eine örtliche High School, Betreuung vor Ort, Versicherungsschutz.

Vorbereitung – Betreuung – Nachbereitung

Eltern- und Schülervorbereitungsseminare, optionale Schüler-Vorbereitungswochen-enden in Deutschland, Vorbereitungsseminare im Gastland, Betreuung durch lokalen Betreuer vor Ort, telefonische Betreuung „rund um die Uhr" durch Partnerorganisation. Nachbereitungstreffen nach Rückkehr.

fällt in der ersten Aufregung oft schwer, doch meist haben die anderen Beteiligten gute Gründe für ihre Ansichten und Handlungen. Wer diese Gründe herausfindet, dem fällt es leicht, sich mit der Person doch noch zu arrangieren. Zunächst gilt: ganz ruhig bleiben. Oft entstehen Streits nämlich aus (sprachlichen) Missverständnissen.

Echt Nazi?

Die Amerikaner leben zwar nicht hinter dem Mond, aber sie wissen im allgemeinen wenig über uns. Daher sind sie sehr neugierig und es kann vorkommen, dass man gefragt wird, ob Deutschland immer noch zur Hälfte ein Gefängnis sei (bezogen auf West- und ehemalig Ostdeutschland) oder ob man ein Nazi sei. Das ist nicht böse gemeint.

Sollte es passieren, dass ein amerikanischer Schüler sich einen Witz erlaubt und mit einem „Heil Hitler" samt gehobenen Arm auf den Europäer zukommt, so nehme man dies bitte gelassen, denn es geschieht aus Unkenntnis. Viele Amerikaner lernen über die deutsche Geschichte nicht sehr viel, und das Thema Nationalsozialismus wird erst recht ausgelassen. Hier sind dann in der Tat Kommunikationsfähigkeit und Erklärungen gefragt.

Homestays
Leute kennenlernen,
Sprachen lernen, mithelfen
www.homestays.de

Allgemeinwissen

Der Tag eines Schülers ist vollgestopft mit Pflichten, Schule und sonstigen Aufgaben. Trotzdem ist es wichtig, dass der Jugendliche über die Geschehnisse in der Welt Bescheid weiß. Er repräsentiert schließlich das eigene Volk und wird in Amerika viel befragt, auch zu Politik und Wirtschaft. Daher ist ein Kompromiss zu finden, wie sich ein Mindestmaß an Allgemeinwissen sichern lässt.

Ein gewisser „Blick über den Tellerrand" lässt sich nicht vermeiden. Fragt sich nur, wie die Umsetzung aussieht. Möglichkeiten: Zeitung oder Bücher lesen, Tagesschau oder „heute" sehen etc. Aber bitte nicht übertreiben. Der Jugendliche steht in dieser Vorbereitungsphase unter Volldampf und hat viele Verpflichtungen.

Wir haben in unserer Familie eine eventuell etwas „faule" Lösung gefunden: Jeden Tag schauen wir gemeinsam die Tagesschau. Dadurch ergibt sich Gelegenheit, über wichtige Ereignisse zu sprechen und sie zu verknüpfen. Das allein reicht jedoch nicht aus, da auf den Jugendlichen im Gastland auf jeden Fall Fragen zum Nationalsozialismus, zu politischen Zusammensetzungen, politischen Verfahren und (bei deutschen Gastschülern) zur Vereinigung von West- und Ostdeutschland zukommen.

Ins Gepäck gehört auf jeden Fall ein Geschichtsbuch über das Heimatland, denn den Schüler erwarten viele Fragen. In einem Buch kann er vorsichtshalber noch einmal nachlesen, wenn er nicht mehr alles weiß.

Lesetipp:
Neben Büchern zur europäischen Geschichte auch solche zur amerikanischen Geschichte lesen. Es ist eine unangenehme Situation, als Hausaufgabe im Gastland einen seitenlangen Text über Ereignisse lesen zu müssen, von denen man keine Ahnung hat, und bei dem man auch noch alle paar Wörter das Wörterbuch zu Rate ziehen muss. Weiß man hingegen, worum es bei dem Ereignis ging, lassen sich viele Wörter erraten.

Johanna

Obacht: In unserem politisch angehauchten Alltag ist es manchmal unumgänglich, eine politische Meinung vehement zu vertreten. Jeder hat eine bestimmt Haltung zu Arbeitslosen-, Tierschutz- oder Abtreibungsgesetzen. Ein Standpunkt kann ohne Probleme ausdiskutiert werden. Das ist in Amerika nicht immer so. Bitte Zurückhaltung üben! Eine Meinung ist zwar wichtig, aber ein vehementes Vertreten und „Durchboxen" auf keinen Fall. Es ist zu bedenken, dass viele Amerikaner eher „unpolitisch" sind. Sie lassen sich zwar informieren, aber eine Diskussionsgrundlage wird die Politik eher nicht darstellen. Hier sind also allzu politische Fettnäpfchen zu vermeiden.

Ein eigenes Gastkind?

In Amerika hat die Aufnahme von Gastschülern seit langem Tradition. Amerikaner empfinden es als Bereicherung ihrer Kultur. Sie sind neugierig und freuen sich auf neue Eindrücke und Gäste. Mit der Entsendung des Jugendlichen in eine fremde Familie nehmen die Eltern eine eventuell zehn Monate dauernde Gastfreundschaft an. Da liegt es nahe, diese zurückzugeben. Es ist also zu überlegen, ob die Aufnahme eines fremden Jugendlichen für die Familie in Frage kommt. Nicht nur der eigene Wunsch ist hier entscheidend, sondern die tatsächlichen Möglichkeiten und die Flexibilität der Familie. Der Jugendliche ist dann Teil der Familie, kein Gast, der abends wieder nach Hause fährt. Sind die Rahmenbedingungen überhaupt zu erfüllen, um sich diesen Wunsch zu verwirklichen?

Man bedenke, dass ab der Ankunft ein zusätzliches Mitglied der Familie bei jeder Veranstaltung dabei ist. Daher sollte auch die weiter entfernte Familie bei der Entscheidung für oder gegen das Gastkind einbezogen werden, denn es wäre ja unangenehm, wenn das neue Familienmitglied unerwünscht ist. Bei Familienfeiern achte man als Eltern wie bei den eigenen Kindern darauf, dass der Gast sich angemessen kleidet und benimmt. Die Familie wächst also um einen Menschen. Das gilt auch für den Urlaub. Ebenso denke man daran, dass dieses Familienmitglied das Land auch wieder verlässt. Damit verliert die Familie einen wichtigen Teil ihres Lebens.

Zur Aufnahme des Gastes müssen die sozialen, finanziellen und räumlichen Rahmenbedingungen stimmen. Das prüft eine Organisation nach, weshalb längst nicht jede Familie angenommen wird. So sollte der Gastschüler z.B. ein eigenes Zimmer haben. Ein Badezimmer in einem Haushalt mit sechs bis acht Personen wäre sicherlich zu wenig.

Ist die Familie herzlich, offen und dazu bereit, einen fremden Jugendlichen aufzunehmen und auch bei Problemen zu (er-)tragen? Hat sie nichts dagegen, dass der Gast neue Freunde mit in die Wohnung bringt? Haben Eltern, Kinder und andere Familienangehörige (z.B. Großeltern) ausreichend Zeit, sich um den Jugendlichen zu bemühen (nicht ihn zu bemuttern)? Er wird Veranstaltungen oder Sporttermine haben; zudem möchte er ja auch etwas mit seiner Gastfamilie unternehmen. Der zeitliche Aufwand ist sicher nicht zu unterschätzen.

Außerdem stehen Gespräche mit den amerikanischen Eltern an, wegen Zeitverschiebungen ggf. auch in der Nacht. Ist man bereit, mit den Eltern des Gastkindes in Kontakt zu treten und sich evtl. mit ihnen auseinanderzusetzen?

Ohne ein wenig Flexibilität wird die Aufnahme des Gastes nicht gehen. Neugier auf eine andere Kultur und neue Erfahrungen dürfen natürlich auch nicht fehlen.

Die Welt ins Wohnzimmer holen –

fühlen Sie sich bis jetzt noch nicht abgeschreckt, sondern sind offen für Neues, so wird ein Gastschüler das Richtige sein. Eine kleine Erfahrung von mir als Mutter: Mittlerweile habe ich an vielen Seminaren und Treffen teilgenommen. Mir sind ausländische und einheimische Jugendliche begegnet, über deren Reife und Offenheit ich staunte. Alle sind sehr erwachsen und kommunikativ. Die uns bekannten Vermittler nehmen von vornherein eine gründliche Auswahl vor.

Jedoch gilt: Erst gut überlegen, dann handeln. Nicht nur die oben genannten Aspekte fallen ins Gewicht. Evtl. hat der Gast hier im Land Geburtstag, so dass seine neuen Eltern das Fest ausrichten. Hundert Euro reichen zur Festgestaltung mit einigen Geschenken nicht aus. Und wenn dann auch noch Weihnachten vor der Tür steht, sollte das Geld nicht zu knapp sein.

Kommt ein Gastschüler für die eigene Familie in Frage, so bewerbe man sich zuerst bei der eigenen Agentur. Folgendes sollte sie einer Familie bieten, die ein Gastkind bei sich aufnimmt:

✔ Patenschaft durch einen ehemaligen Gastschüler

✔ Kontinuierliche Absprache zwischen Lehrern, Gastfamilie und dem Jugendlichen selbst

✔ Persönliche Betreuung in der Nähe

✔ Vorbereitung auf die Gastaufnahme und Beratung

✔ Übernahme der Anmeldung des Schülers in der passenden Schule

Übrigens kann die Aufnahme eines Gastkindes eine prima Chance sein, den eigenen Sprössling loszulassen. Man kann sich über den Gast freuen und versteht durch ihn, welche Entwicklungsschritte der eigene Jugendliche gerade durchläuft. Zudem hilft die Konzentration auf einen neuen Zögling dabei, nicht ständig an den eigenen in Amerika zu denken.

Rund um die Agentur

Partnerorganisation

Eine Familie hat nun genug mit der Umstellung und Vorbereitung des Auslandsjahres zu tun. Dennoch empfiehlt sich noch eine kleine Recherche, und zwar eine zur Prüfung der *Partnerorganisation*. Dabei sehe man die Advisory-List des CSIET (Council on Standards for International Education Travel) durch. Die amerikanische Partnerfirma muss sich jährlich um eine Verlängerung bemühen. Unter Umständen kommt es zu Schwierigkeiten bei der Aufnahme in Sportteams, wenn die Partnerfirma nicht gelistet ist.
Für kanadische Agenturen gibt es keine derartige Überwachungsorganisation. Deutsche, schweizerische und österreichische Veranstalter haben zwei Möglichkeiten der Mitgliedschaft: Arbeitskreis gemeinnütziger Jugendaustauschorganisationen (AJA)

Deutscher Fachverband Highschool (DFH) (trotz seines Namens nicht auf Deutschland beschränkt, da die Agenturen auch Büros in der Schweiz und Österreich unterhalten)

Nicht viele Agenturen gehören diesen Verbänden an. Dies bedeutet nicht, dass anderere Anbieter von schlechter Qualität sind. Bedeutend wichtiger als die Aufnahme im AJA oder DFH ist allerdings die im CSIET, denn sie ist wichtigstes Informationsorgan der Organisationen.

Entscheidungsfreiheit besitzt der Schüler in diesem Punkt eigentlich nicht, denn er weiß zu Anfang gar nicht, dass es eine amerikanische Partnerorganisation gibt, geschweige denn, welche es ist. Sie kann gerade aus dem Boden gestampft, neu benannt oder altbekannt sein. Außerdem arbeitet ein europäischer Veranstalter mit vielen amerikanischen Partnerfirmen zusammen, die auch noch unterschiedliche Regeln für die Jugendlichen haben. Wenn man nun erfährt, mit welcher Organisation man zusammenkommt, muss man sie nehmen und kann nicht mehr absagen, auch wenn sie nicht gelistet ist.
In den USA arbeiten übrigens alle Träger von Gastschulprogrammen gemeinnützig. Sie sind vom State Department (Außenministerium) geprüft und zugelassen. Gemeinnützigkeit bedeutet aber in der Regel nur eine andere steuerliche Behandlung, nicht dass die genannte Institution irgendwie besonders „sozial", „human" o.ä. wäre, was viele glauben. Was bei anderen als

Gewinn anfallen könnte, muss hier halt in Personalausgaben usw. weggedrückt werden.

Nützliche Adressen

CSIET Council on Standards for International Educational Travel 212 South Henry Street, Alexandria, Vergina 22314 Tel.: 703-739-9050, www.csiet.org

Arbeitskreis gemeinnütziger Organisationen AJA Neue Schönhauser Straße 12, 10178 Berlin Tel.: 030 / 333098-75 info@aja-org.de, www.aja-org.de

DFH – Geschäfts- und Pressestelle Marburger Straße 15, 60487 Frankfurt Tel.: 069 / 97784608 info@dfh.org, www.dfh.org

Repräsentanten / Betreuer

Als Vertreter der amerikanischen Partner betreuen die „representatives" die Gastschüler. Sie sind Anlaufstelle bei Problemen, z.B. mit der Gastfamilie. Ein jeder ist für zehn oder zwanzig Schüler zuständig.

Der „local rep" ist Ansprechpartner innerhalb von 120 Meilen, der „area rep" Ansprechpartner ohne Umkreisbegrenzung. Probleme werden zuerst mit dem lokalen Betreuer und danach – bei Unlösbarkeit – mit dem Gebietsvertreter besprochen.

Der Repräsentant wird häufig auch Betreuer genannt, aber der Begriff ist nichts ganz passend. Zwar kümmert er

sich bei Problemen um den Schüler, doch wenn es keine Probleme gibt, kann der Kontakt auch nur sporadisch verlaufen. Wichtig wird sein Eingreifen bei Ärger in der Gastfamilie oder in der Schule.

Dieser Rep (abgekürzt) steht häufig in einem privaten und sozialen Spannungsfeld. Er kennt die Familien privat und / oder beruflich und versucht nun, einen Gastschüler zu integrieren. Bei Problemen muss der Rep die Familie schützen, deren Sichtweise er oft gut versteht. Allerdings hat er auch die Aufgabe, sich dem Schüler zu widmen, dessen Sichtweise er sicher auch nachvollziehen kann. Nicht immer gelingt diese Gratwanderung. Stellt sich der Ansprechpartner ganz auf die Seite der Familie, steht der Gastschüler ziemlich allein da. Dann hilft nur noch Kontakt zur europäischen Agentur mit dem Hoffen auf Abhilfe.

Vorbereitungsseminar

Schon wieder Post von unserem Veranstalter. Mittlerweile werden wir schon skeptisch, wenn an einem Tag keine Post im Briefkasten steckt. Diesmal ist jedoch eine Einladung zu einem *Vorbereitungsseminar* gekommen. Außerdem werden die Hamburger Jugendlichen gebeten, sich bereits bekannt zu machen, da sie schließlich gemeinsam nach Amerika reisen werden. Der Begriff „Einladung" passt bei dieser Pflichtveranstaltung nicht ganz: Absagen geht nicht; persönliche Termine müssen zurückgestellt werden. Eltern sollen am letzten Tag hinzustoßen und wichtige Informationen einholen.

Ein bisschen Flexibilität ist hier notwendig: Wurde die eigene Geburtstagsfeier für diesen Tag geplant, so wäre dies kein Grund zur Absage. Sind die Eltern oder deren Jugendlicher durch einen wirklich wichtigen Grund verhindert, erkundigen sie sich nach einem Ersatztermin. Evtl. ist der Veranstaltungsort ein wenig weiter entfernt, aber somit steht einer Teilnahme nichts im Wege. Wie es sich für engagierte Eltern gehört, wird selbstverständlich an dem Elterntermin teilgenommen.

Hinweis: Die Kosten dieses Seminars sind nicht bei allen Anbietern im Gesamtpreis enthalten.

Im Folgenden finden unsere Leser eine Beschreibung, wie ein solches Vorbereitungsseminar gestaltet sein sollte. Leider entsprechen nicht alle Anbieter diesen Anforderungen, sondern speisen ihre Teilnehmer mit sinnlosen Treffen ab oder veranstalten erst gar kein Vorbereitungsseminar.

Vier Wochen vor der Abreise: Abnabeln ist angesagt! Das letzte Seminar heißt zwar Vorbereitungsseminar, dient jedoch eigentlich der Loslösung. Es zeigt ganz deutlich, dass die Jugendlichen gedanklich bereits fort sind, die Eltern aber noch lange nicht losgelassen haben. Dies ist auch in dem Sinne interessant, als manchen Mamas und Papas wohl erst jetzt deutlich wird, dass die Reise länger als fünf Tage dauert.

Die Atmosphäre ist von Arbeit geprägt, denn es geht nicht nur um das Kennenlernen, sondern auch um Diskussionen, wie man sich in bestimmten Situationen verhalten soll, welche Themen man ansprechen kann und welche nicht, was in Amerika absolut tabu ist und welche Unterschiede bestehen im Hinblick auf Kleidung, Ernährung, Umweltschutz und Jugendverhalten. Dazu zählt natürlich auch, dass Alkoholtrinken bis zum Alter von 21 Jahren verboten ist, man sich nicht mit einem Freund im Zimmer einschließt und sich bei heiklen Diskussionen zurückhält.

Die Veranstaltung ist wichtig, weil die Jugendlichen für einige Tage gemeinsam essen, schlafen und arbeiten. Es ist die gedankliche Vorbereitung bezüglich Verhalten, Problembewusstsein und Abnabelung, bezüglich Gesellschaft und Land. So etwas findet nicht in einem Hotel, sondern in einer Jugendherberge oder einem Landschulheim statt. Hier wird auch nicht gefeiert oder abends die Disko aufgesucht, sondern Gruppenbewusstsein aufgebaut. Die Organisation, bzw. der Erfolg des Aufenthalts, steht und fällt mit den Jugendlichen.

Die Gruppenstärke schwankt zwischen 15 und 30 Personen inklusive Betreuungspersonal. Ehemalige Gastschüler teilen die Neulinge in Gruppen. Diese älteren Schüler stehen die gesamte Zeit zu Fragen und zur Begleitung zur Verfügung. Sie können Informationen aus eigener Erfahrung weitergeben, denn sie wissen, wie sie sich damals gefühlt haben, welche Probleme auf Gastschüler zukommen können. Außerdem stehen sie für die Seriosität des Anbieters, was ja sehr wichtig ist. Zudem ist die zuständige Person des Vermittlers die ganz Zeit vor Ort, als Leiter der Veranstaltung.

Ob das Seminar überhaupt notwendig ist? Auf jeden Fall, und das nicht nur, um noch einmal die Verhaltensregeln erläutert zu bekommen. Die werden natürlich sehr viel ernster genommen, wenn ehemalige Gastschüler sie benennen und begründen. Außerdem lernen sich alle Teilnehmer aus der Gegend (bis zu zweihundert Kilometer im Umkreis), kennen und erhalten dadurch Rückenstärkung.

Ohne die Teilnahme darf man nicht reisen; sie ist verpflichtend. Aber keine Sorge, es wird Deutsch gesprochen. Zudem können sich durch das straffe Programm und die sofortige Zusammenarbeit keine Cliquen bilden, so dass auch schüchterne Jugendliche sofort Anschluss finden.

Der erste Tag bzw. die ersten Tage sind gefüllt mit Gruppenarbeit, Ausarbeitung, Diskussionen, Präsentationen und Vorträgen. Die Schüler hören und erarbeiten viel. Der Inhalt ist eine Mischung aus Politik, Gesellschaftskunde und Umsetzung innerhalb des Aufenthalts. Zudem bekommen die Jugendliche Unterlagen zu den bearbeiteten und besprochenen Themen. Abgesehen von der Vorbereitung auf den Aufenthalt dient die Veranstaltung auch dem Kennenlernen der Gastschüler untereinander bzw. der Stärkung ihres Zusammenhaltes.

Persönlich mussten sich die Schüler erforschen, denn einige Fragen lassen

sich nur aus eigener Sicht beantworten:

✓ Wie denken wohl Amerikaner über Deutsche / Österreicher / Schweizer?

✓ Wie willst Du Dein Heimatland repräsentieren?

✓ Wie ist die politische Konstellation zwischen Amerika und Deinem Heimatland?

✓ Was wirst Du am meisten vermissen?

✓ Wie verhältst Du Dich, wenn Du auf das Thema Rechtsradikalismus angesprochen wirst?

Zum Thema „Lebenseinstellungen der Amerikaner im Gegensatz zu unseren" bieten die folgenden Vorurteile einige Beispiele. Nicht jeder Deutsche ist so, und auch nicht jeder Amerikaner, aber es wird deutlich, dass der Jugendliche auf diese *Verhaltensregeln* achten sollte, um die vorhandenen *Vorurteile* nicht zu bestätigen.

Vorurteile

Deutsche leben sehr zurückgezogen; viele kennen nicht einmal die eigenen Nachbarn. Amerikaner dagegen reden auch mit Fremden, in der U-Bahn ist es niemals still, vor Häusern und von Garten zu Garten wird viel und laut geredet.

Deutsche geben sich oft unhöflich, stellen sich nicht vor, tun so, als wollten sie bloß nichts miteinander zu tun haben. Amerikaner stellen sich auf Partys und Veranstaltungen vor, sprechen miteinander, auch wenn es nur Small Talk ist.

Kunden werden in Deutschland als lästiges Übel gesehen und nicht als Kunden bedient. In Amerika sind sie König, weshalb auch außergewöhnliche Wünsche erfüllt werden, selbst wenn es etwas länger dauert.

Deutsche sind geizig. Amerikaner geben mehr Trinkgeld, auch wenn sie selbst nicht reich sind.

Deutsche rasieren häufig weder Beine noch Achseln. In Amerika ist die Rasur so notwendig wie das Zähneputzen.

Konsequenzen für die Jugendlichen sind im amerikanischen Alltag also zum Beispiel folgende:

- ✓ Sprich auch mit Menschen, die Du nicht privat kennst, aber mit denen Du z.B. zusammen im Bus fährst.

- ✓ Sei höflich, stelle Dich und die anderen bei einer Party oder Veranstaltung vor.

- ✓ Nimmst Du etwas in Anspruch (z.B. dass die Gasteltern für Dich einkaufen), dann bedanke Dich für die Hilfsbereitschaft.

- ✓ Gib Trinkgeld und vermeide es, zu geizig mit Geld umzugehen.

- ✓ Schraube Dein Sicherheitsdenken ein wenig herunter, mach es so wie die Amerikaner.

- ✓ Die Deutschen stehen in der Welt manchmal als Ordnungsfanatiker und Vertreter der Korrektheit dar. Daher sollten Gastschüler es in Sachen Ordnungssinn nicht übertreiben.

- ✓ Achte auf Dein Äußeres. Bei Mädchen gilt die Rasur von Ach-

seln und Beinen als hygienische Maßnahme.

Pate

Möglicherweise bekommt der Jugendliche einen sogenannten *Paten* genannt: Einen ehemaligen Gastschüler, der sich bereit erklärt hat, dem Neuling Erfahrungen mitzuteilen oder ihm zu helfen. Diesen wertvollen Kontakt gilt es zu nutzen. Man lasse sich jedoch auch nicht zu sehr von ihm beeinflussen, denn seine Erfahrungen sind eben nur die **eines** ehemaligen Gastschülers, und Amerika ist groß. Sinnvoll wäre es, mit mehreren Ehemaligen in Kontakt zu treten.

Beispiel-Programm

Erster Tag
10.30 h Ankunft, Zimmereinteilung
11.15 h Vorstellung von Programm, Teilnehmern, Regeln und Paten
12 h Mittagessen
12.45 h Gruppenarbeit: Fragen zu Amerika
15.15 h Pause
15.30 h Vorstellung des Erarbeiteten
16.15 h Landes- und Gesellschaftskunde
18.00 h Abendessen
19.00 h Gesprächsrunde: Was erwartet mich in Amerika?

Zweiter Tag
8.30 h Frühstück
9.15 h Vortrag. Worum kümmert sich die Partnerorganisation?
10.00 h Gruppenarbeit: Wie stelle ich mir das Leben in einem fremden Land,

in einer fremden Familie vor?
12.00 h Mittagessen
12.45 h Vorstellung der Ergebnisse
14.30 h Pause
15.00 h Fragen zu Versicherung,
Visum und Reise
16.30 h Typisches Verhalten von
Mädchen und Jungen in Amerika
18.00 h Abendessen
19.00 h Spielerunde, Thema: Das
Leben der Amerikaner

Dritter Tag
8.30 h Frühstück
9.00 h Gruppenarbeit: Was muss man
als Gast beachten?
11.00 h Vorstellung der Ergebnisse
12.00 h Mittagessen
12.45 h Antwort auf die letzten Fragen
und Abschied
14.00 h Ankunft der Eltern
14.15 Vortrag für die Eltern über die
besprochenen Themen
16.30 h Abreise

Spaß und tolle Stimmung

Das Treffen war gut, obwohl ich vorher natürlich ein bisschen ängstlich
wegen des Ablaufs war. Da es mich dem Amerikaaufenthalt wieder ein Stück
näherbringen sollte, konnte ich den Beginn aber kaum abwarten. Außerdem
habe ich mich auf das Treffen mit anderen Gastschülern gefreut, da wir uns
ein bisschen beschnuppern konnten, bevor es losging. Uns erwartete ein straf-
fer Tagesablauf bis spät abends. Man merkte bereits beim Studieren des Programms, dass sehr viel Ernsthaftigkeit und Regelung dahinter stand. Wir sollten viel lernen. Allerdings benötigt das Seminar keine Vorbereitung, weder
vom Schüler noch von den Eltern.
Gleich bei der Ankunft haben wir Teilnehmer uns gut verstanden, als würden
wir uns bereits kennen. Das liegt wohl auch daran, dass wir alle das gleiche
Ziel haben und uns bis hierhin durchgekämpft hatten. Wir alle wussten, dass
wir bald getrennt werden würden, aber doch gemeinsam unterwegs wären.
Die Zimmerverteilung ging schnell, denn es waren ja noch keine Bekanntschaften entstanden. Din Einweisung in die Räume verlief auch reibungslos.
Die erste Mahlzeit wurde serviert und für gut befunden. In einer Art Klassen-
raum gab dann ein Thema dem anderen die Hand. Zu Beginn haben wir uns
alle kurz vorgestellt und uns dann zu kleinen Gruppen zusammengetan. Darin
sollten wir Aufgaben bewältigen, Fragen beantworten und Vorstellungen vom
Auslandssjahr formulieren. Anwesend waren auch „alte Hasen", also ehemalige Gastschüler, die uns Mut machten und tolle Eindrücke gaben. Wir hatten
natürlich viele Fragen, besonders zu den Gastfamilien. Später machten wir
entweder Rollenspiele, hörten Vorträge oder mussten Aufgaben in Gruppen
lösen. Es hat viel Spaß gemacht. Ich finde solche Treffen wichtig und hilfreich. Sie könnten ruhig häufiger stattfinden!

Da wir bis spät abends Programm hatten, verschoben wir unser Kennenlernen und Herumblödeln auf nachts. Mehr als drei Stunden Schlaf waren daher nicht möglich. Das machte aber gar nichts, denn wir hatten alle einen Adrenalinschub.

Natürlich waren Mädels und Jungs getrennt, jedenfalls solange die Betreuer in der Nähe waren. Diese haben tatsächlich streng reagiert, wenn jemand aus der Reihe tanzte. Ich nehme an, das war die Generalprobe für Amerika.

Alles, was wir gelernt hatten, wurde den Eltern am dritten Tag in Kurzform dargestellt. Als wir um 16 Uhr im Auto saßen, wäre ich am liebsten sofort eingeschlafen.

Johanna

Weitere Seminare

Wochenendseminar im Gastland

Viele Vermittler bieten ihren Teilnehmern ein Zweitagesseminar *(„Orientation")* zu Beginn des Aufenthaltes an. Diese Veranstaltung erleichtert die Umstellung etwas. Bevor der Schüler in die Gastfamilie kommt, hat er die Möglichkeit, sich eine Metropole, die Amerikaner und seine Mitreisenden anzusehen. Das lohnt sich, denn der Übergang zur Gastfamilie wird doch etwas abgefedert und der Kontrast zwischen den Kulturen erscheint nicht so krass. Der Schüler kommt sozusagen erst einmal an, bevor er in die Gastfamilie wechselt.

Da sich die Jugendlichen zuvor auf einem Flughafen getroffen und die letzte Strecke gemeinsam geflogen sind, haben sie sich schon bekannt gemacht. Während der „Orientation" wohnen sie in einem Hotel und sehen sich die Stadt an. Wieder werden wichtige Verhaltensregeln erläutert, Gruppenarbeiten durchgeführt und das amerikanische Leben wird betrachtet. Es finden Seminare zu Kultur, Familienleben und Verhalten statt. Natürlich dürfen Stadtbummel und Shoppen nicht fehlen.

Da Amerikaner dieses Veranstaltung druchführen, bekommt man den ersten Eindruck ihrer Sprache und Kultur.

Nach zwei Tagen reist jeder Schüler weiter zu seiner Gastfamilie. Nun ist jeder auf sich allein gestellt. Diese Veranstaltung ist keine Pflicht. Eine Teilnahme ist auch gar nicht immer möglich, weil manche Gastfamilien das Gastkind vorher aufnehmen wollen oder müssen, weil sie zum Beispiel in Urlaub fahren wollen. Wünsche der Gastfamilie gehen natürlich vor. Hat man die Veranstaltung schon gebucht, wird die Gebühr in einem solchen Fall selbstverständlich erstattet (in unserem Fall: dreihundert Euro).

Ein Seminar im Gastland ist sinnvoll, jedoch kein Ersatz für ein Vorbereitungsseminar im Heimatland. Zwar bereitet es ebenso auf den Aufenthalt vor, doch verhindern mindestens zwei Umstände eine „maßgeschneiderte", intensive Vorbereitung für die Schüler:

Die Umgebung, oft eine glitzernde Großstadt mit entsprechend ablenkender Wirkung. Die Betreuer bzw. Leiter, die als Amerikaner kaum die Schwierigkeiten eines europäischen Schülers verstehen (sofern sie nicht einige Zeit in Europa lebten). Sie können ihn kaum auf mögliche Konflikte vorbereiten, wenn sie nicht (aus eigener Erfahrung) wissen, welche Situationen für Europäer Konfliktpotenzial bieten (z.B. Alkoholverbot).

Problematisch ist zudem der Zeitpunkt, denn wenn der Schüler bereits in Amerika ist, hat er keine Zeit mehr, sich ausführlich mit möglichen Situationen in der Gastfamilie auseinanderzusetzen. Daher ist ein Seminar im Gastland als zusätzliche Vorbereitung eine tolle Sache, doch kein Ersatz für ein Seminar im Heimatland.

Nachbereitungstreffen

Es ist schwer verständlich, aber eine Nachbereitung ist ebenso wichtig wie die Vorbereitung. Oft geht die Wiedereingewöhnung im Heimatland nämlich nicht so leicht wie gedacht. Manche Rückkehrer fallen in ein Loch, weil sie nicht mehr im tollen Gastland sind, weil hier alles so langweilig und grau ist, die Menschen so engstirnig sind …

So viel sei gesagt: Es hilft nichts, nach der Rückkehr nur noch von Amerika zu träumen und über alles im Heimatland zu schimpfen. Das erschwert nicht nur die Eingewöhnung, sondern

verdirbt einem selbst und den Mitmenschen auch die Laune. Dabei hat das Leben in Europa auch seine Vorzüge. Hätte man sonst ab und an Heimweh gehabt?

Bei einem Nachbereitungsseminar trifft der Rückkehrer Gleichgesinnte, die mit ihm über den tollen Aufenthalt reden und dabei nicht, so wie manche andere Gesprächspartner, uninteressiert abwinken. Eine wichtige Sache, auch hinsichtlich der Verarbeitung des Kulturschocks in der Heimat. Dieses Treffen sollte natürlich nicht gleichzeitig mit einem Vorbereitungstreffen für Neulinge stattfinden.

Elternabende während des Jahres

Über das Jahr verteilt, finden einige Elterntreffen statt. Dabei können sie Erfahrungen der anderen hören und sich austauschen. Manche Veranstalter verzichten auf Elternabende und verfassen dafür regelmäßige Berichte über den Jugendlichen.

Sinn eines Elternabends:

Erfahrungsaustausch der Eltern untereinander, aber auch mit der Organisation (ein Vertreter ist dabei) und evtl. mit ehemaligen Gastschülern, die zu Fragen zur Verfügung stehen

Beruhigung, da Eltern Probleme loswerden und merken, dass andere die gleichen haben

Informationssammlung und Benachrichtigung der Eltern über bestimmte Themen (oft unterscheiden sich die Wissensstände deutlich)

Erstkontakt, Abschied, Abreise

....

Suche nach der Gastfamilie

Kontakt mit der Gastfamilie ist ab dem Zeitpunkt möglich, zu dem der Schüler Namen und Adresse erhält. Der späte Zeitpunkt, zu dem viele Schüler die Adresse ihrer Gastfamilie erfahren, hängt mit den großen *Platzierungsschwierigkeiten* zusammen. Die Suche nach einer Familie, die bereit ist, einen Gastschüler bei sich aufzunehmen, ist oft mühsam, zumal die örtliche Highschool zur Aufnahme bereit sein muss. Viele Familien entscheiden sich erst kurz vor Programmbeginn. Das ist gut so, denn in der langen Zeit zwischen einer frühen Anmeldung und dem Programmbeginn kann viel passieren, was die Familie dann doch an der Aufnahme des Gastes hindert (z.B. Arbeitslosigkeit). Die meisten Platzierungen erfolgen daher im Juli oder August. Idealerweise nimmt die Organisation mit der Adresse der Gastfamilie eine Beschreibung der familiären und örtlichen Verhältnisse vor.

Gastfamilien werden auf verschiedene Weise „rekrutiert". Mal schalten die Vermittler Zeitungsanzeigen, mal kommen Familien auf sie zu, die von guten Erfahrungen ihrer Freunde mit einem Gastschüler gehört haben und nun ebenfalls einen aufnehmen möchten. Manchmal hat eine Familien auch schon mehrere Gastkinder gehabt. Ansonsten werben die Organisationen durch Infoabende oder sprechen gezielt Familien an.

Zeigt eine Familie Interesse, so trifft sich der Repräsentant der Organisation mit ihr. Er klärt über die Vor- und Nachteile des Vorhabens auf und prüft die Familie: Wirkt sie seriös? Dazu gehört auch ein Hausbesuch, um die Räumlichkeiten unter die Lupe zu nehmen.

Hat sich eine Familie zur Aufnahme eines Gastschülers entschlossen, legt ihr der Vermittler die Unterlagen mehrerer Jugendlicher vor. Dabei entscheidet oft der erste Eindruck, d.h. das Foto. Nun sollte der Repräsentant die Familie normalerweise beraten, da er sowohl sie kennt als auch die Angaben der Jugendlichen: „Nein, dieser Junge passt wohl nicht zu euch, er hat Angst vor Hunden." Leider erledigen einige Vermittler diese Arbeit schlampig, da es ihnen wohl egal ist, ob Familie und Jugendlicher zusammenpassen.

Normalerweise müssen ein bis zwei Nachbarn, Bekannte oder Kollegen ein „Gutachten" über die Familie erstellen, um zu belegen, dass diese tatsächlich zur Aufnahme eines Gastschülers geeignet ist.

Ursachen für eine erschwerte Suche können ein wenig einladender „student letter", ein fehlgeleiteter „parent letter" oder ein Foto mit ernstem Gesicht sein. Dann werden unter Umständen Aufrufe in der amerikanischen Presse gestartet, um doch noch eine Familie zu finden.

Schlägt dies fehl, so kommt der Jugendliche erst einmal in eine *welcome family*. Diese nimmt sich des Jugendlichen so lange an, bis eine feste Familie gefunden ist. In vielen Fällen ist die „welcome family" aber bereit, den Jugendlichen weiterhin zu beherbergen.

Die Gründe zur Aufnahme eines Gastkindes sind vielfältig. Vielleicht möchte die Familie nicht so allein sein, vielleicht möchte sie aus erster Hand etwas über Europa erfahren, vielleicht möchte sie die Lebensfreude eines Jugendlichen im Haus haben … Oder vielleicht waren Mutter oder Vater früher selbst als Gastschüler in der Ferne und möchten die damalige Gastfreundschaft nun weitergeben.

Gasteltern sind ganz normale Menschen (manche mit Kindern, manche ohne, manche jünger, manche älter). Die Aufnahme eines Gastes für so lange Zeit ist für sie nicht immer leicht, sondern häufig mit Einschränkungen verbunden. So muss z.B. ein Kind so lange im Zimmer des Geschwisterchens leben, um dem Gast sein Zimmer zu überlassen, oder ein Kind muss sich das Zimmer mit dem Gastschüler teilen. Gerade deshalb sollte die Gastfreundschaft hoch angesehen werden; die Gasteltern verdienen entsprechend Dankbarkeit und Freundlichkeit.

Gasteltern in den USA werden grundsätzlich nicht bezahlt, sondern nehmen Schüler ehrenamtlich auf. Anders ist das in Kanada, wo sie u. U. eine geringe Gebühr bekommen – gerade dann, wenn eine Schule ausge-

wählt wurde und noch eine Familie fehlt.

Viele Gastfamilien gehören der amerikanischen Mittelschicht an. Diese entspricht nicht derselben Bevölkerungsklasse wie bei uns, sondern umfasst ein viel breiteres Spektrum. Jeder Amerkaner mit Job bezeichnet sich als Angehöriger der „middle class".

Künftige Gastschüler neigen dazu, sich eine Familie mit Kindern im gleichen Alter zu wünschen. Prima, wenn man sich später mit ihnen versteht, doch ist das leider nicht immer der Fall. Ältere Geschwister, d.h. über 18 oder 19, sind oft schon ausgezogen. Mit jüngeren Geschwistern klappt das Verständnis oft gut, da sie das neue Familienmitglied als „große Schwester" oder „großen Bruder" ansehen. Mag man Kinder, wäre dies eine tolle Lösung. Doch auch Gasteltern ohne Kinder bzw. ein Alleinstehender können eine tolle Wahl sein. Dann hat man die volle Aufmerksamkeit und wird oft als Kindesersatz betrachtet.

Je weniger Erwartungen der Schüler an seine Gastfamilie stellt, desto besser. Zum einen kann er dann nicht enttäuscht werden, zum anderen kann sich auch eine Gastfamilie als *der* Glücksgriff herausstellen, von der man es anfangs nie gedacht hätte.

Entspricht die Gastfamilie auf den ersten Blick überhaupt nicht den eigenen Vorstellungen, sollte man nicht verzweifeln. Man gönne sich und ihr erst einmal einige Zeit zur Eingewöhnung. Vielleicht geben sich anfängliche

„Macken" (z.B. zu hektische Sprache, zu große Zurückhaltung) mit der Zeit, wenn Gastkind und Gastfamilie erst einmal „warm" geworden sind. Und unverständliche Angewohnheiten kann man später vielleicht ganz gut verstehen.

Selten kommt ein Gastschüler in eine kanadische Großstadt. Das hängt mit den hohen Mieten zusammen, was verhindert, dass die Familien ein überzähliges Zimmer haben, was zur Verfügung gestellt werden kann. So geht die Reise eher zu Familien auf dem Land oder in kleineren Städten.

Ungewissheit

Im August soll ich fliegen, und nun haben wir bereits Mitte Juni. Ich habe immer noch keine Gastfamilie, was mich doch etwas beunruhigt. Waren vielleicht die Fotos nicht freundlich genug, oder woran könnte es liegen? Nun bin ich jeden Tag gespannt, ob Post kommt, denn ich wüsste so gern Bescheid. So weiß ich auch nicht, in welchen Bundesstaat ich reise. Na ja, wenigstens ist sicher, dass es nicht nach Alaska geht.

Manchmal träume ich davon, wie ich in Amerika leben werde. Jeder Traum ist anders, denn ich muss bedenken, dass es nicht nur heile Familien gibt. Auch Patchwork-Familien oder gleichgeschlechtliche Paare mit oder ohne Kinder nehmen Gastschüler auf. Also wird nicht nur das Land interessant, sondern vielleicht wird auch das Familienleben

---

ausgefallen und ungewohnt. Aber es könnte natürlich auch sein, dass ich in eine ganz normale Vorstadtfamilie komme, die in einem großen Haus mit nettem Vorgarten wohnt. Irgendwie wäre mir eine ausgefallene Gastfamilie allerdings lieber.

Johanna

Gastfamilienstatus als Privileg

Nicht jede Familie kann Gastfamilie werden; ganz im Gegenteil: es herrschen strenge Regeln für potenzielle Eltern. Die Vorschriften zur Zulassung als Gastfamilie skizziert ein Schreiben des Leiters des Bureau of Educational and Cultural Affairs (Auswärtiges Amt der USA) im State Departement):

- Einzelgespräche mit allen Familienmitgliedern
- Darlegung der finanziellen Verhältnisse
- Prüfung der hygienischen Verhältnisse
- Mindestens zwei Referenzen (durch Pastor oder Bürgermeister) über die Familie, zur Darstellung des Leumunds
- Führungszeugnis aller Familienmitglieder über 18 Jahren
- Einführungsseminare für die Gasteltern
- Lesen eines Handbuchs für Gasteltern, das genau Zweck des Aufenthalts, Ziel, Verbote, Hilfestellungen und Ähnliches enthält.

Das Verständnis dieses Handbuchs muss bescheinigt werden.

Erwartungen der Gasteltern

Angesichts der Kosten, des Zeitaufwandes und der großen Verantwortung ist die Aufnahme eines ausländischen Schülers keineswegs selbstverständlich. Daher setzen die Familien natürlich ein gewisses Maß an Dankbarkeit, Respekt und Anpassungsfähigkeit voraus. In der ersten Zeit ist der Schüler oft nicht in der Lage, alle Erwartungen zu erfüllen, doch mit der Zeit spielt sich das neue Leben ein. Aufgeschlossenheit hilft hier weiter, ebenso die Fähigkeit, über seinen Schatten zu springen. Oft muss der Gastschüler Abstriche machen und z.B. als erklärter Atheist einen Gottesdienst besuchen oder bei einer stinklangweiligen Familienfeier dabeisein. Doch was ist ein kleiner Abstrich gegen die Gelegenheit, Amerika „von innen" kennenzulernen?

„Schleift" die Familie ihren Gastschüler stets zu Veranstaltungen mit, die ihn nicht interessieren (z.B. Kirche), sollte er dies nicht falsch verstehen. Die Familie versucht dabei nicht, ihn zu ärgern, sondern möchte ihn nur so weit wie möglich in ihr Leben integrieren, was ja auch Zweck des Aufenthaltes ist. Sicher hat sie dabei eine gute Meinung und ist bestrebt, ihrem Gast so viel Amerika wie möglich zu präsentieren.

Der beste Tipp zum Klarkommen: Den amerikanischen Way of Life nicht kritisieren, sondern einfach akzeptieren. Wer sich anpasst, hat es leichter als der, der stets seine Vorstellungen durchsetzen möchte. Es gilt, das Beste aus der Lage machen, auch wenn man etwas Anderes gewohnt ist.

Die Gasteltern erwarten von dem Gastschüler Hilfe im *Haushalt* – genauso wie alle anderen Familienmitglieder helfen, die Wäsche zusammenzulegen oder die Spülmaschine auszuräumen. Aus eigener Erfahrung wissen wir, dass dies in Europa überhaupt nicht selbstverständlich ist. In sehr vielen Familien (gerade in denen, die sich ein Auslandsjahr leisten können) arbeitet entweder eine Putzfrau, oder die Mutter kümmert sich. Daher: Dieses Verhalten eckt in Amerika an, weshalb es vorher deutlich mit dem Jugendlichen diskutiert werden muss. Ebenso sollte eine gewisse Dankbarkeit selbstverständlich sein, denn die Gasteltern verdienen mit der Aufnahme eines Jugendlichen kein Geld.

Zu den Erwartungen der Familie zählt natürlich auch, ihr Ansehen nicht zu schädigen, denn sie möchte keinesfalls in der eigenen Umgebung, Gemeinde oder Kirche negativ auffallen. Besonders in Kleinstädten sprechen sich Gerüchte rasch herum, auch wenn sie nur erdichtet sind. Das schmerzt die Familie verständlicherweise sehr. Unstimmigkeiten sollten daher im Familienkreis geklärt werden. Auf dem Weg über einen Dritten wird die Kleinigkeit oft dramatisch aufgeblasen. Negative Erzählungen über die Gastfamilie wären sogar Grund für den Vermittler, den Schüler auf Wunsch der Gastfamilie aus dieser zu entfernen. Dann wird in den meisten Fällen auch ein Schulwechsel notwendig, da die

Gastfamilie keine Berührungspunkte mehr mit dem Schüler wünscht. Das heißt also, keine üblen Geschichten über sie erzählen und sie vor Außenstehenden nicht kritisicren – auch wenn die Kritik begründet ist. Bei Problemen wende man sich an den Repräsentanten, halte aber gegenüber den Außenstehenden den Mund, auch wenn's schwerfällt. Zuwiderhandlungen werden mit einer Abmahnung oder gar einem Programmabbruch bestraft.

Zu hohe Ansprüche?

Wer zahlt, möchte eine Leistung bekommen. Daher sind Familien und Schüler rasch dabei, sich über die Gastfamilie oder die Verhältnisse in Amerika zu beschweren: Jetzt habe ich achttausend Euro gezahlt, und mein Kind hat noch nicht mal ein eigenes Zimmer / lebt in einer winzigen Wohnung / muss jeden Tag eine halbe Stunde zur Schule fahren ...

Bei solchen fordernden Gedanken ist es hilfreich, sich die Situation der Gastfamilie vor Augen zu führen. In den USA bekommt sie für die Aufnahme des Gastes kein Geld, sondern muss noch dafür bezahlen, denn Jugendliche sind nicht billig. Mindestens zweihundert Euro im Monat, wenn nicht drei- oder vierhundert oder gar noch mehr zahlt die Gastfamilie ohne Murren, um ihr neues Familienmitglied zu versorgen.

Lebt der Schüler nun in eher beengten oder ärmlichen Verhältnissen, ist die Gastfreunschaft noch höher zu achten, da die Familie offenbar selbst nur wenig zum Leben hat. Unter solchen Umständen einen Fremden aufzunehmen, ist keine Selbstverständlichkeit. Zumal die Familie für ihre Leistungen ja nichts verlangt, sondern den Gast mit Freuden in die Familie integriert und bemüht ist, ihm einen möglichst schönen Aufenthalt zu schenken: durch kleine Unternehmungen, durch die Mitnahme zu Familienfesten, durch Zuneigung ...

Endlich eine Gastfamilie!

Wir haben eine Gastfamilie! Einen Monat vor der Abfahrt wissen wir endlich, in welche Familie unsere Tochter einziehen wird. Nun sind einige Punkte zügig zu erfüllen.

Die Familie muss angerufen werden, damit der Schüler sich für die Aufnahme bedanken kann. In dem Gespräch sollte deutlich werden, wie sehr er sich freut. Ebenso sollte er sich erkundigen, wie groß die Familie ist, ob es Geschwister oder Großeltern, evtl. Tiere gibt. Liegt das Haus (wenn es ein Haus ist) auf dem Land oder in der Stadt? Wie weit ist der Weg zur Schule (wenn diese bereits bekannt ist)? Wie ist das Klima, d.h. gehört eher dickere oder dünnere Kleidung ins Gepäck? Man frage, ob bereits Erfahrungen mit Gastschülern bestehen, und wie die Gasteltern angesprochen werden möchten. Bei dem Telefonat gilt es, genau hinzuhören und herauszufinden, womit der Familie in Form eines

Gastgeschenks eine Freude gemacht werden könnte.

Das erste Gespräch öffnet die Türen nach Amerika. Es ist wohl eine nicht zu wiederholende Chance, sich den Gasteltern vorzustellen und den ersten Eindruck zu vermitteln. Bitte deshalb unbedingt darauf achten, dass dieses erste Gespräch zu einem Zeitpunkt stattfindet, zu dem man sich gut fühlt und nicht gerade eine Fünf in Mathe wiederbekommen hat und eigentlich niedergeschlagen ist. Die Mundwinkel müssen nach oben stehen! Nur dann kann es ein positives Gespräch werden. Außerdem braucht der Gastschüler Ruhe, einen Block und Stift. Er erkundige sich nach den wichtigsten Daten der Familie, damit er ihr schreiben kann, und kitzle heraus, womit er ihr eine Freude bereiten kann. Man kann gezielt nachfragen, ob die Mutter gerne Musik hört oder der Vater gern im Garten arbeitet.

Schön wäre es, wenn nicht nur ein Gespräch, sondern mehrere stattfinden könnten. Natürlich können auch E-Mails geschrieben werden. Vorsicht ist bei Handytelefonaten geboten, denn das wird wirklich teuer. Für Telefonate mit dem Hausapparat sollte man sich vorher nach günstigen Vorwahlen erkundigen. Diese wechseln allerdings häufig. Wer gerne mit der Webcam arbeitet und auf Gleichgesinnte trifft, hat auch die Möglichkeit, sich gegenseitig anzuschauen. Da der Jugendliche für eine lange Zeit die Familie wechselt, wäre es entgegenkommend, wenn auch die europäischen Eltern sich an das Telefon trau-

ten. Es ist überhaupt nicht schlimm, wenn man die Sprache nicht vollständig beherrscht. Es kommt auf die Geste an. Man hüte sich aber davor, von seinem Haus, Garten oder BMW zu prahlen, denn wenn die Gastfamilie nicht sehr wohlhabend ist, entsteht eine unschöne Erwartungshaltung.

Gastgeschenk

In unseren Landen ist es nicht üblich, Gastgeschenke zu machen. Ganz anders in Nordamerika. Nimmt eine europäische Familie ein Gastkind auf, wird sie mit Dankesgeschenken überhäuft. Diese wären vielleicht nicht unerschwinglich teuer, jedoch sicherlich pompös verpackt und äußerst liebevoll ausgesucht. Reist ein Jugendlicher nach Amerika, hat er diese Aufgabe ebenso zu erfüllen und Gastgeschenke zu vergeben. Dabei ist nicht wichtig, dass die Geschenke teuer waren. Ebensowenig ist es schlimm, wenn der Schenker nicht den Geschmack des Gastgebers traf, denn es geht v.a. um die gute Absicht. Wichtig ist aber, dass sie nett eingepackt sind. Man bedenke aber, dass der Zoll die Geschenke öffnen könnte.

Als Gastgeschenk eignen sich typisch landesbezogene Produkte, Fotoalben, Bilder, spezifische Nahrungsmittel oder Getränke. Aufschluss über interessante Gastgeschenke geben z.B. auch Hobbys und Vorlieben der Gastfamilie. Da Amerikaner es gern bunt und aufwendig mögen, denke der Schenker auch an die richtige Verpackung.

Es gibt sicherlich Produkte, die gut zu dem eigenen Wohnumfeld oder Land passen. Da Amerikaner sich für alles interessieren, was typisch für das Heimatland ist, liegt der Gastschüler mit solchen Geschenken sicher richtig. Man prüfe also, welche schönen Dinge die eigene Stadt oder Region hervorbringt. So würde ein Deutscher vielleicht ein kleines Mercedes-Modell kaufen. Ein Österreicher sucht vielleicht eine Puppe mit Lederhosen und entsprechendem Hut aus. Ein Schweizer Jugendlicher verschenkt u. U. eine Tasche oder Ähnliches mit dem typischen roten Kreuz.

Beispiel von uns: In Hamburg gibt es als Ableger vom HSV die „Hamburger Jungs". Von dieser Firma kann man sich T-Shirts drucken lassen, mit und ohne Motiv, auf jeden Fall sehr hanseatisch und peppig. So hat man tolle T-Shirts für die Kinder und ein Cappy für den Vater. Für die Mutter könnte es ein kleines Schmuckstück sein.

Geeignet ist zudem quasi alles, was man als echtes „Souvenir" bezeichnen würde: Teller mit Wappen, eine Kuckucksuhr, kleine Porzellanfiguren … Über die Kitschigkeit mache man sich keine Gedanken, denn Amerikaner haben dagegen keine solche Abneigung wie wir.

Vorsichtig sei man allerdings bei Lebensmitteln, z.B. Schnapspralinen oder Wurst. Dazu erkundige man sich nach den Einreisebestimmungen. Schokolade und andere, nicht alkoholische Süßigkeiten sind hingegen kein Problem, sondern erfreuen besonders die Herzen der Gastgeschwister und kommen natürlich auch bei Eltern gut an. Tipp: Marzipan ist in Amerika eher unbekannt.

Apropos Leckereien: Kochbücher mit einheimischen Spezialitäten kommen bestimmt gut an. Sie sollten allerdings auf Englisch verfasst sein und entsprechende Maßangaben beinhalten.

Auf jeden Fall interessieren sich Amerikaner für die Familie. Bitte daher an Fotos denken: von Familie, Haustier(en), Garten, Freunden, der Kirche, Schule, Musikverein / Sportplatz / Reiterhof / etc. (je nach Hobby) Stadt, Umgebung, Sehenswürdigkeiten, Denkmälern … Natürlich möchte die Gastfamilie einen Einblick in die Familie und das Haus, eben alles, was die Familie betrifft, bekommen. Eine sehr schöne Idee ist daher z.B. das Zusenden einer Videokassette oder CD mit Bildern. Fotos können aber auch in einem Bilderrahmen oder Album (mit englischen Beschriftungen) dargestellt sein, evtl. auch als Collage. Aber bitte nur „jugendfreie" Bilder: keine Badeaufnahmen, Oben-Ohne-Fotos oder Bilder mit Bierflaschen oder Zigarette (in der Hand oder im Hintergrund). Die Fotos sollten auf jeden Fall seriös wirken – und freundlich, also bitte lächeln. Passend dazu bietet sich ein Bildband über die Region und deren Sehenswürdigkeiten an (am besten natürlich mit englischen Texten).

Eine nette Idee ist es, jedem Familienmitglied zusätzlich eine Kleinigkeit zu schenken. Damit sind auch Tiere gemeint; sie freuen sich z.B. über Spielzeuge aus dem Tierladen.

Gastgeschenke sollen gut ankommen, daher sollte man sich fragen, womit man wirklich eine Freude machen kann. Auf keinen Fall dürfen Geschenke sexuell anrüchig, rechtsradikal gefärbt, politisch auffällig oder abfällig gegenüber dem Gastland sein. Alkohol und Zigaretten sind ebenfalls nicht geeignet.

Endlich eine Gastfamilie!

Jeden Tag warte ich auf die Nachricht meiner Organisation über die Zuteilung einer Gastfamilie. So langsam denke ich, dass ich um eine „welcome family" nicht herumkomme. Aber wenn diese ein bestimmtes Wunschanreisedatum für mich hat, kann ich evtl. mein „Ankommenswochenende" in Chicago nicht wahrnehmen; das wäre zu schade.

Das Telefon klingelt und endlich, endlich sagt mir eine junge Frau, dass meine Agentur mir eine Familie angeben kann. Ich bin so erleichtert, mir fliegt fast der Hörer aus der Hand. Stotternd kann ich mich nur bedanken, bekomme gerade noch mit, dass ich zwei Gastgeschwister habe, und muss dringend auflegen. Wenn ich jetzt nicht dreimal durchs Haus flitze, dreh ich durch. Wahrscheinlich bin ich fürchterlich unhöflich, aber das ist mir egal, ich kann es nicht glauben, nun ist es amtlich, nun kann es losgehen! Die nächsten Stunden verbringe ich mit Herumspringen und Telefonieren, damit alle, die mich kennen, von dem tollen Ereignis erfahren.

Zwischendurch werde ich ein wenig gestoppt, denn meine Mutter meint, es sei zwar toll, aber irgendwann nerve diese Aufgedrehtheit dann doch. Und vielleicht wolle auch gar nicht jeder das Ereignis wissen …?

Am nächsten Tag befindet sich die erwartete Post mit der Beschreibung der Gastfamilie im Briefkasten. Juhu, es ist eine kleine Familie in der Nähe von Chicago, zwei Kinder und zwei Hunde. Der Vater ist Zahnarzt, die Mutter Hausfrau.

Auf dem Bogen stehen die Namen, die E-Mail-Adresse, die Hobbys, Berufe, die Anzahl der Hunde und ein ganz netter Satz:

Liebe Johanna, wir sind eine nette kleine Familie und wir freuen uns, dass Du unser Haus mit uns teilen möchtest!

Ich bin gerührt, kann es nicht glauben, ich könnte jetzt wirklich losfahren. Sofort rufe ich an, aber es geht eine alte Frau an das Telefon, die gar nichts mit mir anfangen kann. Ich versuche es noch mal, wieder die Frau, die langsam böse wird. Ein drittes Mal, aufgeben gibt es nicht, die Nummer muss stimmen. Nun hat die Frau wohl keine Lust mehr, ans Telefon zu gehen, sondern lässt den Anrufbeantworter laufen. Mist, ich bin furchtbar enttäuscht, nun war ich gerade in Stimmung, dieses schwere Telefonat zu führen. Wütend überlege ich mir, eine E-Mail zu schreiben, denn ich will mich bemerkbar machen, schließlich wurde uns gesagt, wir sollen uns schnell melden. Allerdings muss ich auf die Uhrzeit aufpassen, denn in Chicago ist es acht Stunden früher. Habe ich evtl. mitten in der Nacht angerufen?

Meine E-Mail ist abgeschickt, ich habe mich vorgestellt und freue mich wie ein König auf eine Antwort. Alle paar Minuten renne ich zum Laptop, ob eine Nachricht gekommen ist.

Nach unendlichen 15 Minuten habe ich eine E-Mail in meinem Briefkasten und könnte schon wieder platzen vor Freude.

Meine Gastmutter entschuldigt sich, dass die Oma vorhin an das Telefon gegangen ist. Sie hört nicht so gut und hat gedacht, da wolle sie jemand auf den Arm nehmen. Die Mutter war beim Arzt und will sich nun schnell melden. Sie möchte wissen, wie mein Name richtig ausgesprochen wird und erzählt, dass sich die ganze Familie auf mich freut. Jeden Abend rätseln sie, wie es wohl in Deutschland so abläuft, und sind sehr gespannt auf das neue Familienmitglied.

Sie möchten wissen, wie sie mein Zimmer einrichten dürfen … Ich solle mir eine Farbe aussuchen. Ich denke, ich lese nicht richtig. Wollen die für mich ein Zimmer streichen? Ich bin perplex, die freuen sich wirklich auf mich, ich kann es nicht erwarten. So viel Herzlichkeit und Freude habe ich niemals erwartet. Meine Angst ist weg, ich bin schon da.

Johanna

Freude auf das neue Kind

Hier die Sicht von Johannas Gastmutter, zusammengefasst und übersetzt:

Wie kam es zu Ihrem Entschluss, ein Gastkind für zehn Monate aufzunehmen?
Wir sind eine unternehmungslustige Familie und können uns nichts Besseres vorstellen, als neue Erfahrungen zu sammeln. Außerdem haben wir deutsche Vorfahren und wissen ein wenig über Deutschland.

Wie stellen Sie sich das Zusammenleben vor?
Johanna ist unser neues Familienmitglied; sie erscheint bereits durch ihre E-Mails als drittes Kind. Sie hat ein eigenes Zimmer, welches wir nach ihren Wünschen und Farben einrichten. Damit sie schnell Kontakte knüpfen kann, haben wir ihr ein Fahrrad gekauft. Damit können wir Ausflüge unternehmen, und sie kann schnell zur Schule fahren.

Haben Sie ein wenig Angst vor der Zeit mit Johanna?
Ganz im Gegenteil, wir können es kaum erwarten! Daher haben wir bei der Agentur nachgefragt, ob Johanna nicht schon eine Woche früher anreisen könnte. Dann können wir ihr noch viele Sehenswürdigkeiten in unserer Stadt zeigen. Wir freuen uns riesig, besonders unser achtjähriger Sohn. Mittlerweile schreibe ich mit Johanna und ihrer Mutter E-Mails, mein Sohn mit Johanna und ihrer Schwester. Es ist so, als würden wir uns schon ewig kennen.

Gasteltern werden ja sehr genau ausgewählt. Wissen Sie, warum Johanna ausgerechnet zu Ihnen kommt?
Wir haben viele Gespräche mit den Mitarbeitern geführt. Wir wissen, dass Johanna sehr sportlich ist, das sind wir alle auch. Sie mag Tiere, hat selbst einen Hund, so dass sie sich über unsere beiden Hunde freuen wird. Außerdem scheint sie uns fleißig und zuverlässig; sie ist das ideale neue Mitglied für unsere Familie.

Von Eltern zu Eltern

Wir hatten nie Panik, dass Johanna keine Familie mehr abbekommt, ganz im Gegenteil, wir wollten ruhig bleiben, denn das färbt natürlich positiv ab. Nun macht es sich bezahlt. Wir haben eine Gastfamilie, und es ist kaum zu glauben, sie passt zu Johanna wie die Faust aufs Auge. Alles passt, Hunde, Kinder, die gute Laune, die Freundlichkeit. Wir sind begeistert und wissen gar nicht, womit wir so viel Glück verdient haben.

Johanna schreibt der Gastmutter sowie dem älteren Sohn fast täglich E-Mails. Ich schreibe der Mutter, allerdings nicht täglich, denn, der Kontakt darf nicht dazu führen, dass wir uns plötzlich über Johanna, ihre Eigenarten, Vorlieben usw. unterhalten. Die Gastmutter ist mir sehr sympathisch, aber allzu schnell kann das Gespräch oder die E-Mail ins Gegenteil umschlagen. Nämlich dann, wenn die Frau denkt, ich wolle sie kontrollieren oder in ihre Erziehung der neuen Tochter hineinreden. Dadurch entsteht ein Spannungsverhältnis.

Es gilt also ein wenig Abstand zu nehmen, „Guten Tag" zu sagen, von der Familie zu berichten, aber niemanden zu beurteilen oder gar zu kontrollieren. Man erkläre auch nicht, welche Allergien vorhanden soder wie die monatlichen Überweisungen geregelt sind. Das erklärt der Jugendliche allein. Wenn man allzu besorgt ist, sollte man sich einen Merkzettel schreiben und über den Computer oder über das Telefon hängen:

Weder Fragen, die zum Ziel haben, etwas über die Erziehung oder Verhältnisse herauszubekommen, noch Verbesserung, noch Belehrung!

Abschied

Der Schüler stellt sich innerlich auf die Reise ein, indem er sich ein wenig mehr abnabelt und auch mal „querschießt". Plötzlich übernimmt er seine Aufgaben nicht mehr wir gewohnt und prüft die Nerven seiner Eltern. Zudem wird er sicher noch eine Party veranstalten wollen, um seine Freunde entsprechend zu verabschieden. Die Loslösung ist sicher wichtig, daher sollten Eltern sich die neuen Umstände bewusst machen und nicht jedes Wort auf die Goldwaage legen. Selbstverständlich müssen die üblichen Aufgaben bewältigt werden, aber allzu viel Strenge sollte nicht sein.

Im Mittelpunkt

Alles dreht sich bei Veranstaltungen um mich. Auch in der Schule werde ich von Lehrern angesprochen. Ich merke es schon gar nicht mehr, denn ich kann es ja nicht erwarten, loszufliegen. Daher ein Tipp, wenn es Dir genauso geht: Halte Dich ein wenig zurück. Häufig fragen die Leute aus Höflichkeit, auch wenn sie gar nicht so an dem Thema interessiert sind. Das merkst Du daran, dass sie Dir gar nicht mehr zuhören, wenn Du von den Wartezeiten im Konsulat oder den teuren Fotos erzählst.

Außerdem, und das ist vielleicht noch wichtiger, gibt es ja evtl. auch noch Geschwister. Mal ehrlich, hast Du Dir mal Gedanken gemacht, wie schrecklich es eigentlich ist, so gut wie nicht mehr zu existieren, weil alle nur noch Amerika im Kopf haben?

Johanna

Abschied von der Schwester

Ich bin Leonie, die jüngere Schwester von Johanna. Den ganzen Trubel finde ich nicht schlimm, aber viele Leute fragen mich, ob ich mich in dieser Zeit nicht ein wenig unbeachtet fühle. Eigentlich bekomme ich gar nicht so viel mit, weil ich auch nicht so viel Interesse zeige, leider. Aber da ich mit Johanna sowieso nicht so gut zurechtkomme, finde ich es nicht schlimm, sie gehen zu lassen. Ich bin eher gespannt, wie es hier zu Hause ohne sie ablaufen wird und wie sie sich in Amerika verändert. Ich hoffe, dass sie sich bei ihrer Rückkehr kräftig verändert hat und auch ein Stück erwachsener geworden ist.

Zu meiner Schwester habe ich keine gute Beziehung, denn wir haben andere Interessen und unterscheiden uns einfach in allem. Meist zicken wir uns wegen Kleinigkeiten und unnötigen Dingen an, und ich sehe sie eher wie eine

Mitbewohnerin, auch wenn ich sie manchmal lieb habe. Vielleicht vermisse ich sie ja, aber daran glaube ich kaum. Eine längere Zeit Abstand wird uns beiden wohl ganz gut tun. Ich weiß, dass es eine Riesensache ist, und eigentlich kann ich mir gar nicht vorstellen, Johanna ein Jahr lang nicht zu sehen.

Sie wird ein Jahr lang bei einer wildfremden Familie wohnen, was ich eigentlich auch spannend finde, es aber nie selbst tun würde. Einen Schüleraustausch halte ich für eine aufregende Sache. Dann auch noch ganz weit weg zu gehen, z.B. nach Amerika, ist natürlich wunderbar. Aber ich hätte nicht den Mut, für ein ganzes oder fast ganzes Jahr wegzugehen. Es ist nicht nur wegen meiner Familie, sondern auch wegen meiner Freunde. Ich würde sie schrecklich vermissen, und man könnte ja auch nicht jeden Abend in Kontakt treten, so wie man es zu Hause tut.

Es wird eine Riesenüberwindung kosten, ein ganzes langes Jahr nur Englisch zu sprechen, erst recht, wenn man keine 2 im Zeugnis hat. Die verstehen dort ja kein einziges Wort Deutsch, so dass man leider keine andere Wahl hat. Das wäre absolut nichts für mich.

Ich bin sicher, dass es Johanna in Amerika gefallen wird, und bin sehr gespannt, ob ich sie mir vielleicht doch zurückwünsche. Es ist schon komisch, dass sie morgens nicht mit aufwacht.

Abschied von der Tochter

Eigentlich bin ich keine Heulsuse, aber an manchen Tagen überkommt mich das Weinen, ohne Ankündigung. Mir kommt Weihnachten schon jetzt ganz leer vor; ich weiß überhaupt nicht, wie das ablaufen soll. Meine Umwelt fragt mich ständig, wie ich das wohl machen will, das trägt nicht gerade zu meiner Erheiterung bei. Zufällig ist unser Nachbar vor 20 Jahren mit eben unserer Organisation zu einem Auslandsaufenthalt aufgebrochen, und er berichtet mir nur Gutes. Das macht mir Mut.

Autorin

Abschied von der Freundin

Ich kann es nicht glauben, ständig denke ich, es können doch nicht wirklich zehn Monate sein. Das ist ja fast ein ganzes Jahr. So etwas darf doch eigentlich gar nicht erlaubt sein, wenn jemand erst 16 ist. Schon lange reden alle mit Johanna nur noch über das eine Thema, es nervt schon ein bisschen. Aber nun macht sich bezahlt, dass sie jemand ist, der immer hilfsbereit und freundlich ist, ohne auf sich selbst zu gucken. Klar, warum sie in der Schule und bei Eltern wie Lehrern immer beliebt ist. Daher hält den Trubel jetzt auch jeder aus, und Johanna braucht ihn wohl, es müssen alle Bescheid wissen, sonst kann sie bestimmt nicht losfahren.

Als Johanna mir das erste Mal erzählte, dass sie gerne ein Auslandsjahr machen würde, habe ich das Ganze noch nicht so ernst genommen. Ich dachte, das sei nur ein vorübergehender Einfall von ihr und konnte schwer begreifen, dass das alles wirklich stattfinden würde. Doch die Wochen gingen ins Land, Johanna war auf Vorbereitungswochenenden, hatte viel zu organisieren und deshalb auch immer weniger Zeit für gemeinsame Unternehmungen. In den letzten Wochen vor ihrem Abflug haben wir dann versucht, so viel Zeit wie nur möglich miteinander zu verbringen, haben viel geredet und ich habe versucht, ihr alle möglichen Ängste abzunehmen, die sich natürlich vor so einer großen und langen Reise aufstauen. Das war für mich nicht leicht. Mir blutet das Herz und ich hoffe stark, dass sie sich nicht zu sehr verändert, dass wir da weitermachen können, wo wir aufgehört haben. Ich werde ihr schreiben und umgekehrt auch, dann weiß sie auch, was hier so los ist.

Was tun, wenn der Abschied naht?

Jede Familie braucht wahrscheinlich etwas, um den Abschied ein zuläuten. Das kann ein Restaurantbesuch, ein letzter Urlaub oder ein tolles Geschenk sein. Vielleicht ist unser Vorschlag zum Nachahmen geeignet, wenn einem vor Schreck nichts mehr einfällt:

Die Eltern tun so, als würden sie Arbeitskollegen oder Freunde zum Essen einladen, um in Ruhe und ohne Verdacht zu erregen Essen einzukaufen. Man nehme den Trainer oder eine andere Person, die in der Lage ist, autoritär und ohne Hinterfragung einen festen Termin einzuberufen. Diesen bemühe man rechtzeitig darum und lade gleich noch die zugehörigen Spielerinnen oder Kollegen ein. In unserem

Fall hat der Trainer der Handballmannschaft ein Spiel angesetzt ... in den Ferien, aber keine der Spielerinnen hat sich darüber gewundert.

Am Tag X muss alles schnell gehen, denn in den wenigsten Fällen ist der Treffpunkt der Jugendlichen sehr weit weg ... In unserem Fall genau zwölf Minuten. Wir Eltern und inzwischen eingetroffene befreundete Familien hatten also zwei mal zwölf Minuten Zeit, um Tisch und Stühle, Zelte und Salate bereitzustellen. Außerdem musste das Plakat mit den Gute-Reise-Wünschen in der großen Hecke aufgehängt werden.

Man kann es glauben, Johanna hat nichts geahnt. Sie kam mit ihrer Mannschaft zu Hause an, und ihr fiel buchstäblich alles aus dem Gesicht. 75

Leute, alle bei uns, um sie zu verabschieden, das geht schon zu Herzen, nicht nur mir, sondern allen. Es war toll! Und notwendig, um alle diese guten Wünsche im Gepäck, auch für schwere Zeiten, mitzunehmen.

Gepäck

Meist verteilt sich das Gepäck auf drei Posten: 1. Handgepäck, 2. Koffergepäck und 3. Sperrgepäck. In diesem Kapitel verraten wir, was alles hinein muss und was nicht hinein darf. Daran sollte man sich halten, um nichts Wichtiges zu vergessen und um Streit mit Zollbeamten zu verhindern.

Folgende Regeln gelten für Reisen in die USA ebenso wie für Kanada. Man frage aber auf jeden Fall noch einmal bei der Fluggesellschaft nach, da sich einige Vorschriften geändert haben mögen. Je nach Sicherheitslage ent- oder verschärfen die Fluggesellschaften ihre Regeln. Zumal ja auch die Zollbestimmungen jederzeit wechseln können.

Hat man Zeit und Lust, so kann man das Gepäck bereits einen Abend früher zum Flughafen bringen, was sehr viel entspannter ist, als am frühen Abflugmorgen nervös herumzugeistern. Wer noch nie geflogen ist, kann sich die Nervosität und Hektik kaum vorstellen. Mit dem vortägigen Check-In hat man hingegen die Bordkarten und die beruhigende Gewissheit, dass das Gepäck bereits versorgt ist.

Handgepäck

Der Reisende darf ein Handgepäckstück von bestimmten Maßen und einem bestimmten Gewicht (je nach Fluglinie) mitführen. Folgende Dinge dürfen mit dem Handgepäck vermutlich mit in den Flugzeuginnenraum genommen werden:

- ein faltbarer Kleiderbeutel
- eine kleine Laptoptasche
- eine Kamera oder ein Fernglas
- Hand- oder Umhängetasche
- orthopädische Hilfsmittel wie Prothesen oder Gehstock
- Reiselektüre in angemessener Menge
- Mantel, Umhang oder Reisedecke

Ins Handgepäck gehören:

- Personalausweis (wenn vorhanden) und Reisepass, inklusive Dokument DS 2019 (für US-Gastschüler)
- Wenn vorhanden: Bankkarte, Travellerschecks
- Alle Unterlagen der Versicherungen, z.B. Versicherungskarte
- Flugticket, Visum und zugehörige Unterlagen
- Bestätigung des örtlichen Einwohnermeldeamtes, dass man im Heimatort gemeldet ist. Das ist u.a. ein Beleg, dass man Amerika nach dem Jahr wieder verlassen wird.
- Kopie der Geburtsurkunde (bei Unter-Achtzehnjährigen)
- Impfbuch und Zusatznachweise über bestimmte Impfungen, z.B. der negative Befund des Tuber-

kulosetests oder der Nachweis über spezielle Impfungen für die Zielregion

✔ Einverständniserklärung (Permission) der leiblichen Eltern, dass Schwimmen, Reiten und Sport erlaubt sind

✔ Erlaubnis der leiblichen Eltern, dass der Schüler nach Amerika reisen darf (Permission to travel)

✔ Schreiben der Agentur, auf dem vermerkt ist, welche Schule besucht wird und dass die Gesamtsumme des Programms bezahlt ist

✔ Adresse der Gasteltern

✔ Telefonkarte (auf das Zielland ausgestellt) für den Notfall

✔ einige Dollar in einem sicheren Portemonnaie (am besten ein altmodischer Brustbeutel) für Süßigkeiten oder Getränke

✔ eine sichtbare Karte, die um den Hals hängt, oder ein Anstecker mit dem Logo des Veranstalters, ggf. auch ein Bändchen um das Handgelenk (ebenfalls als Erkennungszeichen für andere Teilnehmer)

✔ Unterwäsche und Socken für drei Tage, falls der Koffer verschwindet

✔ ein Wörterbuch für den Notfall

✔ eine Stadt- oder Landkarte der Zielgegend

✔ evtl. eine Sonnenbrille, wenn es in eine sonnendurchflutete Gegend geht

✔ ein Buch oder Kopfhörer zum Zeitvertreib

✔ das Handbuch des Vermittlers zu Flug und Verhaltensregeln

✔ Kosmetikartikel (siehe Hinweis unten)

✔ einen kleinen Block und Stift, falls man sich nicht anders als durch Aufzeichnen verständlich machen kann

✔ ein Handy, das in den USA und Kanada allerdings häufig nicht mehr funktioniert

✔ nach Wunsch ein Foto der leiblichen und zum Erkennen ein Foto der Gasteltern

✔ Telefonnummer der Agentur (natürlich hauptsächlich die des Ansprechpartners in Amerika), der eigenen Eltern und der Gasteltern, außerdem Notrufnummern

Zunächst ein kleiner Tipp: Alle Unterlagen kopieren (Pass, Visum, Impfausweis etc ...). Eine Kopie des Reisepasses nehme man getrennt vom Original mit auf die Reise. Geht der Pass verloren, lässt sich mit der Kopie leichter eine Verlustanzeige (zur Beschaffung von Ersatzpapieren) anfertigen. Wertvolle Papiere, Geld, Schecks etc. nehme man immer im Handgepäck mit sich!

Der europäische Anbieter wird dem Schüler vor dem Abflug auf jeden Fall Notfallnummern für Heimatland und Gastland geben. Diese Nummern muss der Schüler immer bei sich tragen. Außerdem sollten sich die Eltern die Nummern kopieren und zum Beispiel an den Kühlschrank hängen. Damit schnell jede Nummer gefunden werden kann, sollten sie einfach zugeordnet sein.

Keinesfalls ins Handgepäck gehören Nagelscheren, Feuerzeuge, Deos, Flaschen, Messer, Nagelfeilen, anstößiges Lesematerial oder ebensolche Bilder. *Flüssigkeiten*, kleine Flaschen oder *Kosmetikartikel* dürfen auch in das Handgepäck, jedoch nicht mehr als 100 Milliliter in jedem Behältnis. Leider bilden sich immer wieder lange Schlangen hinter den Zollbeamten, weil Flaschen aus den Taschen gefischt werden. Deodorant, Parfüm oder andere Flüssigkeiten fülle man in durchsichtige Fläschchen ab. Alle diese Flüssigkeiten kommen in einen mit Verschluss versehenen, durchsichtigen Beutel. Pro Person ist ein Beutel, der nicht mehr als einen Liter umfasst, zulässig.

Das Handgepäck wird mit Sicherheit mehrfach durchsucht und geröntgt. Das schadet auch empfindlichen Filmen nicht. Laptops können aufgeklappt und genau unter die Lupe genommen werden. Auf keinen Fall sollte man sämtliche Innen- und Außentäschchen mit Kleinkram bestücken, denn dann dauert so eine Passkontrolle ewig und zerrt an den Nerven. Hält der Jugendliche sein Handgepäck gut übersichtlich parat, genügt dem Zollbeamten ein Blick und der Zoll ist erledigt.

Achtung, Mädels: Unter Umständen kommt es zu roten Gesichtern, wenn Unterwäsche, Tampons oder Ähnliches, das man besser für sich behält, auf dem Laufband ausgebreitet wird. Leider lässt sich das nicht umgehen, es sei denn, man packt diese Dinge gar nicht erst ein.

Permission to travel

We the parents of Johanna Peters hereby give permission for her to enter the United States of America.
(Datum und Unterschrift der Eltern)

Koffergepäck

Der Kleiderschrank ist voll, zumindest bei Johanna. Das kommt ihr allerdings bei der Reise nach Amerika nicht zugute, weil sie ja nur Gepäck von höchstens zwei Mal 23 Kilogramm mitnehmen darf (Achtung: Mehr Gepäckstücke, selbst bei insgesamt geringerem Gewicht, kosten extra). Das bedeutet, dass die meisten Kleidungsstücke zu Hause bleiben. Geht die Reise im Winter los, nimmt der Schüler wärmere Kleidung mit, beim Flug im Sommer eben ein luftigeres Outfit. Die für die anderen drei Jahreszeiten nötigen Klamotten kauft der Schüler in Amerika. Drüben ist es nämlich günstiger. Außerdem fällt man dort dann nicht gleich aus dem Rahmen.

Der Inhalt eines europäischen Kleiderschranks bietet zudem nicht viel Schutz vor den Unbilden des Wetters, Hitze wie Kälte, obwohl in manchen Regionen Amerikas klimabezogene Kleidungsstücke notwendig sind. Daher der Tipp: Das Notwendigste mitnehmen, eventuell noch einen Pullover mehr, aber den Rest vor Ort kaufen.

Ebenso wird es notwendig sein, alle Flüssigkeiten, auch Pflegemittel und Getränke, erst in der „neuen Welt" zu erwerben.

Es hört sich so wenig an: zwei mal 23 Kilogramm. Aber, und nun muss der Gastschüler ganz stark sein: Selbst dieses Gewicht sollte er nicht ausreizen. In Zukunft wird sich viel ansammeln, das später alles mit nach Hause soll. Außerdem kosten Klamotten in Amerika wesentlich weniger, und man möchte sich doch nicht unbedingt gleich durch andere (europäische) Kleidung abheben. Daher heißt es: Bitte nur 23 Kilogramm mitnehmen, dann bewerkstelligt man auch die langen Lauereien in den Flughäfen besser. Entweder man verteilt dieses Gewicht auf zwei Koffer, oder man packt alles in einen und kauft sich später in Amerika eine billige Reisetasche, um alle dort erworbenen Dinge mit nach Hause zu bringen.

Beim Koffergepäck sind (Reise-) Taschen ebenso zulässig wie weiche Koffer oder Hartschalenkoffer. Einige Fluggesellschaften verlangen bestimmte (Höchst-)Maße bei den Koffern; bei größeren Koffern kann es teuer werden. Danach erkundige man sich bei der Fluglinie. Meist ist dies jedoch kein Problem und der Koffer passt. Erfüllen die Taschen und Koffer den Zweck für eine Amerikareise? Sie werden vor und nach dem Flug unter Umständen häufig geöffnet und wieder verschlossen. Es ist notwendig, dass das Gepäck für den Jugendlichen handlich und leicht zu transportieren ist, denn dieser wird wohl auf sich allein gestellt sein, wenn er die vielen Kontrollen in Amerika durchläuft. Man bedenke jedoch nicht nur die Bequemlichkeit sondern auch, dass die Angestellten am Flughafen nicht besonders vorsichtig mit dem Gepäck umgehen. Nicht vergessen, dass der Koffer u.U. am Flughafen geöffnet wird. Entweder bleibt er also offen, oder er ist am Zoll einfach und schnell zu öffnen – auch ohne Schlüssel, sonst kann er aufgebrochen werden. Die Kosten trägt dann nicht die Fluggesellschaft! Sind Haltebänder um die Koffer gebunden, dann bitte nur solche, die ebenfalls leicht zu öffnen und zu schließen sind, sonst werden sie durchgeschnitten. Kabelbinder um nicht fest verschließbare Taschen- oder Koffergriffe bieten sich an. Die können von den Zollbeamten aufgeschnitten werden, und wie man hört, binden die meisten Zollbeamten einfach einen neuen Kabelbinder drum. Auch hier empfiehlt sich das Mitnehmen von Ersatzbändern. Bitte keine Schere!

Bei einem Zahlenschloss programmiere man die Normalstellung, also die zum Öffnung, auf 000. Möchte ein Zollbeamter das Gepäck öffnen, versucht er nämlich immer erst diese. Erst wenn dies nicht der Öffnungscode ist, wird der Koffer gewaltsam geöffnet.

Wild dekorierte oder geheimnisvolle Taschen und Koffer sind besonders untersuchungsgefährdet, da sie die Aufmerksamkeit auf sich ziehen und Zollbeamten annehmen könnten, dass in diesen Koffern Drogen oder Alkohol versteckt sind. Wichtig ist in diesem Zusammenhang, dass jeder Koffer beschriftet ist. Von dreißig Koffern verschwindet mindestens einer, und davon tauchen nicht alle wieder auf. Unter Umständen bleibt der Koffer über Wochen verschollen, bis man von seinem Aufenthaltsort hört. Daher hänge man an jeden Koffer ein Schildchen mit der Adresse der Gastfamilie. Schreibt man die europäische Adresse darauf, kommt der Koffer ohne Schüler nach Wochen wieder zu Hause an.

Das gehört in den oder die Koffer:

- ✓ Kleidung ist das Wichtigste, allerdings solche, die zum Klima passt (man erkundige sich vorher danach), dabei auch immer wetterfeste Kleidung (z.B. gegen Regen). Alles andere bleibt zu Hause.
- ✓ unterschiedliche Schuhe
- ✓ Ein Geschichtsbuch zum Heimatland, um bei den vielen Fragen im Gastland rasch nachschlagen zu können.
- ✓ Bilder in Rahmen oder Geschenke (bitte gut polstern)
- ✓ ein entsprechender Stecker oder Adapter für die Steckdose, außerdem das Ladekabel des eigenen Handys
- ✓ Pflegt man ein Hobby, dessen Utensilien sich im Koffer verpacken lassen (Zeichnen, Lesen, Kreuzworträtsel Lösen), so gehören auch diese Dinge hinein.

Nicht in den Koffer gehören Schulbücher, denn Lehrmaterial wird von der Highschool gestellt. Ebenso lasse man Festkleidung zu Hause und leihe sie sich lieber vor Ort, denn die Mode in Amerika unterscheidet sich doch von der hiesigen.

> **Tipp**
> In Amerika ein schönes Buch kaufen („scrapbook"), um Aufzeichnungen über Ausgaben und Unternehmungen zu machen. Da kann man auch Bons und andere Erinnerungsstücke einkleben. Es ist später ein wunderbares Andenken.
>
> Johanna

Bitte keinen Alkohol, Fleisch oder Käse einpacken, denn das würde die Flughafensuchhunde sofort alarmieren und man hätte eine Menge Ärger am Hals.

Reiseschecks und Dollars sind im Koffer nicht so gut aufgehoben, denn wenn der verschwindet, ist auch das Geld weg. Schmuck sollte grundsätzlich nicht mitgenommen werden, ebenso wie teure Taschenrechner oder Teleskope.

Bücher nicht stapeln, sondern nebeneinander in den Koffer legen. Sonst zeigt das Röntgenbild evtl. prüfwürdige Bilder an. Außerdem lege man die Wälzer aufgeschlagen hinein, denn die Röntgengeräte können dicke Bücher nicht durchleuchten. Schuhe stets mit der Sohle nach oben hineinlegen, damit das Röntgengerät diese durchleuchten kann. Sprengstoff wird nämlich häufig in den Absätzen geschmuggelt.

Sperrgepäck

Manche Jugendlichen fahren Skateboard oder spielen Gitarre und wollen diese Gegenstände mitnehmen. Dagegen ist nichts einzuwenden, wenn man sich denn bei der Fluggesellschaft erkundigt, ob und wie man diese verpacken soll. Mitunter dürfen Instrumente mit in den Flugzeuginnenraum genommen werden.

Bei sperrigen Gegenständen besteht natürlich ebenfalls die Gefahr, dass sie verloren gehen. Die Fluggesellschaft übernimmt keine Gewähr, da die Zollbeamten die genauen Untersuchungen der Gegenstände vornehmen. Gitarren, Geigen oder Malstaffeln lassen sich auch mitführen, allerdings überlege man sich, ob dies wirklich sinnvoll ist. Eigentlich möchte man sich ja in der neuen Heimat anpassen und nicht sein eigenes Leben mitbringen. Das entscheide jeder für sich.

Weitere Gepäckhinweise

Auf keinen Fall gehören alkoholische Getränke oder alkoholische Pralinen ins Gepäck, auch nicht als Geschenk. Zuwiderhandlungen werden ggf. als Straftat verfolgt.

Anstößige Zeitungen oder Zeitschriften oder polizeilich brisante Musik nehme man selbstverständlich in beide Länder nicht mit.

Manche Geräte benötigen Ersatzbatterien oder Akkus. Diese dürfen nur im Handgepäck und nicht im Reisegepäck mitgeführt werden. Lithium-Ionen-Batterien sind z.B. nur unter acht Gramm gestattet. Sie müssen in Plastiktüten oder in der Originalverpackung stecken.

Es ist sehr viel günstiger, sich in Amerika oder Kanada ein billiges *Handy*

mit Prepaidkarte zu kaufen, als bereits zu Hause alles einzurichten. Das schafft der Jugendliche schon.

In Amerika einen Adapter fürs Ladekabel des Handys oder den Laptop zu bekommen, ist äußerst schwer. Daher nehme man bitte ein solches mit, das kostet nicht viel.

Aber Achtung: Der *Laptop* ist eine zwiespältige Sache. Viele amerikanische Familien können sich keinen leisten. Nun stelle man sich die Situation vor, dass der Gastschüler – den die Gastfamilie ohne Bezahlung aufnimmt – gleich mit seinem neuen Laptop in die Ecke verschwindet, um zu chatten oder zu spielen. Das stört den Familienfrieden enorm. Daher haben auch einige amerikanische Partnerorganisationen die Mitnahme von Laptops vollkommen untersagt.

Andererseits müssen Gastschüler derartig viele Unterlagen für die Schule erstellen, Power Point Präsentationen vorbereiten u.ä., dass sie ohne Computer aufgeschmissen sind. Mit etwas Glück stellt die Gastfamilie ihren Computer zur Verfügung, aber erwarten kann man eine solche Geste nicht. Man prüfe daher, ob man seinem Sohn oder seiner Tochter nicht doch gleich einen Laptop mitgeben kann. Wichtig ist zu prüfen, ob ein Laptop, hier gekauft, auch richtig in Amerika funktionieren würde, denn die Spannung ist anders.

Sorgerechtsübertragung

Hält sich ein Jugendlicher ohne Erziehungsberechtigten in **Kanada** auf, muss das Sorgerecht auf eine in Kanada lebende Person übertragen werden. Dies geschieht durch ein Schriftstück, das der Jugendliche stets bei sich zu führen hat. Die sorgeberechtigte Person ist meist ein Mitglied der Gastfamilie. Dies ist notwendig, damit im Notfall schnell bestimmt werden kann, was zu tun ist.

Ist der Jugendliche in einem kanadischen Internat untergebracht, so übernimmt ein dafür bestellter Internatsmitarbeiter das Sorgerecht.

Medikamente

Einige Arzneien, bei uns einfach in der Apotheke zu erhalten, können in Amerika als Drogen gewertet werden. Das gilt auch für kleine Mengen. Sollten besondere Medikamente mitgeführt werden, z.B. gegen Diabetes, zur Blutgerinnung oder Antibiotika, muss der Arzt die Einnahme begründen und die Inhaltsstoffe genau auflisten (beides auf Englisch). Ähnliches gilt auch für größere Mengen Medikamente.

Stromdaten

In Nordamerika fließt Wechselstrom von 110 Volt und 60 Hertz (HZ). Lassen sich die eigenen Geräte entsprechend umschalten, ist das kein Problem. Ansonsten nehme man auf jeden Fall einen entsprechenden Adapter mit, um z.B. Fön oder Aufladegerät anschließen zu können. In Amerika sind sie nicht immer leicht zu bekommen. Am besten achtet man gleich beim Kauf eines Elektrogerätes (z.B. Rasierer) darauf, dass er für den weltweiten Spannungsbereich von 110V-240V und

Frequenzbereich von 50-60Hz ausgelegt und gekennzeichnet ist.

Außerdem passen hiesige Stecker nicht in amerikanische Steckdosen; auch dazu benötigt man einen Adapter.

Briefe und Pakete

Sicherlich muss man das eine oder andere im Brief nach Amerika nachsenden. Dazu nutze man den Rückverfolgungsservice der Post. Das macht den Brief geringfügig teurer, aber man kann seine Spur verfolgen.

Schicken die Eltern ein Paket nach Amerika, z.B. weil jemand aus der Gastfamilie Geburtstag hat oder etwas vergessen wurde, so muss der Inhalt aufgeschrieben werden. Dazu gibt es einen normalen Paketaufkleber, auf dem der Inhalt genau vermerkt wird, z.B. 1 Tüte Gummibärchen von 150 Gramm, 1 Tafel Schokolade von 100 Gramm etc. Diese Regel gilt hauptsächlich für die USA, ist aber auch bei Päckchen nach Kanada angebracht, denn dann umgeht man Durchsuchungen des Pakets eher.

Nützliche Adresse

Zu Einfuhrbeschränkungen, Formalitäten, erforderlichen Dokumenten, Gesetzen im Ausland, hygienischen Verhältnissen etc. (nicht nur für Deutsche): www.auswaertiges-amt.de

---

Au-Pair-Box
www.au-pair-box.com

Flug

Tag der Abreise

24 Stunden vor dem Abflug kommen ständig Leute vorbei, um sich noch einmal zu verabschieden. Keine ruhige Minute, obwohl man eigentlich dringend noch mal nachgucken muss, ob alles eingepackt ist, ob alle Unterlagen vorhanden sind etc. Der Appetit ist uns vergangen, es bleibt einem nur noch, essen zu gehen, da niemand sich zum Kochen erbarmt. Dafür ist die Zeit irgendwie zu schade. Man möchte lieber die verbliebenen Stunden genießen und nicht vor dem Herd stehen.

Um die Luft ein bisschen zu reinigen, ärgert man sich noch ein wenig gegenseitig, damit man sagen kann: Na, nun bist du mich ja bald los, dann kannst du diese oder jenes allein machen ... Aber niemand nimmt das Geplänkel ernst.

Schnell noch mal die E-Mails prüfen, und siehe da, die andere Mama hat geschrieben. Frei übersetzt sagt sie uns, wir sollten uns keine Sorgen machen, sie werde gut aufpassen! Ich bin beruhigt, eigentlich bin ich gar nicht aufgeregt, nur so in einem ungewissen Schwebezustand. Die andere Tochter würde ich mir am liebsten um den Bauch binden, damit sie mir bloß nicht auch verschwindet.

Am Vorabend muss die Freundin von Johanna bei uns schlafen, das ist Pflicht. Am nächsten Morgen stehen wir um 3.30 Uhr auf, viel zu früh. Aber wir haben ja eh nicht viel geschlafen. Alle machen sich leise fertig, als wäre es ein normaler Tag. Johanna sagt noch: Komisch, irgendwie bin ich gar nicht aufgeregt ... Mein Mann und ich hingegen sitzen bedeppert auf dem Sofa und wissen nicht richtig, was nun zu sagen ist. Wir fühlen, dass uns nachher etwas Wichtiges fehlen wird.

5.30 Uhr, wir fahren los. In verschiedenen Ecken von Hamburg machen sich Freunde und Verwandte auf den Weg, denn viele wollten es sich nicht nehmen lassen, an der Verabschiedung teilzunehmen.

Am Flughafen angekommen sind wir froh, das Gepäck schon einen Tag vorher abgegeben zu haben. Wir sehen, wie unsere Gäste und andere Schüler desselben Anbieters eintreffen. Ein nettes Grüppchen. Meine Magenschmerzen werden immer stärker, ich esse einen Müsliriegel nach dem anderen. Mein Mann steht irgendwie unglücklich da und ist froh, sich unterhalten zu können. So scheint er etwas abgelenkt. Nun sind alle da, Leonie, wir, die Handballmanschaft, unsere Familie, Freunde von uns und von Johanna samt Eltern. Nun kann es losgehen, uns wird das Herz langsam zu schwer. Ein Freund sagt, er sei stolz auf uns, ja, aber noch einmal möchte ich das nicht mitmachen.

Der Zeitpunkt der Verabschiedung kommt, und es fließen Tränen. Einen Moment bleiben wir noch und schauen, ob Johanna gut durch die Kontrolle kommt. Dann gehen wir. Damit wir uns nicht so ganz allein vorkommen, packen wir unser Auto mit Jugendlichen voll, die sonst mit der Bahn gefahren wären. Sie sind ein kleiner Ersatz für den Trubel, die Lautstärke und die Kraft, die nur diese Jugendlichen ausstrahlen können. Wir wissen jetzt schon: Die Verbindung halten wir bei. Auch ohne Johanna werden wir die Spiele der Mannschaft aktiv verfolgen und unterstützen. Die Spieler haben es verdient.

Autorin

Wichtige Telefonnummern

Notfall:

Notarzt, Feuerwehr, Polizei (USA und Kanada): 911
Regionale Polizei: _____
Regionale Feuerwehr: _____

Organisation in Amerika: _____
Organisation im Heimatland: _____

Gastfamilie: Telefon: _____
           Handy: _____
           E- Mail: _____

Tipp: Diese Karte immer „am Mann" tragen.

Die Abreisetermine schwanken. Zwar versucht jede Agentur, den Schüler zu Schulbeginn anfangen zu lassen, doch unterscheiden sich die Termine des Schulbeginns. Zudem möchten Gastfamilien ihren Schüler schon früher bei sich haben.

Vor der Abreise erhält der Teilnehmer in den meisten Fällen ein Handbuch, das noch einmal zusammenfasst, worauf beim Gepäck, auf dem Flughafen und im Umgang mit den Zollbehörden zu achten ist. Das Handbuch dient der Vorbereitung, jedoch auch der Abflugplanung des Schülers. Man muss schon sagen, wir hatten großes Glück mit unserer Organisation, da wir zu jeder Zeit ein sicheres Gefühl hatten. Bestens gewappnet und vorbereitet.

Grundsätzlich gilt: Für alle Maßnahmen vor, im oder nach dem Flugzeug und zum Ausfüllen von Papieren stets genug Zeit einplanen und nicht verrückt machen lassen.

Ein Flug nach Mallorca oder Zypern ist vergleichsweise ein Spaziergang, denn diesmal gilt es deutlich mehr zu beachten. Die Daten von Visum, Ausweis und Reisepass müssen stimmen, und diese Papiere ggf. die notwendigen Eintragungen vorweisen. Auf dem Flughafen von Madrid fragt auch niemand, wie der Reisende denn den Aufenthalt finanziell bewältigen könne. Das aber kann in Amerika passieren. Die Zollbeamten könnten fragen, wie viel Geld der Jugendliche für die Gastzeit zur Verfügung hat. Da die Highschool Geld kostet, achten die kanadische und US-amerikanische Regierung darauf, dass durch Gastschüler keine Kosten entstehen. Daher sollte der Jugendliche ganz freundlich antworten, dass er bei einer Gastfamilie wohne, Schule und Bezahlung durch den Vermittler abgedeckt seien und ihm ca. 2500 Euro für diese Zeit zur Verfügung stünden. Von Bedeutung ist auch ein gesicherter Rückflug (z.B. durch das Rückflugticket).

Bisherige Reisen waren vermutlich stets begleitet, so dass der Jugendliche keine alleinige Verantwortung über das Gepäck hatte. Nun sieht es anders aus. Der Jugendliche trägt das Gepäck allein, sucht den Weg durch die Flughafengebäude und muss auf Verlangen

seine Dokumente vorzeigen. Außerdem, und dies kommt häufig vor, wird das Gepäck durchsucht, woraufhin der Jugendliche vor dem Haufen Wäsche steht. Das ist zwar nicht gefährlich, zehrt aber an den Nerven.

Empfindlichere Reisende sollten sich auf eine eventuell etwas rüde Behandlung im amerikanischen Bereich des Flughafens vorbereiten. Bereits im Heimatland wird man mit amerikanischen Abfertigungsmethoden konfrontiert. Da wartet unter Umständen eine lange Schlange auf die Abfertigung, aus der einzelne Personen anscheinend wahllos herausgewunken werden. Diese Reisenden werden u. U. in sehr festem Ton befragt: Warum sie diese Reise machen, wo sie hinwollen und was im Handgepäck sei. Ob man sicher sei, dass man wirklich keinen Lippenstift oder Nagelzubehör dabei habe. Nun kommt es anscheinend auf die richtige Reaktion an, damit man schnell weiter kommen kann. Eine unsichere Haltung führt zu einem Menschenstau.

Tipp: Mit vollem Selbstbewusstsein entweder zugeben, was man noch in der Tasche hat (was natürlich nicht sein sollte) oder siegessicher angeben, nein, man kenne die Regeln und habe nichts dergleichen in der Tasche. Aus diesem Grund niemals zu knapp (gut sind 2,5 Stunden) auf dem Flughafen erscheinen, denn sonst kann man schnell in Panik geraten, wenn die Schlange einfach nicht in Bewegung kommt und man sich schon zurückgeblieben glaubt. Hat man genug Zeit eingeplant, bleibt hingegen noch Muße, einen Kakao zu trinken.

Viele Veranstalter sind dazu übergegangen, den Jugendlichen Organisationsausweise, ein Band mit dem Namen der Agentur und Notfalltelefonnummern zu geben, außerdem meist auch eine Telefonkarte für den Notfall. Das ist vorbildlich und gibt Sicherheit. Außerdem können sich die Jugendlichen untereinander erkennen, auch wenn der eine aus Düsseldorf und der andere aus Norderney kommt.

Jeder Veranstalter hat einen sogenannten Plattformflughafen. So treffen sich die Schüler verschiedener Städte z.B. in Dortmund. Von dort geht es dann gemeinsam weiter, d.h. die Schüler steigen an unterschiedlichen Flughäfen aus oder um. Mit einem Gruppenflug wird sichergestellt, dass jeder Schüler die Reise gut übersteht. Außerdem wird die Gruppenzugehörigkeit gestärkt, auch wenn die Gruppe danach auseinandergeht. Ab einer bestimmten Schülerzahl wird der Flug begleitet. Ein Gruppenflug hat einen Zielflughafen, an dem sich die Wege der einzelnen Schüler dann trennen.

Der Rückflug viele Monate später kann übrigens durchaus allein stattfinden. Der Termin wird bereits Monate vorher bekannt gegeben; so sollte es bei seriösen Firmen sein. Bei uns stand er zur Abreise schon fest.

In den wenigsten Fällen geht der Flug vom Heimatland direkt zum Zielflughafen. Eher kommen ein bis zwei Zwischenladungen vor. Wohl dem, der

Fliegen gewohnt ist, denn der Passagier muss

✓ aus dem Flieger
✓ zur Gepäckschleife (wenn notwendig)
✓ zum richtigen Gate
✓ in den richtigen Flieger

… und hoffen, dass er alles richtig gemacht hat. Der eben genannte Ablauf ist nämlich bereits eine Höchstleistung, wenn man aufgeregt ist und sich auch noch in einer fremden Sprache verständigen soll. Im Heimatland kann sich der Reisende einfach durchfragen, aber auf dem Flughafen in Chicago könnte es schon schwieriger werden – besonders, wenn ihm in der Aufregung die wichtigsten Vokabeln nicht mehr einfallen.

Im Flugzeug oder beim Einchecken bekommt der Gastschüler noch einmal Dokumente zum Ausfüllen. Häufig erhält er auf Nachfragen auch eine deutsche Version.

Kleiner Tipp: Vor der Ankunft mache man sich noch einmal kurz frisch, kämme die Haare, benutze Deo etc. Ggf. ziehe man frische Kleidung an und wasche sich. Ein frisches Aussehen ist beim ersten Treffen mit der Gastfamilie nämlich wichtig, auch wenn man sich eigentlich hundemüde fühlt. Daher ist Lächeln angesagt!

Angekommen

Ist der Schüler erst einmal am Zielort angekommen stehen Flughafenkontrollen an. Dabei wird unter Umständen wieder das Gepäck geöffnet und der Jugendliche zu seinem Aufenthalt befragt. In den USA werden aufgrund erhöhter Sicherheitsvorschriften noch einmal ein Portraitfoto, ein Augenscan und Fingerabdrücke genommen (bei visumpflichtigen Einreisenden). Hat der Schüler das Prozedere hinter sich, kann er endlich den Ausgang suchen. Es sollte auf jeden Fall sichergestellt sein, dass die Gastfamilie oder der Betreuer den Schüler auf dem Flughafen abholt. Da seriöse Vermittler die Familien sorgfältig aussuchen, sollte die Zuverlässigkeit gesichert sein. Doch auch wenn der Jugendliche weiß, dass er am Ziel, also evtl. vor dem Flughafen abgeholt wird, weiß er doch nicht genau, wie die Gastfamilie aussieht, wie er sich verhalten soll, was er sagen soll ... Die Aufregung tut ihr übriges. Aber keine Sorge, zumindest von einem kann ausgegangen werden: Die Gastfamilie freut sich auf ihr neues „Kind", und der Schüler auf die neue Familie. Was sollte da schon schiefgehen?

Aufbruch

Die letzten Tage vor dem Abflug waren quasi die Ruhe vor dem Sturm. Ich habe das Zusammensuchen der notwendigen Sachen und das Kofferpacken möglichst weit hinausgezögert, nicht so sehr aus Abneigung gegen die Reise, sondern um das merkwürdige Gefühl des baldigen Abschieds von Freunden und Familie noch ein paar Tage nach hinten verschieben zu können.

Als es dann soweit war, ging alles ganz schnell. Koffer packen, Koffer wiegen, Koffer wieder aus- und umpacken, wieder wiegen, und plötzlich musste ich mich schon von Freunden, Mitschülern und der Familie verabschieden.

Am nächsten Morgen stand ich zusammen mit meinen Eltern in Düsseldorf am Flughafen und wartete gemeinsam mit ihnen auf den Flug nach Victoria BC., Kanada über Frankfurt und Vancouver. Gerade der Abschied von meinen Eltern war schwer, der einsame Gang durch die Sicherheitskontrollen und das Wissen, sie die nächsten Monate nicht wiederzusehen.

Im wolkenfreien Anflug auf Vancouver Island kamen mir die letzten Zweifel, glücklicherweise erst so spät. Besonders die Ankunft in Victoria BC war ein Erlebnis für sich, als sich plötzlich am Gate die Gruppe meiner Mitflieger in alle Richtungen hin auflöste und ich allein stehenblieb, da ich meine Gastmutter nicht auf den ersten Blick erkannte. Erst als sie mir mit einer herzlichen Begrüßung und Umarmung um den Hals fiel und sich vorstellte, verging die Nervosität bzw. fing gerade erst an.

Nils

Ankunft

Ich war furchtbar nervös, man stellte sich so viele Fragen! Als ich meine Koffer vom Fließband geholt hatte (die zum Glück beide angekommen waren! Ein anderes Mädchen vermisste ihren einzigen Koffer in Chicago, und es war fraglich, ob der wieder auftauchen würde), kam schon meine Gastmutter! Sie nahm mich in den Arm und begrüßte mich ganz herzlich. Meine beiden Gastbrüder waren auch dabei.

Johanna

Flugticket

Die Zeit der „alten" Flugscheine ist vorbei, mittlerweile wird dem Reisenden ein „E-Ticket" erteilt: Ein einziger Bogen mit den Daten des Reisenden, der einfach am Schalter vorgezeigt wird. Der Schüler bekommt es per Post.

Ein-oder Mitreise der Eltern und Familienmitglieder

Sollte es aus irgendeinem Grund nötig sein, dass Eltern den Schüler nach **Kanada** begleiten, ihn dort besuchen oder abholen, benötigen sie kein Visum, wenn sie nicht länger als sechs Monate im Land bleiben.

Zur Einreise in die **USA** benötigen sie kein Visum, wenn sie nicht länger als 90 Tage im Land bleiben. In diesem Fall handelt sich um das sogenannte Visa-Waiver-Programm, zu dessen Teilnehmern auch Deutschland, Österreich und die Schweiz gehören. Trotz-

dem müssen einige wichtige Unterlagen bereit liegen:

✓ ESTA-Genehmigung
✓ maschinenlesbarer Reisepass
✓ Rückflug- bzw. Weiterflugticket
✓ ausgefülltes Formular US I-94 W, das entweder vom Reisebüro oder im Flugzeug ausgehändigt wird und dem Nachweis der Visumbefreiung dient. In den USA stets bei sich tragen und bis zur Abreise aufbewahren.

Aber auch hier gilt, für die **USA** ebenso wie für **Kanada**: Die Vorschriften für die Reise ändern sich ständig, manchmal täglich. Daher müssen Reisende unbedingt vorher auf den aktuellen Internetseiten der Botschaft oder beim Auswärtigen Amt nachlesen.

Zeitverschiebung und Jetlag

Die Zeitverschiebung zwischen Deutschland / Österreich / der Schweiz und den USA beträgt zwischen fünf und neun Stunden (Alaska ausgenommen, denn das wird von den wenigsten Organisationen angeboten). Die Zeitverschiebung zwischen den erstgenannten Ländern und Kanada beträgt viereinhalb bis neun Stunden. Der Jetlag trifft den Reisenden nicht allzu stark, weil er vom Flug ohnehin müde ist. Er muss sich eben in die andere Zeit hineinfinden. Das beste Mittel ist, am Ankunftstag einfach durchzuhalten und sich erst schlafen zu legen, wenn in Amerika die Nacht hereinbricht. Dadurch bewältigt man den Jetlag am leichtesten.

Zeitverschiebung

Das mit dem Jetlag war schon so eine Sache ... Aber es war nicht so schlimm, da mich ja sooo viele neue Sachen und Eindrücke ablenkten. Ich konnte so viel Neues sehen, einfach toll! Doch man merkt die Zeitverschiebung in den nächsten Tagen, indem man früher schlafen gehen möchte. Aber nach ein paar Tagen ist die Umstellung gelungen.

Johanna

Der Tag danach

Eine E-Mail von Johanna. Alles ok, wie sollte es auch anders sein. Die Leute sind nett, Chicago ist riesig und es geht ihr prima. Wir freuen uns einfach für Johanna über dieses Abenteuer. Wir haben vollstes Vertrauen und freuen uns auf ihre Mitteilungen. Wir sind davon überzeugt, dass alles gut geht, und können nur allen, die es sich leisten können, dieses Abenteuer empfehlen.

Autorin

Und die Eltern?

Über Kosten und Dokumente haben wir uns bereits ausgiebig ausgelassen. Nun stellt sich die Frage, was das Auslandsjahr für Eltern mit sich bringt.

Große Leere

Die letzte Woche vor dem Abflug war die schlimmste. Der Druck stieg, die körperliche Anspannung auch, man konnte sich das alles gar nicht vorstellen, dann der Abflug unter vielen Tränen, und erst danach Ruhe im Kopf. Als sei es eine Erlösung, denn nun konnten wir sagen: Jetzt kommt der zweite Schritt. Den ersten haben wir problemlos hinter uns gebracht. Nun herrscht reger E-Mail-Verkehr mit Johanna. Verbotenerweise schreiben die Mama dort und wir uns auch. Das darf man gar nicht laut sagen, denn offiziell ist das ja so nicht erwünscht. Allerdings haben wir ein so tolles Verhältnis, obwohl wir uns nicht kennen. Ich muss mir aber verkneifen, irgendwelche Erziehungsratschläge zu geben. Das ist untersagt und gehört sich auch nicht.

Man hüte sich davor, täglich einige Minuten sinnierend auf dem Bett des Kindes zu sitzen, bis einem die Tränen kommen. An das leere Zimmer sollte man pragmatisch herangehen. Vielleicht kann man ja endlich die lieben Verwandten einladen und dort unterbringen? Oder man lädt selbst einen Gastschüler ein? Damit bleibt auch der Platz am Esstisch nicht mehr leer. Erfreulicherweise gibt es seit Johannas Abflug weniger Differenzen, denn die hin und hergeworfenen Argumente zwischen ihr und der Schwester entfallen.

Autorin

Leben in der Gastfamilie

Eingewöhnung

Wie kann ich mich nur am Anfang verständigen? Was ist, wenn in dem Gebiet alle Dialekt sprechen? – Fragen, die kurz vor der Abreise ein wenig Angst machen. Dazu sei gesagt:

Man lasse sich nicht beirren, auch wenn die erste Zeit etwas schwierig ist. Alle werden einem hilfreich zur Seite stehen. Und schließlich ergeht es allen so. Die Sprache lernt man im Nu, jeden Tag ein wenig mehr. Bald wird es einem komisch vorkommen, Deutsch zu sprechen. Einmal angefangen, spricht man bald fließend Englisch, und zwar so, dass man gut verstanden wird.

Am Anfang vergesse man nicht das Wörterbuch, eine kleine Taschenausgabe reicht. Außerdem nehme man immer einen kleinen Block und einen Stift mit; wenn alle Stricke reißen und die Amerikaner einen nicht verstehen, kann man immer noch aufzeichnen, was man meint.

Folgende Punkte gilt es möglichst früh im Gastland mit der Familie zu klären, um in kein noch so kleines Fettnäpfchen zu treten:

- ✓ Darf ich Freunde einladen, oder stellen diese eine Belastung dar?
- ✓ Welche Hausarbeiten soll ich über-

nehmen? Häufig ist es üblich, dass der Gastschüler seine Wäsche selbst wäscht.

- ✓ Wie möchten die Gasteltern angesprochen werden?
- ✓ Wie sieht der Tagesablauf aus? Wann soll ich aufstehen, wann ist Nachtruhe angesagt? Wann werden die Mahlzeiten eingenommen?
- ✓ Bis wann soll ich normalerweise zu Hause sein?
- ✓ Soll ich anrufen, wenn ich mich verspäte?
- ✓ Welche Fahrgelegenheiten ergeben sich für mich? Auto, Bus, Fahrrad …?
- ✓ Gibt es Tiere, um die ich mich kümmern soll, z.B. einen Hund, den ich spazierenführen soll?
- ✓ Bekomme ich einen Haustürschlüssel?
- ✓ Besucht die Gastfamilie regelmäßig den Gottesdienst?
- ✓ Erwartet die Gastfamilie, dass ich bei Veranstaltungen (z.B. Gottesdienst, Familienfest) stets dabei bin?
- ✓ Was muss ich bei Telefonaten beachten? Kosten z.B. Gespräche in den Nachbarort deutlich mehr als solche im Ort? Wie erfolgt die Abrechnung? Wann soll ich die Gespräche bezahlen (z.B. jeden Monat, wenn die Telefonrechnung kommt, oder als Vorschuss)?
- ✓ Bestehen feste Regeln zur Badezimmerbenutzung, d.h. darf ich morgens oder abends nur zu einer bestimmten Zeit hinein?
- ✓ Welche Handtücher darf ich be-

nutzen? Wohin soll ich mein Handtuch hängen?

✓ Wer kümmert sich um die Wäsche, d.h. wer wäscht, wer bügelt? Soll ich meine Wäsche selbst waschen?

✓ Wo kann ich Toilettenartikel kaufen?

✓ Bei welchen Dingen muss ich vorher um Erlaubnis fragen? Beispielsweise Fernsehgucken.

✓ Darf ich zwischen den Mahlzeiten einfach etwas zu essen nehmen, oder soll ich fragen?

✓ Wo soll ich meine persönlichen Sachen hinräumen?

✓ Welche Dinge gehen mich nichts an (z.B. ein Zimmer, das ich nicht betreten darf, oder Schubladen, die ich nicht öffnen darf)?

✓ Welche Dinge können die Familienmitglieder überhaupt nicht ausstehen?

Verhaltenstipps

✓ Fordere die Gastfamilie dazu auf, Dir Kritik stets offen mitzuteilen

✓ Den Gasteltern immer erzählen, wenn Du eine Arbeit oder einen Test zurückerhältst.

✓ Dich stets genau erkundigen, wann Du zu Hause sein sollst.

✓ Immer Bescheid geben, wohin Du gehst, wenn Du das Haus verlässt.

✓ Vor dem Telefonieren um Erlaubnis fragen und hinterher natürlich die Telefonkosten bezahlen.

✓ Das Zimmer immer aufräumen und das Bett jeden Morgen ordentlich hinterlassen.

Bei kleinem Luxus, den man von zu Hause gewöhnt ist (z.B. sich jederzeit am Kühlschrank zu bedienen), sei man ein wenig vorsichtig. Mitunter herrschen in den Gastfamilien strenge Regeln, und manchmal können sich die Eltern auch nicht alles leisten, was in der Heimat des Gastschülers selbstverständlich ist. Es ist nicht schön, wenn der Gastschüler sein aus Europa gewohntes „besseres" Leben stets herausstreicht – auch ohne es zu wollen.

Aktive Eingliederung

Die Beteiligung am Leben der Gastfamilie ist wichtig, denn sonst kämen die Familienmitglieder leicht auf die Idee, der Gast möchte sich einfach auf ihre Kosten ein schönes Leben machen, hätte aber gar kein Interesse an ihnen selbst.

Dabei ist freilich Aufmerksamkeit gefragt: Stehen Gasteltern und -geschwister regelmäßig in aller Frühe auf, sollte auch der Gastschüler nicht bis mittags im Bett liegen. Merkt der Gast, dass die neuen Eltern z.B. keinen Babysitter für ihre kleine Tochter finden, kann er sich anbieten. Helfen alle Gastgeschwister nach dem Essen beim Abräumen des Tisches, sollte auch der Gast nicht untätig sitzen bleiben.

Ein Gastschüler ist kein Urlauber, der von Animateuren beschäftigt wird, dem Gemälde und Sehenswürdigkeiten in Führungen präsentiert werden. Er muss selbst aktiv werden, um sich in die neue Heimat einzufinden. Deshalb warte man nicht darauf, von Einheimischen angesprochen zu werden, sondern gehe selbst aktiv auf sie zu: verabrede sich mit dem Banknachbarn, halte einen kleinen Plausch mit den Nachbarn, spreche bei einer Veranstaltung jemanden an ...

Besonders wenn sich die Mitschüler nach einigen Tagen oder Wochen an den Neuling gewöhnt haben und ihn quasi kaum noch beachten, sollte er aktiv *Kontakte* suchen. Das ist wichtig, denn amerikanische Jugendliche haben ihr festes soziales Gefüge und warten nicht auf Neuankömmlinge. Sie sind zwar offen, aber nicht sofort bereit, jemanden von sich aus in den Freundeskreis zu integrieren. Erfreulicherweise sind sie in der ersten Zeit sehr neugierig und interessieren sich für den Gastschüler. Sie wollen mehr über sein Heimatland wissen und löchern ihn mit Fragen.

Apropos: Verhalten sich Kanadier in unseren Augen reserviert, so muss dies kein Zeichen innerer Zurückhaltung sein. Viele Kanadier sind eben eher still und etwas zurückgezogen. Gerade dann sollte man die Initiative ergreifen und sich bemühen, den anderen besser kennenzulernen.

Kulturschock und Heimweh

Zunächst ist im Gastland alles aufregend: Die Menschen, Städte, Umgebung, Beschäftigungen, selbst ein Spaziergang zum Bäcker. Unzählige neue Eindrücke wirken auf den Gastschüler ein, alles muss erkundet werden, neue Leute wollen kennengelernt werden. Alles ist so viel aufregender als zu

Hause! Man fühlt sich wie im Wunderland, hat keine Zeit zum Kontakt zur Heimat, wenig Zeit zum Nachdenken ... Nur der eine Gedanke bleibt: Hier ist es einfach genial! Zwischen all den neuen Bekanntschaften und Eindrücken fühlt man sich pudelwohl.

Nach einiger Zeit gewöhnt man sich an die Neuheiten; das Leben verläuft in bekannten Bahnen, wird zur Gewohnheit. Pflichten geht man regelmäßig nach, z.B. der Schule oder Hausarbeit. Die Leute kennt man, und auch ein Besuch in der nächsten großen Stadt bietet nichts Neues mehr. Die Gasteltern haben vielleicht nicht mehr so viel Zeit, sich um einen zu kümmern, und auch bei den Freunden ist man nicht mehr der „bunte Hund" wie anfangs.

In dieser Phase stellt sich meist ein Kulturschock ein. Das ist völlig normal, aber nicht angenehm. Der Gastschüler hat Stimmungsschwankungen, fühlt sich abgelehnt, nicht zugehörig, hält alles für „schlechter" als im Daheim, zweifelt an sich selbst, hat Heimweh ... Unbewusst sträubt man sich dagegen, alle Gewohnheiten der fremden Kultur zu übernehmen, und fürchtet, seine Identität zu verlieren. Statt sich über die fremden Besonderheiten wie anfangs zu freuen, kritisiert man sie. Plötzlich sieht man nur noch Macken und Fehler, nichts ist so gut wie daheim. Und wie komisch die Leute reden!

Man sehnt sich danach, wieder heimatliche Gerüche zu schnuppern, deutsch zu reden, sich mit alten Freunden zu treffen. Beim Gedanken an daheim wird man wehmütig. Die Heimat stellt sich im verklärten Licht dar, Probleme, Sorgen und Streits sind vergessen.

Symptome des Kulturschocks sind Heimweh, Gereiztheit, ein großes Schlafbedürfnis, Essstörungen, Niedergeschlagenheit, depressive Stimmung … Häufig beginnt dieser Zustand nach der Eingewöhnung, wenn das Leben in der Fremde keinen „Neuheitskitzel" mehr besitzt, sondern der Gast sich an den Alltag gewöhnt.

Bemerkt der Gastschüler dieses Phänomen an sich, sollte er 1. viel mit seiner Gastfamilie darüber sprechen, 2. möglichst vielen Aktivitäten nachgehen und sich 3. bewusst machen, dass der Zustand ganz normal ist und von selbst wieder vorbeigeht. Bei Heimweh und Frustration hilft es nichts, den Unmut an der Gastfamilie auszulassen. Man spreche mit ihr jedoch über die Probleme, damit sie ihr Verhalten entsprechend anpassen kann.

Auf das Heimwehgefühl lasse man sich am besten gar nicht ein, sondern unternehme etwas mit den neuen Freunden, erkunde die neue Umgebung, gehe einem Hobby nach etc. Ablenkung ist das einzig wahre Mittel gegen die Sehnsucht nach Hause. Am besten stürzt man sich in Aktivitäten, statt in seine Gedankenwelt zu fliehen.

Fatal wäre es, sich für längere Zeit hängen zu lassen.

Besonders bei Familienfesten (z.B. Thanksgiving, Weihnachten, Neujahr …) treten oft Heimweh und Melancholie auf. Der Gastschüler erinnert sich an die Heimat, an schöne Momente. Hier hilft ebenfalls Ablenkung: Man bereite gemeinsam mit der Gastfamilie die Feste vor, überlege sich z.B. schöne Überraschungen für die Gastfamilie, denke sich in die andere Tradition hinein. Man führe sich vor Augen, dass man schon nächstes Jahr wieder zu Hause feiern kann. Normalerweise verfliegt das Heimweh von selbst wieder, wenn das Fest vorbei ist.

Ersparen kann man sich das ständige Vergleichen zwischen Heimatland und Gastland. Kulturen sind eben anders, aber darum nicht besser oder schlechter. Daher schadet es auch nichts, sich einige Monate dem Leben der Amerikaner anzupassen. Man verliert dadurch nicht seine Persönlichkeit, sondern bereichert sich nur – und gewinnt die Fähigkeit, eine fremde Kultur aus den Wurzeln zu verstehen.

Keine Sorge: Die meisten Gastschüler fühlen sich erst nach der Überwindung des Kulturschocks so richtig pudelwohl und sind überrascht, wie schnell die verbleibenden Monate vorbeirasen.

Gastschuljahr.de
Registrieren und mitmachen!
Berichte von Deinen Erfahrungen. Zur Belohnung gibt´s ein Buch aus dem Verlagsprogramm sowie eine Bestätigung über eine redaktionelle Mitarbeit.

E-Mails aus Amerika

... Die Orientation war sehr gut. Als wir in die Stadt kamen, war alles so riesig wie im Fernsehen. Wir waren einige Male shoppen, und haben eine Bootstour gemacht.

... Ich bin heute gut in Wisconsin angekommen. Alle sind sehr nett und freundlich! Mein Zimmer ist richtig schön eingerichtet. Mein kleiner Bruder Mason ist immer bei mir und zeigt mir alles, richtig toll!

Das Haus sieht ganz anders aus als im Internet. Es ist ein braunes Haus, ziemlich verwinkelt. Sehr, sehr schön! Das Wetter ist auch angenehm. Ich könnte jetzt noch viel erzählen, doch ich weiß gar nicht, was ich alles aufzählen soll.

... Der Alltag in der Gastfamilie ... Früh aufstehen, so gegen sieben, da die Kinder ja schon um fünf auf sind und dann schon der Tag beginnt. Dann ein Spaziergang mit dem Hund und der ganzen Familie, außer dem Vater, der arbeitet. Danach wird Frühstück gemacht. Natürlich muss es süß und fettig sein. Aber es schmeckt sehr gut!

Gestern gab's Hotdogs als Lunch. Doch anders, als wir es kennen: Brötchen, Würstchen, als Beilage Obst ... War schon lustig !

... Mittlerweile ist mir der Vater sehr sympathisch! Wir haben vorgestern alle zusammen Ravioli gemacht, das war ein Spaß. Mittlerweile redet er auch viel mehr und ist offener. Heute waren wir in Madison. Dort war ein großer Bauernmarkt. Man konnte viel probieren, und es hat sooo lecker geschmeckt!

Hab ich eigentlich erzählt, dass jeden Abend vor dem Dinner gebetet wird? Das ist hier Tradition. Auch, dass der Vater am Kopfende sitzt und das Essen nicht selber auffüllt, ist hier normal.

... Heute war ich mit meiner Gastmutter in der Schule. Wir mussten einige Zeit warten, bis wir drankamen, doch die sind alle ziemlich nett dort. Mit dem counselor habe ich die Fächer ausgesucht; er hat mich gefragt, welche ich nehmen muss und was ich als letztes in der Schule durchgenommen habe. Dann hat er passende Fächer ausgewählt.

Nach etwa einer Woche war ich in Milwaukee und habe dort die ganzen Gastschüler aus Wisconsin und Illinois getroffen. Aus aller Welt waren welche da, aus China, Japan, Deutschland, Brasilien, Venezuela, Spanien, Frankreich ... Ich habe auch einige getroffen, die mit mir bei der Orientation in Chicago waren. Es war eigentlich ganz schön, die mal zu sehen und über alles zu sprechen, aber eigentlich hatte das Treffen gar keinen Sinn, da uns nur die gleichen Sachen gesagt wurden wie schon früher. Dafür zwei Stunden dort hinzugurken, ich weiß nicht ...

Johanna

Probleme mit der Gastfamilie

Zuhause hat sich nach so vielen Jahren das Zusammenleben eingespielt. Davon ist aber nicht unbedingt auszugehen, wenn der Jugendliche in eine völlig fremde Familie kommt. Manchmal klappt es einfach nicht, z.b. weil manche Charaktere nicht zusammen auskommen. Auf Probleme mit der Gastfamilie sei man gefasst, um als Eltern selbst dann nicht aus allen Wolken zu fallen, wenn der Schüler klagt oder diese Nachricht eintrifft:
Ich bin gezwungen, die *Gastfamilie* zu wechseln.

Etwa zwanzig Prozent der Jugendlichen wechseln mindestens einmal die Gastfamilie, d.h. es ist keine Ausnahme. Erreicht diese Nachricht die Eltern, sollten die dennoch nicht glauben, dass sich dieser Wechsel einfach gestaltet. Besonders „Problemfälle", die später noch eine Familie suchen, haben es oft schwer. Unter Umständen muss es der Jugendliche trotz schlechter Stimmung oder Unwohlsein noch ein paar Wochen oder einen Monat aushalten. Noch einmal: Diese Situation ist möglich und keine böse Absicht des Veranstalters, denn die Gastelternauswahl wurde ja längst abgeschlossen. Hält der Jugendliche das durch? Er muss durchhalten, wenn er dies Abenteuer fortsetzen will.

Es gibt wiederum auch Fälle, in denen sich der Gastschüler so unhöflich oder rassistisch benimmt, dass er der Familie und ihrem Ansehen scha-det. Auch in diesen Fällen muss der Schüler aus der Familie entfernt werden, um die Familie zu schützen. Wer als Schüler aber gegen Programmregeln verstößt, riskiert eine Abmahnung oder wird nach Hause geschickt.

Sollte ein Gastfamilienwechsel notwendig werden, fallen Kosten an. Unter Umständen muss der Schüler in einen anderen Staat umsiedeln und somit entstehen Umzugskosten, Reisekosten, Telefonkosten, Platzierungskosten etc. Diese dürfen dem Schüler bzw. den leiblichen Eltern nur in Rechnung gestellt werden, wenn der Wechsel durch das negative Wirken des Schülers notwendig wurde. Dieser Punkt muss ebenfalls in den vertraglichen Unterlagen festgehalten sein, sonst könnte er viel Ärger bereiten.
In Bezug auf diese möglicherweise auftretenden Probleme ist es wichtig, der ausgewählten Organisation absolutes Vertrauen entgegenzubringen.

Lösungsweg

1. Überlegen, ob es sich um ein wirkliches Problem handelt.

Zunächst steht eine genaue Erkenntnis und Einschätzung des Problems an. Manchmal hat es sich bereits erledigt, wenn man eine Nacht darüber geschlafen hat. Ist man zum Beispiel fürchterlich genervt, weil die Gastschwester immer die Haare im Waschbecken liegen lässt, ist das sicher nicht sehr gravierend. Entspricht die Familie oder Wohnung einfach nur nicht den gewünschten Ansprüchen, es ist also nicht so sauber, groß oder warm wie gewünscht, so ist das kein Grund, die Familie wechseln zu wollen. Allerdings bereitet jede seriöse Agentur ihre Teilnehmer ausgiebig auf diese Situation vor.

Aber es kommt natürlich vor, dass es trotz guter Vorbereitung in der Gastfamilie nicht klappt.

Beispiele:

Die Familie sitzt nur vor dem Fernseher, unternimmt nichts mit dem Gast, der sich schlecht aufgehoben fühlt.

Der Gastschüler wird allen anderen Kindern vorgezogen, weshalb er mit ihnen ständig in die Wolle gerät. Das möchte er eigentlich gar nicht, kann sich aber schwer erklären. Dieser Fall kommt häufig vor.

Der Schüler hat keinen Rückzugsraum.

Dann steht zunächst ein klärendes Gespräch an. In anderen Fällen kann man sich dieses sparen und gleich mit dem Betreuer eine neue Gastfamilie suchen.

Beispiele:

Die Schule ist fünfzig Kilometer entfernt, so dass der Schüler entweder im Bus sitzt oder in der Schule – und das für zehn Monate?

Es ist sehr schmutzig in der Wohnung; der Jugendliche hat Angst davor, krank zu werden, und fühlt sich unwohl.

Treten solche oder ähnlich schlimme Situationen auf, und mehrere Änderungsversuche fruchten nichts, so ist es wirklich Zeit und Grund genug, die Familie zu wechseln.

2. Das Problem in der Familie ansprechen

Nicht jeder Moment ist gut geeignet, ein Gespräch über ein heikles Thema anzusprechen, aber irgendwann hat man den richtigen am Wickel. Dann ist zu beachten, dass man immer von sich aus spricht und nicht die Missetaten der anderen als Grund für den Unmut angibt. Beispiel: Der Gastschüler ist genervt, weil er zu keiner Party gehen kann, ohne dass der „neue" Bruder mitgeht. Er fühlt sich von vorn bis hinten beobachtet.

Nun kann er das Problem so ansprechen: „Ihr lasst mich nie auch nur eine Minute allein. Immer müsst ihr mich überwachen und wie ein kleines Kind behandeln." Damit macht er den Eltern konkrete Vorwürfe, mit denen sie womöglich nicht umgehen können und nun verstört zurückbleiben. Oder sie werden böse, weil sie persönlich angegriffen wurden.

Das Problem kann aber auch so angesprochen werden: „Ich bin mir ganz sicher, dass ihr wollt, dass mir hier nichts passiert. Aber ich habe das Gefühl, dass ich auch manchmal den Weg allein finden sollte. Vielleicht finden wir einen Kompromiss, so dass ihr immer wisst, wo ich bin und ich mich melden kann, wenn ich nicht weiter weiß." In dieser Variante steckt kein einziger Angriff, denn der Gastschüler hat erst mal die Maßnahmen wertgeschätzt, den Weg frei gemacht, um Lösungen zu finden, und dann einen Vorschlag gemacht.

Leider haben Schüler zu wenig Kommunikationstraining in der Schule, aber jeder Schüler kann entweder angreifend oder aber „Türe öffnend" Probleme ansprechen.

Keinesfalls sollte der Schüler das Problem nach außen tragen, außer natürlich zum Repräsentanten. Allzu leicht kann der Gesprächspartner (ein Nachbar / der neue beste Freund etc.) die Situation weitererzählen, so dass binnen kurzem die ganze Stadt Bescheid weiß.

3. Repräsentanten einschalten

Wurde das Problem vorsichtig in der Familie angesprochen, kann es sich von Zauberhand lösen. Es kann aber auch passieren, dass eine Lösung trotz weiterer Auseinandersetzung nicht in Sicht ist, sondern sich die Fronten verhärten.

Spätestens in dieser Phase wird der Schüler seinen leiblichen Eltern Bescheid geben wollen. Das soll er auch tun, aber in der Art und Weise, dass die Eltern wissen, dass keine Katastrophe eingetreten ist, sondern „nur" ein Problem vorliegt. Den Eltern sollte deutlich werden, dass Schüler und Organisation das Problem lösen werden. Sie benötigen keinen Anwalt und müssen auch nicht nach Amerika reisen, um den Jugendlichen zurückzuholen.

Spätestens in dieser Phase muss der lokale Repräsentant eingeschaltet werden. Gemeinsam prüfen er und der Jugendliche, ob noch andere Lösungen existieren. Dazu spricht der Betreuer auch mit der Gastfamilie, um eventuell einen Kompromiss zu finden. Findet

sich keine Lösung, muss eine andere Familie her.

4. Suche nach einer neue Familie

Nun ist der Anbieter gefordert, denn mal eben eine neue Familie zu finden, ist schwierig. Gastfamilien gibt es nicht wie Sand am Meer. Fände sich eine im Umkreis der Schule, wäre der Gastschüler nicht ganz „entwurzelt". Also werden Plakate in der Schule, Kirche und Gemeinde ausgehängt. Der Gastschüler fragt seine Mitschüler und besucht Veranstaltungen der Agentur, stellt sich vor und macht „Werbung" für sich. Für diese Darstellungen werden wieder Selbstbeschreibung und Elternbrief benötigt. Natürlich sind potentielle Familien erst einmal abgeschreckt, wenn es in der ersten Familie nicht geklappt hat.

Findet sich keine Familie in der Umgebung, wird die Suche ausgeweitet, eventuell der Bundesstaat gewechselt. Damit wechselt auch der Betreuer, der Schüler fängt noch einmal ganz neu an.

Findet sich auch keine Familie in einem umliegenden Bundesstaat, wird der Schüler in eine welcome family gegeben, um nicht nach Hause reisen zu müssen. Diese Familie nimmt ihn erst einmal auf, aber eben nicht für lange. Aber die Erfahrung hat gezeigt: Versteht er sich mit der Familie gut, so darf er häufig bleiben. Dazu ist allerdings ein Schulplatz vonnöten, weshalb nicht jede Kleinstadt in Betracht kommt.

Die Suche nach einer neuen Gastfamilie lässt sich umgehen, indem man dem Repräsentanten eine selbst ausgesuchte Familie nennt, die vielleicht auch einen Schulplatz findet, sofern ein Schulwechsel wegen Umzugs nötig wird.

Körperliche und seelische Gefahr

Die oben beschriebene Vorgehensweise ist natürlich nur bei geringfügigeren Fällen zu nutzen. In anderen Fällen sind Überlegungen und Schlichtungsversuche von vornherein überflüssig, und es geht nur noch darum, den Jugendlichen so schnell wie möglich aus der Familie zu nehmen. Dazu gehören:

- ✔ Vernachlässigung aller Art
- ✔ Überforderung
- ✔ Alkoholismus in der Gastfamilie
- ✔ Sexuelle Übergriffe (in Schule, Familie oder Umgebung)
- ✔ Gewalt (in Schule, Familie oder Umgebung)
- ✔ Beleidigungen
- ✔ Seelische und körperlich gefährliche Situationen in der Familie oder Umgebung

In diesen Fällen setze der Gastschüler seinen Ansprechpartner so schnell wie möglich in Kenntnis. Dieser plant gemeinsam mit der Agentur im Heimatland, wie der Schüler aus der Situation zu befreien ist – u.U. nur durch die Polizei. Auf jeden Fall wird jede Organisation alles nur Mögliche für den Jugendlichen in Gang setzen, um ihn aus der misslichen Situation zu befreien.

Doch Gefahr geht nicht nur von einigen wenigen Gastfamilien aus, auch die Gastfamilie könnte sich bedroht fühlen. Gastschüler sind nicht vor psychischen Überforderungen oder Krankheiten gefeit. Besonders die Umstellung innerhalb der Kulturen, hormonelle Unausgeglichenheit oder die Einnahme von Medikamenten führt manchmal zu Übergriffen von Seiten der Schüler. Dann muss der Vermittler zum Schutz der Gastfamilie eingreifen.

Sexuelle Übergriffe

Jeder Veranstalter gibt dem Schüler Tipps und Hinweise (auf Informationsveranstaltungen, Seminaren, Workshops oder schriftlich), was im Fall einer sexuellen Belästigung zu tun ist.

Sexuelle Belästigung ist zum Beispiel

- ✔ eine zu geringe Distanz zum Schüler durch einen Erwachsenen, wodurch sich der Schüler belästigt fühlt
- ✔ Berührung des Körpers ohne Zustimmung des Schülers
- ✔ Verbale Entgleisungen, durch die sich der Schüler belästigt fühlt
- ✔ Verbale Angriffe sexueller Art in jeder Form
- ✔ Nutzung von Kleidungsstücken des Schülers in sexueller Hinsicht
- ✔ Unseriöse Umgangsformen sexueller Art
- ✔ Nutzung von Pornografie jeder Art im Beisein des Schülers
- ✔ Darstellung von sexuellen Symbolen oder Körperteilen

✓ Versuch eines Beziehungsaufbaus zum Schüler in sexueller Hinsicht

Wird ein Schüler in irgendeiner Weise sexuell belästigt, so rufe er sofort die Notrufnummer der Partnerorganisation im Gastland an. Diese wird sofort handeln, indem ein Repräsentant den Schüler besucht, sich ein Bild der Lage macht und ihn aus der Familie nimmt. Der Repräsentant wird auch die Polizei einschalten. Notfalls kommt der Schüler erst einmal bei ihm unter. Jede Organisation wird auf jeden Fall sofort handeln, da können sich leibliche Eltern ganz sicher sein.

Meist wird die amerikanische Agentur die Nachricht des Schülers an die europäische Kooperationsfirma weiterleiten, so dass die Eltern in Kenntnis gesetzt werden können.

Kontakt zu Familie und Freunden

Selbstverständlich möchte der Jugendliche vom Gastland aus Kontakt zu seinen Eltern und Geschwistern halten, ebenso zu sonstigen Verwandten und Freunden. Schließlich sind alle neugierig auf seine Erfahrungen, und er brennt sicher vor Erzähldrang. Was wohlgemeint ist, wird jedoch allzu leicht zur Unfreundlichkeit. Stelle man sich einige Situationen doch einmal vor.

Fall: Der Jugendliche sitzt im Wohnzimmer mit dem Rücken zur amerikanischen Gastfamilie und chattet stundenlang auf DEUTSCH. Das Verhalten gegenüber einer Gastfamilie, die kein Geld für ihre Gastfreundschaft erhält, ist nicht sehr sozialverträglich. Im Übrigen werden viele Gastfamilien auch heute noch kein Internet zur Verfügung haben. Darum bitte in der Schule ein Computerfach wählen, so dass E-Mails dort geschrieben werden können. Dies bitte mit der Highschool absprechen.

Fall: Der Schüler telefoniert auf Deutsch eine halbe Stunde lang mit seinen Eltern, macht dabei ein etwas düsteres Gesicht (z.B. weil die Eltern ihm von einer Veranstaltung berichten, bei der er gerne dabei wäre, o.Ä.). Vielleicht beginnt er gar zu weinen, weil plötzliches Heimweh aufkommt, ärgert sich über eine Sache oder spricht in höhnischem Tonfall, als mache er sich über jemanden lustig. Das Gespräch muss sich gar nicht unbedingt auf die Gastfamilie beziehen, aber in dem Moment schließt der Schüler die Gasteltern aus und hat kein Ohr mehr für die neue Familie. Dieses Verhalten ist auf jeden Fall kontraproduktiv und schürt schlechte Stimmung in der Familie. Das gilt für Kontakt mit den Eltern und europäischen Freunden ebenso wie für Treffen mit anderen deutschen Gastschülern oder anderen Deutschsprechenden. Auch hierbei fühlt sich die Gastfamilie rasch ausgeschlossen und argwöhnt, dass über sie geredet wird.

Der Jugendliche achte bei seinem Verhalten unbedingt auf die Wirkung auf seine Gastfamilie. Sicher wäre es gut, sie mit einzubeziehen, indem der Schüler z.b. erzählt, was er mit seinen Eltern geredet hat, oder wenn die Gasteltern selbst ein paar Worte mit den europäischen Eltern wechseln. Entsteht doch einmal eine missverständliche Situation, rücke man sie ins rechte Licht. Ist der Gastschüler z.b. in Tränen ausgebrochen, kann er ja seiner Gastfamilie erzählen, dass ihn plötzlich das Heimweh übermannt hat (eine verständliche Reaktion), er sich bei ihr aber dennoch sehr wohlfühlt.

Zu intensiver Kontakt zum Heimatland ist auch insofern problematisch, als man sich ja eigentlich auf ein neues Leben einlassen wollte. Nun ist man im Traumland – und verwendet seine Zeit nur zu Telefonaten und zum Schreiben von Mails? Das macht nicht nur auf die Gastfamilie einen ungünstigen Eindruck, sondern macht auch den Sinn des Jahres zunichte. Dazu hat man sich so angestrengt? Zudem fördern häufige Telefonate das Heimweh.

Zum „guten Ton" gehören keine tägliche Telefonate oder E-Mail-Sitzungen. Man bedenke: Die Gasteltern und -geschwister sprechen oft kein Deutsch. Allzu leicht entsteht für sie der Eindruck, der Gast fühle sich nicht wohl oder kritisiere seine Gastfamilie. Zumal sie sich sicher ausgeschlossen fühlen, wenn der Gast lange Telefonate in einer fremden Sprache führt.

Ebenso sollte der Jugendliche vermeiden, sich nur deshalb zum Hundespaziergang zu melden, weil er dann unbemerkt SMS schreiben oder telefonieren kann. Ganz wichtig ist, sich an die Regeln und Gebräuche der Familie heranzutasten und sich entsprechend zu verhalten. Telefonieren die Gastgeschwister am Abend, wird man fragen können, ob man mit neu gewonnenen Freunden ebenfalls telefonieren darf. Aber Achtung, die Telefongespräche sollten selbstverständlich bezahlt werden. Daher muss der Jugendliche auch erfragen, wie er die Gebühren nachvollziehen kann.

Und noch ein Hinweis: Durch die Bank weg haben die zurückgekehrten Jugendlichen gesagt, dass sie nach dem Auslandsaufenthalt wesentlich besser mit ihren Eltern zurechtgekommen sind. Das sind doch tolle Aussichten!

Tipps zum E-Mail-Verkehr

Sicher werden die meisten Gastschüler ihren Eltern und Freunden durch E-Mails von den Ereignissen in Amerika berichten. So einfach mailen auch geht, kann es manchmal doch böse ins Auge gehen. Hier einige Tipps:

- Immer so schreiben, dass die Worte niemanden verletzen
- Keine Geheimnisse ausplaudern (dafür eignen sich Briefe besser)
- Keine geheimen Nummern preisgeben
- Immer daran denken, dass E-Mails durch spezielle Programme von vielen Fremden gelesen werden können
- Nicht vergessen, dass man die E-Mail aus Versehen zu einer falschen Person senden kann. Sie ist dann nicht mehr zurückzuholen und der Inhalt oft nicht mehr „wegzureden".
- Erst über den Inhalt nachdenken,

bevor man die Nachricht sendet, denn geschriebene Worte lassen sich nicht mehr aus der Welt räumen!

Besonders gefährlich sind E-Mails oder Chats im Überschwang der Gefühle, denn der Gesprächspartner liest die Nachricht sofort. Normalerweise verschickt man sie, ohne noch einmal eine Nacht darüber geschlafen zu haben. Daher bei großer Aufgeregtheit oder Traurigkeit besser zum Briefpapier greifen: Hat man sich den Kummer erst einmal vom Herzen geschrieben, fühlt man sich schon leichter. Am nächsten Morgen kann man ja immer noch überlegen, ob man den Brief tatsächlich abschicken möchte. Man versetze sich nur in die Lage der Eltern, des Freundes oder der Freundin, wenn sie einen schrecklich wütenden oder traurigen Brief erhalten. Sie werden verzweifeln, weil sie nicht zur Hilfe eilen können – während der Gastschüler die Sache vielleicht schon wieder vergessen hat.

Telefonate

Die Kosten für Telefonate nach Kanada oder Amerika schwanken stark: von ein paar Cents bis zu drei (!) Euro pro Einheit. Daher suche man täglich nach der günstigsten Vorwahl. Die Informationen im Internet sind dazu leider häufig verwirrend. Stattdessen gucke man in größeren Tageszeitungen nach, wo ausführliche Angaben stehen.

Bei Ärger und Konflikten

Achtung: Nach einiger Zeit erreicht der Jugendliche sicher eine Phase, in dem

ihm alles in der neuen Heimat scheußlich und unangenehm vorkommt. Dann gerate man nicht in Panik, denn erstens gibt sich der Zustand meist wieder und zweitens meldet der Jugendliche sich oft gerade dann, wenn er sich so richtig mies fühlt. Eltern können ganz sicher sein, dass der Jugendlich gut aufgehoben ist, wenn sie nichts hören. Darunter leiden nur die Eltern, denn der Jugendliche träumt bereits nach einem Monat in der anderen Sprache, er wird für diese Zeit zu einem Amerikaner. Lassen Sie ihn, schalten auch Sie ab.

Manche Schüler telefonieren nur alle zwei Monate mit ihren Eltern. Das ist ein gutes Zeichen, denn wenn Eltern nichts hören, ist alles in Ordnung. Tägliche oder wöchentliche Telefonate sind nämlich auch für den Jugendlichen keineswegs sinnvoll. Er lebt sich in eine neue und andere Welt ein. Immer, wenn er Kontakt nach Hause aufnimmt, dreht er Amerika automatisch den Rücken zu. Das ist nicht im Sinne des Jahres, denn schließlich wollte der Jugendliche eine neue Kultur erleben.

Tipp: Die Eltern nicht bei jeder Gefühlsaufwallung benachrichtigen. Sie können sich so weit entfernt kein tatsächliches Bild der Lage machen, sondern sehen sie so, wie der Schüler sie durch seinen Gefühlsausbruch darstellte. Das mag übertrieben sein, denn selten ist eine Situation so dramatisch, wie man sie im ersten Moment ansieht. Man bedenke, dass die Eltern sich später stunden-, vielleicht auch tagelang Sorgen machen, nur wegen einem Telefonat oder einer Mail. Sie erwägen vielleicht, den Veranstalter einzuschalten oder sogar selbst nach Amerika zu reisen. Der Schüler hingegen hat die Gefühlsaufregung kurz nach dem Telefonat wieder vergessen.

Außerdem ist es gefährlich, bei Problemen oder Kummer den Kontakt zur Heimat zu suchen. Zwar tut ein Gespräch mit den Eltern oder Freunden gut, doch danach ist die Einsamkeit oft noch größer. Außerdem sind sie bei Problemen nicht die richtigen Ansprechpartner, weil sie die Situation nicht kennen, außer durch die einseitige Schilderung. Daher geben sie leicht Ratschläge, die die Lage noch verschlimmern. Statt sich zurückzuziehen, suche man also lieber den Kontakt zu Amerikanern: Ein Problem mit der Gastfamilie sollte man auch mit ihr besprechen.

Tipp für Eltern: Nicht alle Nachrichten so ernst nehmen. Besonders Mails werden allzu rasch geschrieben und versandt, ohne sie vorher nochmal durchzulesen oder eine Nacht darüber zu schlafen. Dadurch entsteht leicht ein schiefes Bild der Lage, die auch der Absender nicht so darstellen wollte. Man nehme einen Gefühlsausbruch daher nicht allzu ernst.

Keinesfalls ist eine Reise der leiblichen Eltern nach Amerika nötig, denn die Organisation kümmert sich ja vor Ort um den Sohn oder die Tochter.

Reisen mit den leiblichen Eltern

Wie sinnvoll ist es, wenn die eigene Familie den Jugendlichen im Ausland besucht?

Gar nicht! Davon sollte man strikt die Hände lassen, denn der Jugendliche taucht gedanklich und körperlich in die andere Welt ein. Oft lässt sie sich mit der heimischen Welt kaum unter einen Hut bringen. Es ist völlig unsinnig, die Heranwachsenden in einen solchen Zwiespalt zu bringen. Also sollten Familienbesuche, wenn unbedingt nötig, nur zu Ende stattfinden. Die meisten Anbieter verbieten solche Besuche ohnehin.

Und was ist nach dem Aufenthalt? Es hört sich toll an, danach gemeinsam mit den leiblichen Eltern Amerika zu erkunden. Trotzdem möchten wir dringend davon abraten. Hier einige Gründe:

Die Gastfamilie hat den Jugendlichen monatelang als Familienmitglied aufgenommen und dafür Nerven, Zeit und Geld investiert. Gastschüler und Gastfamilie haben Großartiges vollbracht, nämlich sich aneinander gewöhnt und gemeinsam gelebt. Nun kommt die leibliche Familie, nimmt den Jugendlichen und fährt in Urlaub. Das ist kein passender Abschluss einer solchen Erfahrung. Ein Abschluss ist es nur, wenn man den Gasteltern auch Schmerz und Abschiednehmen zulässt. Es ist das Pendant zur Inempfangnahme des Schüler viele Monate zuvor.

Der Schüler hat sich an ein gänzlich anderes Leben gewöhnt und ist darin vollständig eingetaucht. Statt langsam und mit den entsprechenden Gefühlen wieder aufzutauchen, wird er in einen Zwiespalt zwischen zwei Elternpaaren gezogen. Er steht plötzlich zwischen Amerika und der Heimat, die zu diesem Zeitpunkt eigentlich noch gar nichts zu suchen hat. Er hat nicht die Möglichkeit, mit dem Einen abzuschließen und mit dem Neuen wieder anzufangen.

Sollte der Schüler trotz der Bedenken mit seinen leiblichen Eltern durch Amerika reisen, ist unbedingt darauf zu achten, dass er das Land zuvor nicht verlässt, denn sein Visum ist ja abgelaufen. Es könnte sein, dass ihm dann die Einreise verwehrt wird, da er den Status des Gastschülers verloren hat.

Die USA billigen dem Gastschüler eine *Ausreisefrist* von dreißig Tagen zu. Das bedeutet, dass er auch nach Ablauf des Visums noch im Land bleiben darf. Hintergrund dieser „Verlängerung" ist, dass der Schüler seine persönlichen und schulischen Angelegenheiten abschließen kann und nicht Hals über Kopf das Land verlassen muss. Für Kanada gilt die eben genannte Schonfrist nicht; abgelaufen ist abgelaufen. Wer trotzdem im Land bleibt, riskiert eine Wiedereinreisesperre.

Traumjahr? Na ja ...

Das Auslandsjahr verläuft nicht immer wie im Bilderbuch, wie folgender Erfahrungsbericht zeigt:

Bewerbung und Vorstellungsgespräch

Mir kam es darauf an, Aufenthaltsort und Highschool selber auswählen zu können, statt dies dem Zufall bzw. der Willkür der Organisation zu überlassen. Die Beschreibung der Belmont Secondary School auf der kanadischen Insel Vancouver sprach mich beim Durchsehen des Werbeprospekts besonders an, da diese Schule eine besonders große Vielfalt an Sportaktivitäten zu bieten schien und in einem Vorort Victorias liegt.

Kurz nach meiner Bewerbung erhielt ich die erhoffte Einladung zu einem Vorstellungsgespräch. Voller Vorfreude begann ich mich erneut mit der englischen Grammatik (die ich in der Schule ziemlich vernachlässigt hatte) zu befassen, da ich schon häufig von Einstellungstests gehört hatte und diesen nicht vollkommen ahnungslos bestreiten wollte.

Am Tag des Gesprächs empfingen mich eine Angestellte der Organisation sowie ein junges Mädchen – eine sogenannte Retournee – in den Räumlichkeiten der Agentur. Das Mädchen war erst vor kurzem aus dem Ausland zurückgekehrt und sollte mir bei Fragen zur Seite stehen. Leider half mir ihre Anwesenheit nicht sonderlich weiter, da sie ihren Auslandsaufenthalt in den Vereinigten Staaten verbracht hatte und mir keine Auskünfte zur Region British Columbia, den Einwohnern oder dem örtlichen Schulsystem geben konnte. So kam es nach einem kurzen Gespräch, bei dem ich meine Wünsche bezüglich der Gastfamilie (ob ich mit Gastgeschwistern oder Haustieren zurecht käme, wie meine Einstellung zu verschiedenen Religionen aussähe etc.) äußern konnte, wie befürchtet zu einem mündlichen und auch schriftlichen Einstellungstest.

Vollkommen ahnungslos und mit der Einsicht, dass mein Englisch doch schlechter war, als ich mir immer eingeredet hatte, versuchte ich die Fragen bestmöglich zu beantworten.

Obwohl ich schon mit einer Absage gerechnet hatte, erhielt ich einige Wochen später die Zusage. Ich freute mich selbstverständlich über den Erfolg, jedoch wurde mir klar, dass das Bewerbungsgespräch nur dazu diente, eine gewisse Seriosität vorzutäuschen, statt ernsthaft Sprachkenntnisse zu testen. Denn im Endeffekt zählt der Verdienst an jedem neu gewonnenen Kunden ja doch mehr als die wahrhafte Eignung für einen Aufenthalt im Ausland.

Das Vorbereitungsseminar, eigentlich Zeitverschwendung

Zur Vorbereitung der zukünftigen Gastschüler bot mein Veranstalter neben etlichen Infoblättchen auch ein Wochenende in Hannover an. Gemeinsam mit meinem Großvater und meiner Mutter reiste ich in das Jugendfreizeitheim, in dem uns ein dreistündiger Vortrag erwartete. Anschließend mussten meine Verwandten das Gelände verlassen. Ich rechnete mit weiteren nützlichen Auskünften, jedoch endete der Abend mit Zimmerbeziehen, Pizzabestellen und Zeitvertreib durch nette Gespräche. Auch der nächste Morgen sollte außer einem ausgiebigen Frühstück keinerlei nützliche Programmpunkte vorsehen. Gegen Mittag wurde ich von meinem Großvater wieder abgeholt, und wir fuhren zurück nach Berlin. Das Geld für Anfahrtskosten und Übernachtung sowie die aufgebrachte Zeit hätte man (meiner Meinung nach) in lauter nützlichere Dinge investieren können.

Endlich eine Gastfamilie

Erst ca. einen Monat vor meiner geplanten Abreise erhielt ich die Zuweisung einer Gastfamilie. Das Schreiben bestand aus einer Din-A4-Seite ohne Fotos. Der Text darauf war ca. 10 Zeilen lang (in Schriftgröße 15) und informierte mich knapp über die Adresse der Familie, die Namen und das Alter der Familienmitglieder, bei denen ich das nächste halbe Jahr verbringen sollte. Auch der Name der Hauskatze war angegeben.

Ich nahm so bald wie möglich über das Internet Kontakt mit der Familie auf. Leider musste ich ernüchtert feststellen, dass sie nicht sehr schreibtüchtig war, und so blieb es bis zu meiner Ankunft in Kanada bei einer E-Mail ihrerseits. Als ich bei der Familie eintraf, erwartete mich eine Überraschung, denn das Schreiben, das ich von ihnen bzw. vom Vermittler erhalten hatte, war rund vier Jahre alt, und somit war die 19-jährige Tochter bereits 23, wohnte nicht mehr wie angegeben zu Hause und besuchte auch nicht dieselbe Schule wie ich. Stattdessen wohnte eine weitere Gastschülerin aus Taiwan bei uns, mit der ich mich rasch anfreundete.

Der Familienalltag entpuppte sich zu meinem Leidwesen als sehr einsam. Sobald wir gegen 16 Uhr aus der Schule kamen, sperrte sich die Taiwanesin meist in ihr Zimmer und telefonierte stundenlang mit ihren Angehörigen und Freunden im Ausland. Die Gasteltern waren durchschnittlich bis 20 Uhr arbeiten. Anschließend aßen wir gemeinsam, jedoch zeigten die Eltern bei den Tischgesprächen meist nur wenig Interesse an uns. Um keine Langweile aufkommen zu lassen, verbrachte ich die Zeit mit Fußballspielen (im örtlichen Verein) und der Teilnahme an der Ruder-AG. Auf diese Weise lernte ich auch viele Freunde außerhalb der Schule kennen, was mir einen erweiterten Einblick in die kanadische Kultur bescherte.

Schulalltag

Am Tag meiner Abreise hatte ich am Flughafen Berlin-Tegel viele Teilnehmer vom Vorbereitungsseminar in Hannover wiedergetroffen und freute mich über die Gesellschaft während der langen Reise. Unsere Gruppe vergrößerte sich am Flughafen Frankfurt am Main auf das Dreifache, und ich begann stutzig zu werden, als ich hörte, wie viele der Jugendlichen ebenfalls „meine" neue Schule besuchen werden. Das wirkliche Ausmaß der Misere eröffnete sich mir am ersten Schultag, als der Schulleiter voller Stolz verkündete, dieses Jahr wieder so und so viele „International Students" begrüßen zu dürfen, darunter über 40 Deutsche!

Um der Kontaktaufnahme zu einheimischen Jugendlichen noch mehr Steine in den Weg zu legen, waren alle Locker (Schließfächer) der ausländischen Schüler nebeneinander und in einem gesonderten Flügel der Schule untergebracht. Auch in den Pausen gab es anfangs nur wenige Kanadier, die voller Interesse auf uns Gastschüler zugingen. Wie mir später eine Freundin erklärte, lag das daran, dass für viele die ausländische Kultur nicht mehr neu war und sie eher abgeneigt sind, mit jemandem Freundschaft zuschließen, der nach einem halben oder ganzen Jahr wieder zurück in sein Heimatland kehrt. Zu meinem Erstaunen gab es jedoch viele Deutsche, denen diese Isolation nichts ausmachte, und so blieben sie unter Gleichgesinnten und vermieden jegliche Kontaktaufnahme zu Kanadiern. Sie schlossen enge Freundschaften untereinander und sprachen nur in den äußersten Notfällen einige Wörter Englisch. Wer allerdings etwas offener war und auch einmal auf die Kanadier zuging, wurde herzlich aufgenommen und konnte enge Freundschaften schießen.

Dazu bot sich besonders der Sportunterricht an, da man sich währenddessen fast ununterbrochen unterhalten konnte.

Fächerwahl

Als ich zur Hilfe meiner Fächerwahl den von der Organisation angekündigten „Ansprechpartner vor Ort" aufsuchen wollte, musste ich lange suchen, um anschließend festzustellen, dass es niemanden gab außer der Leitung des International Office meiner Schule. Diese konnten mir natürlich bei meiner Frage bezüglich des deutschen Schulsystems nicht weiterhelfen. Die einzige Möglichkeit, mit dem Veranstalter Kontakt aufzunehmen, bestand in einer kostenpflichtigen Hotline, die aus dem Ausland noch teurer gewesen wäre. Deshalb schickte ich eine E-Mail direkt an meine Schule in Deutschland, die mir auch prompt weiterhelfen konnte. Von der vom Vermittler versprochenen Betreuung vor Ort war ich allerdings sehr enttäuscht.

Der Name der Verfasserin ist der Autorin bekannt.

Rund um Amerika

Meist weiß der zukünftige Gastschüler bereits, wohin er reisen möchte. Nicht immer kann er sich mit seinem Wunsch durchsetzen, besonders, wenn dieser Wunsch Amerika heißt. Eine Faustregel ist auf jeden Fall, dass der Jugendliche über sein Wunschreiseland gut Bescheid wissen muss. Sonst hat er keine Chance, diesen Wunsch erfüllt zu bekommen.

Anders sieht die Sache aus, wenn der Erstwunsch nicht mehr durchsetzbar ist und deshalb nun ein anders Land auf dem Plan steht. Dann muss der Jugendliche nicht bis zum Bersten voll mit Wissen über Argentinien stecken. Der Veranstalter wird ihn mit Informationen über das Land versorgen, doch das meiste wird er selbst anlesen müssen.

Abgesehen von der Vorbereitung durch die Organisation sollte sich der künftige Gastschüler auch selbst über das Zielland schlau machen. Informationen bekommt man z.B. in deutsch-amerikanischen Instituten, in diversen Büchern etc. Wissen über das Gastland ist nicht nur in der Bewerbungsphase wichtig. Schließlich wird das Land für mehrere Monate zu seinem Heimatland. Auch während des Lebens im Ausland sollte man etwas über das Land preisgeben können, zumindest mitreden können.

Man lasse sich aber nicht irre machen, wenn Zielland oder Zielregion nicht mit dem / der gewünschten übereinstimmt. Oft wird gerade ein solcher Aufenthalt zum Traum, von dem man es vorher nie erwartet hätte. Der Erfolg des Aufenthaltes hängt weniger vom Gebiet ab als von der Gastfamilie und der Schule.

Landeskunde

Man sollte sich schon ganz genau überlegen, wo man hinfahren möchte. Danach ist es selbstverständlich, dass man sich über das Land kundig macht. Ein paar Eckdaten reichen nicht aus. Man lese nach, wie groß das Land ist, wie viele Einwohner es hat, und welche Infrastruktur dort vorzufinden ist. Ebenso sollte der Gastschüler wissen, an welche Staaten und Meere das Land stößt, wie viele Bundesstaaten es hat und Ähnliches. Wichtige kulturelle Gegebenheiten, die Esskultur und die Höhe der Arbeitslosenzahlen sind ebenfalls interessant.

Johanna

Nordamerika

25,3 Millionen Quadratkilometer groß, setzt sich dieser Kontinent aus den Staaten Kanada und den USA zusammen. Zugehörig sind zudem Bermuda, Grönland, Jan Mayen, Saint Pierre und Miquelon, auf die hier aber nicht weiter eingegangen werden soll.

Nordamerika liegt zwischen dem atlantischen Ozean und dem pazifischen Ozean und besitzt Vulkane, Gebirgsketten, mehrere Salzseen, die Sierra Nevada und die Rocky Mountains. Das Tal des Todes kennt jeder aus dem Fernsehen. Hurricans sind keine Seltenheit, weshalb sich die

Menschen mit diesen Unbilden arrangiert haben. Viele wilde Tiere nennen die riesigen Wälder ihr Zuhause: Rehe, Hirsche, Bären, Elche, Biber ... Daher darf es nicht befremden, wenn viele Kanadier und US-Amerikaner das Jagen als Hobby angeben.

Englisch ist vorherrschende Sprache, nur in Quebec spricht man überwiegend Französisch. Allerdings setzt sich aufgrund der Einwanderer Spanisch immer mehr durch, besonders in ursprünglich mexikanischen Gebieten wie Kalifornien, New Mexiko und Texas. Auch in Florida und New York setzt sich diese Sprache immer mehr fest.

Zeit & Zeitzonen

Amerikaner teilen ihre Zeitangaben in Vor- und Nachmittag ein. 6 Uhr morgens sind „6 a.m." (ante meridiem), 18 Uhr sind „6 p.m." (post meridiem). Die Zeitverschiebung zwischen Österreich, Deutschland und der Schweiz und Kanada beträgt viereinhalb bis neun Stunden; der Zeitunterschied zwischen den erstgenannten Ländern und den USA liegt bei sechs bis neun Stunden (in dem für Gastschüler relevanten Gebiet).

Wichtig wird die Zeitzone immer bei Telefonaten, also hänge man eine Notiz zum Telefon.

Schreibweise

Die Bedeutung des Kommas und des Punktes bei Zahlen ist in Amerika (oder Europa, wie man's nimmt) vertauscht. Beispiel:

3.002 bedeutet in Europa „Dreitausendzwei", in Amerika jedoch „Drei Komma Null Null Zwei".

3,002 bedeutet in Europa „Drei Komma Null Null Zwei", in Amerika jedoch „Dreitausendzwei".

Datumsangaben schreiben Amerikaner normalerweise so: Monat-Tag-Jahr. Beispiel: 12. Juni 1996 = 06/12/1996.

Strom

In Nordamerika fließt Wechselstrom von 110 Volt und 60 Hertz (HZ).

Kanada

Kanada, ein Land für harte Jungs? Man denkt automatisch an Berge, Lassos und Pferde, dabei gäbe es noch viel mehr zu erzählen. Kanada ist als Gastland besonders spannend, wenn man sich für die nordamerikanische Geschichte interessiert. Die Indianer besiedelten Kanada vor 12.000 Jahren, die Inuit folgten vor rund 5000 Jahren. Erst um 1600 wurde Kanada kolonisiert. „Canada" bezeichnete ursprünglich ein Irokesendorf; der Name hat sich bis heute gehalten.

Kanada ist nach Russland das größte Land der Erde (fast zehn Millionen Quadratkilometer); es ist fast so groß wie Europa. Auf der riesigen Fläche leben ungefähr 31 Millionen Menschen, so dass die Bevölkerungsdichte bei rund drei Einwohnern pro Quadratkilometer liegt. Allerdings leben 77 Prozent der Kanadier in großen Städ-

ten, z.B. Vancouver, Montreal oder Toronto.

Kanada ist ein multikulturelles Land: Neben den Hauptsprachen Englisch und Französisch bekommt man auch Cree, Hindu, Spanisch, Inuktituk und vieles mehr zu hören. Denn Kanadier haben nicht nur englische und französische Wurzeln, sondern auch jüdische, chinesische, polnische, niederländische, deutsche, griechische oder afrikanische, um nur einige wenige zu nennen. Mehr als eine Million Kanadier sind Ureinwohner („First Nations"). Ein finsteres Kapitel ist die Behandlung der Indianer bis weit in die Sechziger. Kinder wurden ihren Eltern sehr früh, schon mit vier Jahren, weggenommen, genau wie in den USA, um sie in Heime, dann in „Bordings Schools" o.ä., Internate, zu stecken. Ziel war es, ihre Wurzeln zu zerstören, um aus ihnen „Amerikaner" zu machen.

Ein Gastschüler ist hier also überhaupt kein Fremder oder etwas Unbekanntes. Die Einwanderungsrate in Kanada liegt so hoch wie nirgendwo in der Welt. Für jede Art Einwanderer – also auch für Gastschüler – wird eine jährliche Höchstzahl festgelegt.

Der Bundesstaat Kanada gliedert sich in drei Territorien und zehn Provinzen. Letztere zeichnen sich durch eine hohe Selbstständigkeit aus. Besonders Quebec, die größte Provinz, strebt nach Unabhängigkeit. Bei Abstimmungen zum Austritt aus dem kanadischen Bundesstaat fehlten bislang jedoch einige Stimmen. Inzwischen hat sie

AIFS American Institute For Foreign Study

Zentrale Bonn
Baunscheidtstr. 11, 53113 Bonn
Tel.: +49 (0) 228 95730-0, Fax: + 49 (0) 228 95730-10
info@aifs.de, www.aifs.de
Gründungsjahr: 1964
Ansprechpartner: Johannes Knauer, Program Manager

Anzahl der jährl. Vermittlungen: ca. 500
Partnerorganisation i.d. USA / Kanada: AIFS Foundation
Altersbegrenzung: 14-18 Jahre bei Ausreise
Bewerbungsfrist: *USA:* Mitte April (Ausreise August) bzw. Ende September (Ausreise Januar) *Kanada:* Ende April (Ausreise August/September) bzw. Mitte September (Ausreise Januar/Februar)
Voraussetzungen: Bewerber müssen bei Ausreise zw. 14 u. 18 Jahre sein, noch zur Schule gehen und sie auch nach dem Aufenthalt weiter besuchen wollen, ferner mind. drei Jahre Englisch als Unterrichtsfach gehabt haben und neugierig, tolerant und aufgeschlossen sein.
Bewerbungsverlauf: Erstkontakt über das Bewerbungsformular unter www.aifs.de oder in der AIFS High School Broschüre. Darauf erfolgt eine Einladung zu einem Einzelgespräch in der Nähe des Wohnortes. Bei Eignung wird anschließend ein Vertragsangebot unterbreitet, welches durch die Annahme des Bewerbers verbindlich wird.
Vor- u. Nachbereitung: Vorbereitungsseminare, ausführliche Handbücher und Inforundbriefe für Schüler und Eltern vor der Ausreise. Nachbereitung im Rahmen einer großen Returnee-Party, wo sich die ehemaligen Teilnehmer untereinander austauschen können.
Betreuung i.d. USA / Kanada, bzw. die der Eltern: Vor Ort in den USA durch Mitarbeiter des AIFS Büros und in Kanada durch lokale Betreuer der Partnerorganisation.
Ausflüge, touristische und kulturelle Angebote: Stadtrundfahrt im Rahmen eines Einführungsworkshops in New York.
Dauer des Aufenthalts: USA: Schulhalbjahr oder Schuljahr; Kanada: 3 Monate, Schulhalbjahr oder Schuljahr
Abreisezeit: USA: Januar oder August; Kanada: Januar bzw. Februar oder August bzw. September
Flugbegleitung: Auf der Hinreise in die USA
Programmgebühren: 1 Schulhalbjahr in den USA: 6.600 €, 1 Schuljahr in den USA: 7.400 €, 3 Monate in Kanada: ab 6.800 €, 1 Schulhalbjahr in Kanada: ab 9.200 €, 1 Schuljahr in Kanada: ab 14.500 €
Zusatzkosten: Visagebühren, Verpflegung in der Schule, Schulextras (wie z.B. Bücher und Lehrmaterialien) und der Schulbus in Kanada, ein monatlicher Gastfamilienzuschuss in den USA sowie ein Taschengeld.
Stipendien: Vollstipendium für die USA im Wert von 7.400 €. Näheres unter www.dfh.org oder www.aifs.de.
Staatsangehörigkeit: Für Schüler aus Deutschland, Österreich und der Schweiz.
Platzierung: In den USA in fast alle US Staaten. Bei Kanada in Québec, Alberta, British Columbia, New Brunswick.
Sonstiges: USA: Bei Anmeldung bis Ende Juni (Winterausreise) und Ende November (Sommerausreise) kann ein Einführungsworkshop in New York kostenlos besucht werden. Zudem wird ein Pre-Placement-Rabatt von 400 € bei bereits vorhandener Gastfamilie eingeräumt. Generell wird ein Geschwisterrabatt von 200 € gewährt.

den Status „Nation" innerhalb des geeinten Kanadas. Dort ist Französisch einzige Amtssprache.

Formale Spitze des Staates ist das englische Königshaus, da Kanada zum Commonwealth of Nations gehört. Die Königin beeinflusst die kanadische Politik jedoch nicht.

Kanada gehört zu den wohlhabendesten Ländern dieser Welt. Die Lebenserwartung ist so hoch wie nirgendwo anders: 81,2 Jahre.

Das *Klima* ist kühl-gemäßigt im Süden bis polarkalt im Norden. Die Winter sind kalt und lang. Das Wetter ist an den Küsten ist feucht und gemäßigt.

Für Naturliebhaber ist Kanada die richtige Wahl. Gastschüler kommen oft aufs Land, d.h. auf eine Farm oder in eine kleinere Gemeinde, manchmal hunderte Kilometer von der nächsten Metropole entfernt. Gerade die Landbewohner nehmen Gastschüler normalerweise mit offenen Armen auf. Außerdem gibt es auf dem Land viel zu entdecken; nicht umsonst wird überall die kanadische Natur angepriesen. Von klaren Seen, dunklen Wäldern und verschneiten Bergen ist die Rede, von Elchen, (Wasch-)Bären, kurz der „greatest outdoor show on earth". Kanada bietet eine erstaunliche Vielfalt an Landschaften. Einen Abstecher lohnen die rund vierzig Nationalparks. Oder wie wär's mit einem Ausflug an die Küste? Da Kanada, abgesehen von der 8900 km langen Grenze zur USA, ganz von Wasser umschlungen ist, weist es die längste Küste der Welt auf. Was vielleicht verwundert: Im Gegen-

satz zu US-Amerikanern benutzen Kanadier die Längenbezeichnung Kilometer, nicht Meile.

Sport

Der Aushängesport Kanadas ist Eishockey, dann Canadian Football. Es folgen Baseball, Basketball, Cricket, Curling, Fußball, Rugby Union und Softball.

Die Präzisionssportart Curling (ähnlich wie Boccia) spielt man im Winter. Es wird als „Schach auf dem Eis" bezeichnet, da die Spieler versuchen, Spielsteine zum Mittelpunkt eines Zielkreises zu bringen. Es gibt zwei Mannschaften mit je vier Spielern.

Beliebte Einzelsportarten sind Golf, Leichtatlethik, Ringen, Schwimmen, Surfen, Eislaufen, Skaten, Tennis und Snowboarden.

Bus und (Straßen-)Bahn

Im Gegensatz zu den USA verfügt Kanada über ein ausgeprägtes Nahverkehrssystem. Ein Gastschüler wird sich wohl erst eine Weile zurechtfinden müssen, aber die Stadtbahnsysteme sind nach kurzer Einweisung gut zu verstehen. Zur Ergänzung verkehren Stadt- und Schnellbusse. Auf längeren Strecken wird der Greyhoundbus eingesetzt. Die Nutzung der Verkehrsmittel ist wesentlich günstiger als hier, besonders über längere Strecken.

Sicherheit

Im Gegensatz zu den USA gibt es in Kanada wesentlich weniger Gewalt und Einbruchsdelikte. Es scheint alles sehr viel sicherer zu sein und etwas geruhsamer zuzugehen.

Alkohol und Zigaretten

Alkoholkonsum in der Öffentlichkeit ist untersagt. Zum Alkoholtrinken müssen Kanadier ein lizenziertes Lokal aufsuchen. Rauchen ist in Restaurants und Bars ebenso untersagt wie in öffentlichen Verkehrsmitteln, öffentlichen Gebäuden und in Einkaufszentren.

Gesetzliche Feiertage Kanada

Januar
01. New Year's Day (Neujahrstag)

März / April
Good Friday (Karfreitag)
Catholic Easter Sunday (kath. Ostersonntag)
Catholic Easter Monday (kath. Ostermontag)

Mai
Montag vor oder am 24. Mai – Victoria Day (Ehrentag brit. König oder Königin)

Juli
01. Canada Day (Nationalfeiertag)

September
Erster Montag – Labor Day (Tag der Arbeit)

Oktober
Zweiter Montag – Thanksgiving (Erntedankfest)
31. Halloween

November
11. Remembrance Day

Dezember
25. Christmas Day (1. Weihnachtsfeiertag)
26. Boxing Day (2. Weihnachtsfeiertag)

Die Daten vieler Feiertage sind nicht eindeutig festgelegt, sondern errechnen sich jedes Jahr neu (wie bei uns Ostern).

Nützliche Adressen

www.canada.gc.ca
www.educationcanada.cmec.ca
www.travelcanada-germany.de
www.kanada.de (hier kann man sich
eine Broschüre über Arbeitsmöglich-
keiten in Kanada herunterladen, ist
auch für Gastschüler interessant)

Bei Schwierigkeiten aller Art – ver-
schwundene Unterlagen, Fragen zur
Ausreise etc. – ist die heimische Botschaft zu konsultieren. Auf folgenden
Seiten stehen die Adressen der Aus-
landsvertretungen des jeweiligen Landes:

CH: http://www.eda.admin.ch/eda/de
/home/reps.html
A: http://www.bmeia.gv.at/aussen-
ministerium/buergerservice/oester-
reichische-vertretungen.html
D: www.auswaertiges-amt.de

Embassy of Germany
1 Waverly Street
Ottawa, Ontario K2P 0T8
Kanada
Tel.: 001 (für Nordamerika)
613 232 11 01
Fax: 001 613 594 93 30
GermanEmbassyOttawa@on.aibn.com
www.ottawa.diplo.de

Embassy of Austria
445 Wilbrod Street
Ottawa, Ontario K1N 6M7
Kanada
Tel.: 001 (für Nordamerika)
613 789 1444
ottawa-ob@bmeia.gv.at
www.aussenministerium.at/ottawa

Embassy of Switzerland
5 Marlborough Avenue
Ottawa, ON, K1N 8E6
Kanada
Tel.: 001 (für Nordamerika)
613 235 18 37
ott.vertretung@eda.admin.ch
www.eda.admin.ch/canada

USA

Das Land der unbegrenzten Möglichkeiten. Das Land der großen Herzlichkeit. Das Land, in dem alles so groß ist.
Das sind die auffälligsten Attribute, die
man im Zusammenhang mit den USA
immer wieder zu hören bekommt. Aber
auch hier gibt es eine Kehrseite der
Medaille.

Das Land ist hoch verschuldet, die
Umweltbelastung enorm und es gibt
einen gewissen Unwillen, auf Komfort
und Luxus zu verzichten. Nur langsam
setzt sich Bescheidenheit durch. Es
müssen nicht immer die größten Autos
sein; langsam wird auch der Kleinwa-
gen schick. Aber, und das ist sehr
bedeutsam, vorangehen müssen die
wichtigen Leute, die Schauspieler und
Politiker. Dann folgen die meisten US-
Amerikaner fast blind. Sie sind zwar
nicht überaus politisch, aber sehr flexi-
bel, wen sie zu Politikern wählen
(Ronald Reagan, Arnold Schwarzeneg-
ger, etc.)

Etwas mehr als dreihundert Millionen
Einwohner leben in den USA, auf
ungefähr 9 600 000 Quadratkilometern.
Die Bevölkerungsdichte liegt bei

Gesetzliche Feiertage USA

Januar
01. New Year's Day (Neujahrstag)
Martin Luther King Day

Februar
Dritter Montag – President's Day

Mai
Letzter Montag – Memorial Day (Totengedenktag)

Juli
04. Independence Day (Nationalfeiertag)

September
Erster Montag – Labor Day (Tag der Arbeit)

Oktober
Zweiter Montag – Columbus Day

November
11. Veterans' Day
Vierter Donnerstag – Thanksgiving (Erntedankfest)

Dezember
25. Christmas Day (1. Weihnachtsfeiertag)

31,5 Einwohnern pro Quadratkilometer. Die Lebenserwartung beträgt 78,1 Jahre.

Die Daten vieler Feiertage sind nicht eindeutig festgelegt, sondern errechnen sich jedes Jahr neu (wie bei uns Ostern).
Staatliche Feiertage sind größtenteils nicht religiöser Natur, sondern meist geschichtsbezogen und weisen auf wichtige Tage in der Vergangenheit hin. An Feiertagen wird häufig gearbeitet; das handeln die Arbeitnehmer mit den Arbeitgebern aus und halten dies im Arbeitsvertrag fest. Kleinere Einkaufsgeschäfte haben oft geöffnet, doch Schulen, Banken, Regierungsstellen, Ämter und Poststellen und große Firmen beachten diese Feiertage meist.

Klima
Der Titel „Land der unendlichen Möglichkeiten" scheint sich auch auf das Wetter der USA zu beziehen. Gastschüler erwartet je nach Region wahlweise gemäßigtes Klima, große Trockenheit, Hitze, viel Schnee … Selbst innerhalb der Bundesstaaten schwankt das Wetter.

Gesundheitssystem

Hamburger Abendblatt, 11.9.09:
Die USA waren die einzige Industrie-
nation ohne staatliche Pflicht-Kranken-
versicherung. Etwa 47 Millionen Amerikaner sind nicht versichert. Das US-
Gesundheitssystem ist zudem eines der
teuersten der Welt. In diesem Jahr werden in den USA mehr als zwei Billionen Dollar (etwa 1,4 Billionen Euro)
für die Gesundheitsversorgung der 300
Millionen Amerikaner ausgegeben.
Mehr als die Hälfte der US-Bürger sind
über ihren Arbeitgeber versichert (die
Beiträge haben sich in den vergange-
nen zehn Jahren etwa verdoppelt). Wer
seinen Arbeitsplatz verliert, steht meist
ohne Krankenversicherung da. Allerdings zahlt der Staat mit den Programmen Medicare und Medicaid für viele
Millionen alter und schwacher Bürger.
Das kostet die Regierung derzeit 800
Milliarden Dollar im Jahr.

Nützliche Adressen

Bei Schwierigkeiten aller Art – ver-
schwundene Unterlagen, Fragen zur
Ausreise etc. – ist die heimische Botschaft zu konsultieren. Auf folgenden
Seiten stehen die Adressen der Aus-
landsvertretungen des jeweiligen Landes:

http://www.eda.admin.ch/eda/de/home/
reps.html (Schweiz)

http://www.bmeia.gv.at/aussenministe-
rium/buergerservice/oesterreichische-
vertretungen.html (Österreich)

www.auswaertiges-amt.de
(Deutschland)

Embassy of Germany
4645 Reservoir Road N.W
Washington D.C. 20007-1998
Tel.: 001 (für Nordamerika)
202 298 4000
www.germany.info

Embassy of Austria
3524 International Court N. W.
Washington D. C. 20008
Tel.: 001(für Nordamerika)
202 895 67 00
www.austria.org

Embassy of Switzerland
2900 Cathedral Avenue N.W.
Washington, DC 20008-3499
Tel.: 001 (für Nordamerika)
202 745 7900
www.swissemb.org

Alltag und Freizeit-
gestaltung

Der Alltag ist für manche europäische
Jugendliche zunächst anstrengend, da er
einem anderen Rhythmus folgt. Die
Schule beginnt früh und dauert meist bis
zum Nachmittag, woraufhin häufig noch
Spiele oder Veranstaltungen folgen.
Abends essen viele Familien gemeinsam. Danach sind noch Hausaufgaben
zu machen. Sind diese erledigt und es
ist endlich Zeit, Freunde zu treffen, so
frage man höflich, wann man zu Hause
sein sollte. Auch hier richte man sich
nach den Gewohnheiten der Familie
und nutze die angegebene Zeit nicht
über Gebühr aus.

In Amerika spielt sich sehr viel in der Familie und Schule ab, aber es gibt auch Zeit und Gelegenheit, mit Freunden einfach nur „abzuhängen".

Wochenende

Natürlich kann man kein typisches Wochenende beschreiben, aber Amerikaner sind grundsätzlich sehr familienfreundlich und unternehmungslustig. Häufig fährt die ganze Großfamilie weg, z.B. zu einem Basketballspiel, mit Eltern, Kindern, Oma, Hund und Maus. Zwischendurch speist man einen Hamburger oder kehrt irgendwo ein.

Amerikaner lieben Ausflüge zu Monumenten oder Freizeitparks. Unternehmungen stehen hoch im Kurs, da Amerikaner sie gern als Ausgleich ihrer Arbeit ansehen. Die Abenteuerlust bezieht sich auch auf Karussells und Tierparks.

Jugendliche sehen Ausflüge ebenfalls als Bereicherung ihrer Freizeit an, denn in der Schule verbringen sie die Woche über viel Zeit.

Partys

Freundschaften ergeben sich meist aus der Schule heraus, denn dort verbringt man den Tag und geht Freizeitaktivitäten nach (z.B. in Sport-, Musik-, Theatergruppen). Daher wird auch über diese *Kontaktschiene* zu Partys geladen. Diese werden entweder in den privaten Häusern oder in der Schule gefeiert. Es gibt feste Schultermine für Partys, aber auch private Anlässe wie Geburtstag oder ein Jubiläum. Der Rahmen ist relativ festgelegt, da

Jugendliche einem strengen Jugendschutzgesetz unterliegen.

Amerikanische Partys verlaufen ähnlich locker wie bei uns. Offiziell organisierte verfolgen allerdings meist ein Motto. So kann ein bestimmtes Thema angesagt sein, oder es besteht Anzug- und Kleiderpflicht. Man möge genau hinhören, um nicht in dieses sehr „beliebte" Fettnäpfchen zu treten.

Achtung bei Partys: Kein Alkohol und keine gemeinsame Unternehmung mit anderen Jugendlichen, die Alkohol trinken. Allein das Zusammensein, auch wenn man selbst nicht getrunken hat, ist gesetzeswidrig. Das bringt Gastschüler rasch in die Bredouille.

Sport

In Amerika ist das Vereinswesen mit entsprechenden Hobbys unüblich. Es ist also eher selten, nach dem Abendbrot noch Sport in einem Verein auszuüben. Dennoch spielt Sport in Amerika eine große Rolle, besonders in der Schule, wo er oft täglich auf dem Programm steht (z.B. als Wahlfach nach Schulschluss). Dort finden auch Turniere oder Spiele statt. Über den Sport, aber auch über andere Wahlfächer, finden Gastschüler prima Anschluss an Gleichaltrige. Übrigens können sich auch Nicht-Sportbegeisterte gut in ein Team einbringen: als Maskottchen, begeisterter Fan oder in der Marching Band.

Wer mit der Absicht ins „Land der unbegrenzten Möglichkeiten" reist, sich von verschiedenen Sportarten die Nerven kitzeln zu lassen, beachte eins:

Folgende Sportarten dürfen Gast-schüler nicht ausüben:

- ✓ Bungee-Jumping
- ✓ Wildwasserfahrten
- ✓ Drachenfliegen
- ✓ Motorradfahren
- ✓ Segelfliegen
- ✓ Ballonfliegen
- ✓ Fallschirmspringen
- ✓ Wasserski
- ✓ Klettern

Eine Ausübung kann auch ohne Ab-mahnung zum sofortigen Rückflug führen. Ereignet sich dabei ein Unfall, so ist der Schaden und die Verletzung nicht versichert. Damit kämen horren-de Summen auf die leiblichen Eltern zu.

Das Verbot zur Ausübung dieser Sport-arten stammt nicht von der Regierung sondern von den Agenturen, da die Krankenversicherung nur die Kosten von Unfällen bei normalen Sportarten übernimmt.

Reisen im Gastland

Fast jeder Vermittler bietet innerhalb des Auslandsjahres Ausflüge zu Sehenswürdigkeiten an. Diese finden in den Ferien statt, damit der Schüler keinen Unterricht verpasst. So haben Gastschüler auch die Chance, sich untereinander auszutauschen und zu treffen, was u.a. dem Erfahrungsaus-tausch und der gemeinsamen Bewälti-gung von Problemen dient. Der Anbie-ter hat so die Möglichkeit, individuelle Rückmeldungen von den Schülern zu erhalten.

Sollte die Gastfamilie verreist sein, kann der Gastschüler leider nicht teil-nehmen, da er dann natürlich mit ihr reist. Sonst könnte der Eindruck entste-hen, dass er die Gastfreundschaft aus-nutzt, aber ein besseres Angebot sofort vorzieht. Dabei ist er in das Land ge-reist, um sich einzugliedern.

Familienausflüge mit der Gastfami-lie sind ebenso unproblematisch wie Reisen mit der Agentur. Ganz anders ist es mit dem eigenständigen Herum-reisen im Land. Sollte ein Schüler im Ausland herumreisen, ohne dass dies begründet, mit dem Vermittler, den Gasteltern und den leiblichen Eltern abgesprochen ist, so wird er postwen-dend nach Hause geflogen. So etwas ist aus Versicherungsgründen absolut ver-boten.

Selbst Besichtigungstouren mit den leiblichen Eltern sind während der Schulzeit untersagt. Zum einen geht die Schulpflicht vor, zum anderen stört ein Besuch der Eltern enorm.

Wollen sich zwei Jugendliche, die mehrere hundert Kilometer entfernt wohnen, an den Wochenenden treffen, müssen Formalitäten eingehalten wer-den. Erforderlich sind die Genehmi-gung der leiblichen Eltern, die Geneh-migung der Gasteltern, die Genehmi-gung der Eltern, zu denen man zu Besuch fahren möchte, und die Geneh-migung der Organisation.

Andere Lebensweise

Innerlich sollte man sich auf jeden Fall auf die Reise einstellen; schließlich herrschen in Nordamerika ganz andere *Sitten* und *Lebensgewohnheiten*. Wer sich unter dem „Land der unendlichen Möglichkeiten" das vorstellt, was in Filmen dargestellt wird, erlebt bei seiner Ankunft vermutlich einen kleinen Schock. Amerikaner sind deutlich konservativer als viele Europäer glauben; zumal Gastschüler eher selten in der hippsten Szene von New York landen.

Eine amerikanische Durchschnittsfamilie setzt sich aus zwei Verdienern zusammen. Häufig bleiben Jugendliche viel länger im Haus der Eltern als bei uns. So kann der Gastschüler unter Umständen in einer recht großen, bunt zusammengewürfelten Familie landen. Noch kann der Schüler lernen, mit anderen Meinungen und Gewohnheiten umzugehen. Dies sollte aber zügig angewendet werden, denn eine mangelnde Fähigkeit zur Anpassung in der Gastfamilie kann zu einem vorzeitigen Rückflug führen. Auch die engagierteste Agentur wird Probleme haben, einen unangepassten Schüler unterzubringen. Daher noch ein paar Entscheidungshilfen, die gewissenhaft geprüft werden sollten:

- ✓ Bist Du in der Lage, Dich in Gesellschaft einer fremden Familie zurückhaltend, aber offen und höflich zu verhalten?
- ✓ Kannst Du Dich in eine Gruppe Jugendlicher integrieren, ohne „den Ton angeben" zu wollen?
- ✓ Kannst Du auch auf politische Fragen unverbindlich, aber aussagekräftig antworten?
- ✓ Wenn Deine Meinung gefragt ist: Kannst Du Dich so ausdrücken, dass Du zwar Deine Ansicht nennst, jedoch keine Kritik an der Situation oder an anderen Aspekten des täglichen Lebens übst?

Es sind schwierige *Verhaltensregeln*, aber es ist besser, das Verhalten zu diesem Zeitpunkt zu hinterfragen, wo es noch geübt werden kann.

Der Gastschüler muss grundsätzlich in der Lage sein, seine eigene Meinung zurückzuhalten und sich anzupassen. Auf keinen Fall sollte er sich in Diskussionen über das Autofahren über kurze Strecken, das ungesunde Essen oder die Leibesfülle der Gastmutter vertiefen. Der Gastschüler ist zu Besuch, er ist ein Gast, welcher Aspekt für den Familienfrieden sehr wichtig ist. Zumal Amerikaner grundsätzlich sehr freundlich sind, sogar wenn zwischenmenschliche Konflikte im Raum stehen. Die *Diskussionsfreudigkeit*, der Drang nach Klarstellung und Frontenklärung, findet man dort meist weniger. Selbst Kritik wird oft so zuckersüß verpackt, dass sie kaum zu merken ist. Man hüte sich daher vor Kritik! Viele Amerikaner sehen ihr Land – wie wir das unsrige – als führendes der Welt an, weshalb Kritik natürlich nicht gut ankommt – besonders wenn dabei erwähnt wird, dass das eigene Land bessere Produkte aufweise oder die Menschen sich dort besser verhielten.

Man erwarte nicht, bei Ungewöhnlichem stets auf Toleranz zu stoßen. Dies beachte man nicht nur hinsichtlich der Kleidung sondern auch beim Benehmen.

Dieses Kapitel gibt einen kleinen Überblick über das Leben in Amerika. Dabei berücksichtige man die große Vielfalt an Religionen, Kulturen, Einstellungen etc. Wer als Gastschüler in einer streng religiösen Familie landet, wird vieles strenger erleben als ein anderer, der Amerikaner als viel lockerer kennenlernt. Über Abweichungen der folgenden Beschreibungen mit den eigenen Erlebnissen muss man sich daher nicht wundern.

Umweltschutz, Auto, Fahrrad

Ein interessantes Thema ist sicherlich der Umweltschutz. Im Haushalt mag der Gastschüler vieles antreffen – sei es Waschmaschine oder Dosenöffner –, das ihm unpraktisch und veraltet vorkommt, oft auch unökologisch. Hier sind abfällige Bemerkungen oder Verbesserungsvorschläge jedoch ebenfalls fehl am Platz. Das gleiche gilt für das häufige Autofahren. In Amerika ist es durchaus üblich, auch Strecken von fünfhundert Metern mit dem Auto zurückzulegen. Kritik sollte strikt unterbleiben, da sie auf Unmut treffen wird. Die amerikanische Kultur wird sich sicherlich irgendwann ändern, aber eben langsam.

An die häufige Benutzung des Autos wird man sich gewöhnen müssen, denn dafür ist das Land eben auch eingerichtet: Schnellrestaurants und andere Einrichtungen bedienen den Kunden durchs Fenster, so dass der seinen Wagen nicht verlassen muss; Briefkästen befinden sich nur ungefähr eine Armweite von der Straße entfernt; Riesenparkplätze vor Kaufläden und sogar Schulen weisen auf den häufigen Autoverkehr hin ...

Fahrradfahren ist in den Staaten eher selten. Daher sind die Straßen (und Autofahrer übrigens auch) kaum darauf eingerichtet, was das Radeln gefährlicher macht als bei uns. Radwege gibt es nicht.

Verhalten in der Familienzeit

Zeit mit der Familie wird häufig bei gemeinsamen *Mahlzeiten* verbracht. Das bedeutet für den Jugendlichen, dass er wissen muss, wie er sich richtig verhalten soll, damit er nicht unangenehm auffällt.

Diese gemeinsamen Tischzeiten sind auch deshalb besonders wichtig, weil der Gastschüler lernen muss, zwischen den Zeilen zu hören. Amerikaner sind es nicht gewohnt, Dinge oder Unannehmlichkeiten direkt anzusprechen. Mit etwas Glück hört man heraus, was man falsch gemacht hat. Aber es kann auch sein, dass man nur einen Unmut bemerkt, aber nichts gesagt wird. Dies ist ein übliches Verhalten, denn schöne Gespräche kommen in Übersee einfacher über die Lippen.

Was sollte man also tun, um sich richtig zu verhalten? Genau beobachten, nicht jedes Wort auf die Goldwaage legen, sich freundlich und hilfsbereit zeigen und möglichst ab und zu nachfragen, ob man in dieser Familie alles richtig macht.

Nicht nur abends, sondern den ganzen Tag über laufen unter Umständen ein oder mehrere *Fernseher* (auch während der Mahlzeiten): einer in der Küche, einer im Bügelzimmer und der dritte im Wohnzimmer, u.U. sogar mit unterschiedlichen Programmen. Darüber möge bitte kein Kommentar fallen, denn in vielen amerikanischen Familien ist es üblich, zu jeder Zeit und in vielen Zimmern die Tagesereignisse oder Talkshows zu sehen. Dabei entfällt auch das bei uns so hochgelobte Stromsparen, denn wenn man nur schnell zum Einkaufen geht, laufen die Fernseher u. U. weiter.

Essen und Trinken sind während des Fernsehens üblich. Man achte daher darauf, Chips oder Cola nicht grundsätzlich abzulehnen, was unhöflich wäre. Auch hier finde man einen guten Weg, um mit der Familie gemeinsam Spaß zu haben und sich nicht auszuschließen. Keine Sorge: Die zugenommenen Kilos schwinden daheim wieder. Möglicherweise denken die Gasteltern, man sei krank, wenn man aus Gesundheitsgründen häufig Essen oder Zwischenmahlzeiten ablehnt.

Diskussionen in der Familie

Bei uns zu Hause haben alle etwas zu sagen. Widerworte und Gegenargumente sind allerdings nicht selten bei zwei jungen Mädchen in der Pubertät. Sicherlich wird auch in den meisten anderen europäischen Familien über diesen oder jenen Aspekt diskutiert und

geprüft, wie eine Win-Win-Situation hergestellt werden kann. Dies ist in Amerika vielleicht etwas anders, da dort in den meisten Familien der Vater oder die Mutter als Familienoberhaupt das Sagen hat. Nicht in dem Sinne, dass er Befehle erteilt, aber viele Widerworte kommen wahrscheinlich schlecht an. Das liegt daran, dass es in vielen amerikanischen Familien eher üblich ist, sich nach den Worten des „Chefs" der Familie zu richten.

Der Versuch, seinen Willen durch schlüssige Argumente doch noch zu bekommen, kann böse ins Auge gehen. Viele amerikanische Eltern werden es als Missachtung ihrer Autorität ansehen, was sie verständlicherweise sauer macht. Dadurch ist nichts gewonnen, sondern die Lage nur verschlimmert.

Kinder in Amerika besuchen ab dem vierten Lebensjahr eine Art Schule, weshalb sie von einem kontinuierlichen Leistungsgedanken geprägt sind. In der Schule werden Widerworte ebenfalls nicht üblich sein. Zwischen Lehrern und Schülern herrscht oft ein strenges Regiment.

Die Strenge der Eltern braucht man nun nicht zu üben, aber sich mit der anderen Tradition und dem daraus hervorgehenden Verhalten auseinanderzusetzen. Sagt der Vater zu einem Anliegen, z.B. zum Discobesuch, Nein, dann ist und bleibt dies eben oft ein Nein. In vielen amerikanischen Familien wird diese Entscheidung normalerweise nicht in Frage gestellt. Aber natürlich hängt es von den Eltern ab, denn in vielen Familien dürfen die Kinder auch ihren eigenen Kopf durchsetzen.

Hier führe man sich einmal das Verhalten der eigenen Familie vor Augen. Wie laufen Diskussionen dort ab? Wer hat wie viel zu sagen? Wer entscheidet letztlich? Inwieweit wird diese Entscheidung akzeptiert, inwieweit wird sie ignoriert?

Vorsicht ist auch bei Diskussionen über Ethik, Politik, Sex etc. geboten. Leicht können die Gasteltern durch die Ansicht ihres Gastkindes schockiert werden. Daher besser ein wenig Zurückhaltung üben.

Als kleine Übung befolge man zwei Wochen lang alle Anweisungen der Eltern ohne zu murren, egal, ob es einem gerade passt oder nicht. Besonders Gasteltern könnten Widerworte nämlich ungünstig aufnehmen.

Offenheit und Lebensfreude

Amerika gilt als Land der unendlichen Möglichkeiten. So ist auch die Laune der Menschen: stets eine Nuance besser als bei uns. Das fröhliche und offene Wesen führt zu vielen Gesprächen, durchaus auch über unwichtige Dinge. Der Lebensstil der Amerikaner ist von wesentlich mehr Offenheit und Lebensfreude im Umgang miteinander geprägt als bei uns. Sorgen werden offensichtlich nicht so schwer getragen. Das macht sich unter anderem bei Beerdigungen bemerkbar, die mit Musik einhergehen. Auch Gottesdienste sind längst nicht so steif, wie wir es kennen. Familienfeste werden gern ausgiebig gefeiert, wobei es sicher nicht leise zugeht. Im „kleinen Kreis" zu feiern, ist eher unüblich.

Höflichkeit

Einige „local coordinators" beklagen sich über die zu „direkte" Ausdrucksweise von Gastschülern als größtes Problem. Ob die Einwohner des jeweiligen Bundesstates bzw der Provinz nun als höflich oder direkt gelten – es ist nirgendwo falsch, sich mit Hilfe von Ausdrücken und Wendungen wie „would you, please, may I" etc. immer höflich zu zeigen. Diese Wendungen sind wichtige Bestandteile der Umgangsformen, die Aufforderungen, Erwartungen oder Befehle abschwächen.

Hinter der Höflichkeit und auch hinter vielen Aktivitäten der Amerikaner steckt der Wunsch, ihre Heimat bei Gastschülern bekannt und beliebt zu machen, aber soweit, dass die Betroffenen nicht unbedingt Amerikaner werden möchten. Sie sollen das Land mögen und mit guten Erinnerungen nach Hause zurückkehren. Deswegen sind Dankesworte viel eher angebracht als Überheblichkeit und ständige Kritik.

Essen und Trinken

In manchen amerikanischen Familien ist das gemeinsame Essen Pflicht, während andere die Sache eher locker angehen und sich nicht darum kümmern, ob alle gemeinsam bei Tisch sitzen. Oft wird während des Essens ferngesehen, wie bereits erwähnt.

In Kanada verlaufen Frühstück und Mittagessen unter der Woche häufig eher kurz, während das Abendessen ausgiebig begangen wird. Hier kann man die Familienmitglieder dann gut kennenlernen.

Übrigens ist es in den Familien üblich, sich nach dem Essen beim Zubereiter für selbiges zu bedanken.

Gewohnheiten in Bezug auf das Essen bei Mama werden in Amerika wahrscheinlich auf der Strecke bleiben. Tatsächlich gehen Amerikaner gern und viel Essen, aber eben oft in Fastfood-Restaurants. Was bei uns als „Kulturbanausentum" verschrien wäre, kann in Amerika zu einem richtigen Familienfest ausarten. Jegliche Kritik oder Anmerkungen sind strikt zu unterbleiben. Ist es dem Gastschüler zu ungesund, hält er sich eben an einen Salat.

Achtung: Vegetarier sind in den USA oder Kanada eher selten. Sollte der Gast-Jugendliche Vegetarier sein, darf dies nicht negativ auffallen. Der Jugendliche muss zwar kein Fleisch essen, aber er darf es den anderen auch nicht vermiesen.

Leider muss man bei der Getränkewahl im Restaurant etwas umdenken, denn Selters gibt es so gut wie nicht. Meist wählt man ein „soda", was Cola, Fanta, Sprite oder die bei uns unbekannten Mountain Dew, 7up etc. sein können. Kleiner Tipp am Rande: Statt nach „toilets" erkundige man sich im Restaurant oder Privathaus nach „Restroom" oder „Ladies' room" bzw. „Men's room"

Trinkgeld

... das sogenannte „tip", ist in Amerika üblich. Kellner und Taxifahrer bekom-

men ungefähr fünfzehn Prozent des Betrags als Trinkgeld. Was Europäern hoch erscheint, hat einen guten Grund: Viele Kellner bekommen oft nur einen niedrigen Stundenlohn (z.B. drei Dollar), weshalb sie aufs Trinkgeld angewiesen sind.

Patriotismus

Interessant ist der Unterschied zwischen Amerikanern und Deutschen hinsichtlich der Vaterlandsliebe. Deutsche haben aufgrund ihrer Vergangenheit ja ein großes Problem mit dem Stolz auf das eigene Land und Volk. US-Amerikaner sind hingegen sehr stolz darauf, sie stehen dazu. Überall hängen Fahnen und Bilder mit der Flagge. Auch die Kanadier sind stolz auf ihr Land, zeigen es aber nicht ganz so stark wie US-Amerikaner.

Kleiderregeln

Jeder Jugendliche möge sich vor der Reise überlegen, ob er es schafft, in ordentlicher und sittlicher Kleidung zu leben und zu arbeiten. Das bedeutet: ordentliche Oberbekleidung (ohne großes Dekolleté), keine Bauchfreiheit sondern geschlossene Kleidung, keine kaputten Hosen sondern intakte und gepflegte, ebenso ordentliche Unterwäsche. Sicher verlangt niemand, dass es die Schlüpfer von Oma sein müssen, aber bitte keine Stringtangas oder ähnliche abenteuerliche Unterwäsche. Schließlich können auch andere Familienmitglieder die Kleidung waschen, womit solche Stücke zu einem brisanten, unansprechbaren Thema würden.

Tatsächlich stehen in vielen Schulordnungen genaue Regeln dazu, z.B. wie kurz ein Rock sein darf (in Inches über dem Knie!), oder ob Schriftzüge auf T-Shirts erlaubt sind, und wenn ja, welche. Amerikaner sind hinsichtlich Mode und Kleidung deutlich konservativer als viele Europäer.

Hier ist ein Kompromiss zu finden, der weder die amerikanische Familie brüskiert, noch den Jugendlichen zu sehr in seiner Selbstbestimmung einschränkt.

Damit Gastschüler mit ihrem Aussehen nicht unbewusst „anecken", hier einige Tipps. Grundsätzlich gilt:

- ✔ Kein zu auffällig gefärbtes Haar
- ✔ Kein Tattoo oder Piercing
- ✔ Kein T-Shirt mit „unanständigen" Aufdrucken (z.B. Bierwerbung, sexuelle Anspielungen, Teuflisches ...)
- ✔ Saubere Kleidung
- ✔ Heile Kleidung ohne Flicken, zerfranste Stellen oder rausgeschnittene Teile (der Mode wegen)
- ✔ Täglich die Kleidung wechseln

Mädchen:
- ✔ Stets einen BH tragen
- ✔ Kein zu kurzer Rock
- ✔ Keine zu kurzen Hosen
- ✔ Kein großer Ausschnitt

Grundsätzlich erwarten Amerikaner von Mädchen ein eher „bedecktes" Auftreten.

Jungen:
Stets rasieren
Kurze Hosen nur in angemessenen

Situationen anziehen, also nicht in der Schule, nicht bei Behördengängen. Bei Privatangelegenheiten sind sie natürlich gestattet; amerikanische Jungs tragen sehr häufig die „baggy", halblange Hosen, gar kein Problem.

Für Probleme sorgen mitunter Ringe, bunte Socken und lange Haare, da sie in vielen Amerikanern den Verdacht hervorrufen, der Junge könne homosexuell sein.

Auch wenn die Eltern noch so sehr darauf drängen, so viel Kleidung wie möglich in die Koffer zu quetschen bzw. vor Abflug noch neu einzukaufen: Lieber nur einen Grundstock an Kleidung mitnehmen und die Klamotten im Gastland kaufen. Das ist erstens günstiger, und zweitens fällt man nicht gleich als Europäer auf. Je nach Region aber bitte die Winterkleidung nicht vergessen, denn die ist überall sehr teuer.

Körperpflege

Grundsätzlich sorgen Amerikaner für penible Hygiene. Ein- bis zweimaliges Duschen pro Tag ist keine Seltenheit, dies dann auch ziemlich lange. Das Körperhaar sollten Gastschülerinnen, so wie Amerikanerinnen, an Beinen und Achseln entfernen, und zwar regelmäßig . Bei Jungen ist – bei sehr auffälligem Haarwuchs – die Brust zu rasieren. Eine sichtbare Behaarung an diesen Körperteilen gilt als auffällig und unhygienisch. Zwar wird einen niemand direkt darauf ansprechen, aber es wird auf jeden Fall Gerede geben, was sich negativ auf den Ruf der Gasteltern auswirkt.

Geld & Ausgaben

Viele Amerikaner sind sorgloser in Bezug auf Geld und Geldausgeben. Aber sie haben meist auch weniger hohe Ansprüche im Alltag als wir. Ein verwöhntes Mädchen oder ein verwöhnter Junge ist sicher nicht mehr bereit, sich umerziehen zu lassen. Aber ab sofort ließe sich darauf achten, wofür Geld ausgegeben wird. Es ist zu hinterfragen, ob Turnschuhe für zweihundert Euro wirklich so wichtig sind, oder ob ein Kompromiss möglich wäre. Dabei handelt es sich um eine familieninterne Kommunikation, die nur funktioniert, wenn alle an einem Strang ziehen. Die Klärung dieses Punktes ist nicht nur wegen des Geldbeutels der eigenen Familie wichtig sondern auch in Hinblick auf den Familienfrieden in Amerika. Vermag sich die Gastfamilie nur selten neue Klamotten zu leisten, der Gast geht jedoch wöchentlich shoppen, so wird er sicher scheele Blicke ernten. Ein solches Verhalten ist taktlos, besonders wenn die Gastfamilie für die Aufnahme des Ausländers kein Geld bekommt. Daher bietet es sich an, probeweise z.b. einen Monat lang auf alle Neuanschaffungen zu verzichten (außer auf wirklich wichtige wie z.B. Shampoo). Hält man das durch?

Unternehmungen mit der Gastfamilie

An den Wochenenden unternimmt der Gastschüler sicherlich etwas mit der Familie. Mit einem Gastschüler lässt so manche Familie das Familienleben erst richtig wieder aufleben, denn nun gibt es ja einen Grund zu Ausflügen oder Tagestouren. Dabei stelle man sich jedoch auf andere Gewohnheiten ein. Bei uns ist es üblich, Picknickkörbe mitzunehmen oder am Ende des Tages schön Essen zu gehen. Letzteres wird in Amerika zwar auch getan, aber man gewöhne sich rechtzeitig an Fastfood-Restaurants. Auf keinen Fall sollten Ärger oder Groll über den evtl. des Öfteren stattfindenden Besuch eines Schnellrestaurants deutlich werden. Familienbesuche sind in Amerika übrigens an der Tagesordnung. Das kann rasch zu einem groß angelegten Fest werden, das – da die deutsche „Steifheit" fehlt – durchaus viele Stunden dauert.

Körper, Kleidung und Öffentlichkeit

Sicherlich wird die amerikanische Familie Ausflüge mit „ihrem" Jugendlichen unternehmen, eventuell zu einem Schwimm- oder Abenteuerbad. Unkompliziert, wie manch ein Jugendlicher ist, könnte er in Erwägung ziehen, sich geschwind unter einem Handtuch umzuziehen, weil es ja nicht schlimm ist, wenn jemand ein Stück der Pobacke sieht. Das ist unbedingt zu unterlassen. Man sollte sich zu jeder Um- oder Auskleidung hinter verschlossene Türen begeben. Amerikanische Jugendschutzgesetze sind sehr streng, weshalb es ein absoluter Faux-Pas wäre, wenn sich ein Jugendlicher in der Öffentlichkeit auszieht. Vorsicht ist auch geboten, wenn kleine Kinder in der Öffentlichkeit spielen oder baden. Es mag niedlich aussehen, und vielleicht ist man versucht, ein Foto der planschenden Kindlein zu schießen. Dann Achtung, denn es ist verpönt, kleine, womöglich spärlich bekleidete Kinder zu beobachten oder zu fotografieren. Unwissenheit schützt vor Strafe nicht.

Vorurteile gegenüber Deutschen, Österreichern und Schweizern

Die Menschen dieser Nationen gelten als sehr ernst, nicht so unternehmenslustig. Amerikaner sehen sie als ein wenig introvertiert an, was nichts mit der körperlichen Darstellung zu tun hat. Es wird weniger gelacht und gelächelt als z.B. in Amerika. Bei ihnen wird viel „zerredet", statt die Situation einfach so zu belassen und weiter zu schauen.

In Österreich, der Schweiz und Deutschland ist alles etwas kleiner (ob Autos, Häuser oder Denkmäler), die Puppenstube der Welt sozusagen. Die Einwohner sind auch etwas steif, denn ihre Politiker tragen nie ein Polohemd oder Jeans.

Sie legen weniger Wert auf Sicherheit; bei ihnen gibt es keine verschlossenen Tore vor den Schulen, Patrouillen in den Vorstraßen oder Nachbarstreifen, die die Häuser bewachen.

Diese Menschen sind zudem kompliziert, denn sie beschäftigen sich mit der uralten Geschichte, obwohl die schon längst vorbei ist.

Außerdem haben sie einen Gesundheitswahn; alle Deutsche laufen durch die Wälder, als würden sie verfolgt.

Hamburger und Pommes werden rationiert, und alles muss immer mit Gesundheit zu tun haben.

Sie sind überreguliert in Sachen Versicherung und Krankheit. Jeder Schweizer, Deutsche oder Österreicher hat mindestens sieben Versicherungen, teilweise vom Staat verordnet.

Vorurteile

Als Gastschüler habe ich viele dieser Vorurteile selbst zu hören und zu spüren bekommen, doch bot sich dadurch natürlich auch die einmalige Chance, den Gegenbeweis zu erbringen. Während ich am Anfang noch häufig auf Vorurteile wie „groß, blond, blaue Augen" (o.k., blödes Beispiel ... es traf zu), "Deutsche essen nur Bratwurst" und "alle Deutschen sind fußballverrückt", ebbte dies schnell ab, bis es nach ein paar Monaten ungläubig hieß: „I don't believe it. You can't be German!"

Nils

Geburtstage

... haben in Amerika einen etwas anderen Stellenwert als bei uns. Während in vielen europäischen Familien bereits der Frühstückstisch nett gedeckt wird, mit Leckereien und Geschenken, sollte man dies in Amerika nicht erwarten. Geburtstage werden zwar auch gefeiert und es wird gratuliert, doch läuft das eben anders ab. Sweet Sixteen z.B. ist übrigens ein sehr, sehr großes Ereignis, das entsprechend begangen wird, ähnlich wie bei uns der achtzehnte Geburtstag.

Religion

Wer die riesigen, katakombenähnlichen Kirchen Europas mit ihren feierlich-steifen Gottesdiensten gewöhnt ist, stutzt beim Anblick einer typisch amerikanischen Kirche. Häufig ist sie als Gebäude nicht als solche zu erkennen, weder von innen, noch von außen. Die Gänge sind mit Teppichboden ausgelegt, es gibt Seminarräume, eine Bühne und Musikinstrumente, und alles in allem wirkt das Ganze mehr wie eine Schule.

Tatsächlich sind religiöse Amerikaner lernbegierig; sie haben ihre eigene Bibel zum Nachschlagen dabei und möchten ihre Religion begreifen und darüber diskutieren. In diesem Sinne predigt auch der Seelsorger, was viele Neuankömmlinge aus Europa zunächst schockt. Keine Soutane, kein Weihrauch, keine gesalbten Sprüche. Stattdessen: „casual clothes", Situationen aus dem Leben gegriffen, und die Predigt immer mal wieder gewürzt mit einem Schimpfwort oder einem spontanen „Shut up!"

Kein Wunder, dass die Kirche auf diese Weise gerade auch die Jugendlichen erreicht, die sich verstanden und mit ihren Alltagsproblemen akzeptiert und wahrgenommen fühlen. Zumal es beim Gottesdienst teilweise wie bei einem Rockkonzert zugehen kann: Da spielen Bands mit Schlagzeug, Keyboard und Gitarren richtig rockige Lieder, mit christlichem Text und absolut mitreißend. Dabei stehen dann gerne alle auf, singen aus voller Kehle mit, wippen und erheben die Arme. Wie bei einem richtigen Rockkonzert eben.

Die Kirche fungiert auch als sozialer Treffpunkt; so erzählen viele ehemalige Gastschüler, wie herzlich und offen sie in der Kirchengemeinde aufgenommen wurden, in der es von Gleichaltrigen nur so wimmelte, die sich mit den Neuankömmlingen treffen wollten, sie zu Videoabenden einluden und in der Bibelstunde für Jugendliche gespannt auf deren neuen Beitrag warteten. Es ist also durchaus empfehlenswert, die Gastfamilie in ihre lutherische, presbyterianische oder baptistische Kirche zu begleiten, auch wenn man in der Heimat vielleicht Atheist ist oder einer anderen Religion angehört.

Auch das *Judentum* ist in Amerika weit verbreitet – eine tolle Möglichkeit, diese Religion mal „von innen" kennenzulernen, inmitten einer jüdischen Familie. Natürlich gibt es auch hier streng Gläubige und eher lockere Juden, die ihre Religion nicht ausleben.

Im Herzen einer jüdischen Familie erlebt man dann geheimnisvolle, fremde Bräuche, wie Shabbat Shalom am Freitagabend. Für 24 Stunden wollen religiöse Juden dann ihre Ruhe haben; nehmen das Telefon nicht mehr ab, öffnen die Türe nicht, hören kein Radio, sehen nicht fern, etc. Es herrscht absolute Ruhe.

Statt Weihnachten wird Hannukah gefeiert, eine ganze Woche lang. Wie bei einem Adventskranz wird an einem speziellen Leuchter jeden Tag eine Kerze mehr angezündet, und – es gibt jeden Tag kleine Geschenke für jeden. Um Ostern herum wird Passover begangen, Passah auf Deutsch. Hierbei trifft die ganze Familie zusammen und liest in einem heiligen Buch namens Seder über die Geschichte des Passovers. Dazu werden hebräische Lieder gesungen und es wird Petersilie und Ei in Salzwasser gegessen. Eine Art Brot namens Matzoh wird versteckt, von den Kindern gesucht, und dann von allen verzehrt.

Natürlich ist es auch möglich, in eine muslimische, buddhistische oder mormonische Familie zu kommen. In jedem Fall eine einzigartige Gelegenheit, über den – religiösen – Tellerrand hinwegzublicken.

Kreationismus

Hand aufs Herz, wer hat diesen Begriff schon einmal gehört und kennt seine Bedeutung? Die Eltern künftiger Gastschülern werden andere Probleme wälzen, als sich mit neuen Begriffen zu befassen. Trotzdem lohnt die Beschäftigung mit diesem Kapitel, denn es birgt ziemlich viel Brisanz.
Kreationismus bedeutet das Leugnen der Evolutionstheorie Charles Darwins und damit den Glauben an den Schöpfungsmythos. Kreationisten nehmen die Bibel wörtlich und leugnen die stufenweise Entwicklung der Menschheit.

Aufgrund der großen Unabhängigkeit kann jeder Schulbezirk in den USA auch andere Bücher, auch andere Einstellungen zur Bibel und zur Biologie haben, als der benachbarte Bezirk. Lei-

tet ein ausgeprägter Kreationist eine Schule, wird er eher darauf achten, dass seine Schüler mit der Evolution nicht in Berührung kommen.
Wichtig ist in diesem Zusammenhang, dass laut Gesetz Kirche und Staat getrennt sein müssen. Hier darf keine Verquickung stattfinden. Um dieses Verbot zu umgehen, wurde *Intelligent Design* auf den Plan gerufen. Es ist ein einfaches Spiel, die Menschen davon zu überzeugen, dass die Evolution nie stattgefunden hat. Schließlich ist die Schule die Keimzelle des Wissens, und wenn Biologielehrer die Evolutionstheorie nicht kennen, bleibt dieses Thema eben außen vor. Einige Schulbuchverlage lassen dieses Thema in ihren Büchern aus. Es wird also nicht gelesen, nicht gelehrt und somit nicht vertreten.

Intelligent Design

Diese Weiterentwicklung des Kreationismus ist eine moderne Bewegung, die junge Menschen zu überzeugen versucht, dass die Menschheit nicht durch die Evolution entstanden ist, sondern durch die Schöpfung, durch einen Gott. Die Erklärung der Kreationisten lautet wie folgt: Das heutige Leben ist viel zu komplex, um durch „zufällige" Evolution entstanden zu sein, weshalb eine übernatürliche Intelligenz ihre Finger im Spiel haben muss. Die Bibel und ein Gott werden in dieser Bewegung explizit nicht genannt oder angeführt, denn es soll eine moderne, ansprechende Gemeinschaft sein. In zwanzig US-Staaten werden Diskussionen geführt, ob und wann das Thema in den Lehrplan aufgenommen wird. Eine Frage der Zeit?

Sex, drugs and Rock 'n' Roll

In Deutschland, Österreich und der Schweiz bestehen zwar Jugendschutzgesetze, aber trotzdem zeichnet sich ein recht „lockerer" Umgang mit *Alkohol* ab. So ist es durchaus üblich, dass Jugendliche bei ihrer Konfirmation das erste Glas Sekt trinken dürfen. Und zwar nicht heimlich, sondern öffentlich. Ähnlich verhält es sich mit dem *Rauchen*. Niemand erschreckt sich ernsthaft, wenn Jugendliche auf der Straße rauchen. An diesen Anblick hat man sich gewöhnt.

Just zu diesem interessanten Thema ist zwei Monate vor dem Abflug Post eingegangen. Es handelt sich um ein Handbuch zum Verhalten in Bezug auf Alkohol, Drogen, Führerschein, Rauchen, Sex. Dieses Handbuch ist in englischer Sprache verfasst, lässt sich also nicht einfach mal eben schnell überfliegen.
Nach der Durchlesung dieses Handbuch sind wir um einiges schlauer. Wir können nun ganz sicher sein, dass Johanna in Amerika nichts passiert. Denn die Gesetze sind strikt, ebenso wie die Regeln der amerikanischen Partnerorganisation. In dem Handbuch stehen klare Regeln (geltend für die USA und Kanada):

✓ Kein Alkohol, nicht einmal ein kleines Glas, auch nicht zu einem Fest. Es besteht absolutes Verbot, sonst droht, auch ohne Verwarnung, die Rückkehr nach Europa. Bereits der Kauf von Alkoholika ist strafbar, ebenso die Gesellschaft von Alkohol Trinkenden.

✓ Kein Konsum von Zigaretten oder anderen Rauchdrogen. Natürlich ebenso kein Kauf und keine Gesellschaft mit Rauchenden. Hier gilt ebenfalls ein striktes Verbot, sonst droht auch ohne Verwarnung die Heimreise.

✓ Kein *Drogenkauf* und -konsum jeglicher Art. Diese Regel besteht in der Heimat ja ebenso. Außerdem ist die Gesellschaft von Drogenkonsumenten verboten.

✓ Keine Intimitäten und kein Sex! Ganz wichtig, keine körperliche Annäherung. Wird der Schüler bei einer unangemessenen Berührung oder mehr erwischt, droht die sofortige Ausweisung. Ist die amerikanische Person unter 18 Jahren, kann es sogar zu einem Verfahren kommen. Dies wäre dann in einem amerikanischen Gefängnis abzuwarten.

✓ Kein Verschließen von Türen ohne triftigen Grund, lautet eine dringende Empfehlung der Organisationen. Es gab Rückmeldungen von Familien, deren Gastschüler sind immer zurückgezogen haben, was die völlig unpassend fanden.

✓ Kein Schwänzen der Schule

✓ Kein unangekündigtes (und nicht erlaubtes) Verlassen des Schulgeländes

✔ Keine Übertretung der Regeln der Gasteltern

✔ Kein eigenständiges Verreisen im Gastland (s. Kap. „Reisen im Gastland")

✔ Kein Absolvieren des Führerscheins ohne Erlaubnis der leiblichen Eltern und Gasteltern

✔ Keine freizügige Kleidung, z.b. Minirock, Tops mit Spaghettiträgern …

✔ Kein Auto- oder Motorradfahren, auch nicht auf dem Sozius

✔ Kein Besitz von *Waffen* jeglicher Art. Ausnahmen bestehen, wenn die Familie die Jagd als Hobby pflegt oder Schießübungen auf privatem Gelände erfolgen.

Wichtig: Nicht die Schule oder die Gastfamilie ist rechtlich für den Schüler verantwortlich, sondern die Organisation. Daher die strengen Regeln. Es nützt nichts, sich über sie schwarz zu ärgern oder sich aufzulehnen. Gastschüler müssen mit den Verboten während ihres Aufenthalts klarkommen, sonst können sie sich die Reise ersparen. Vielleicht wäre dann ein anderes Gastland angebrachter.

Alkohol

Man stelle sich vor, die Jugendlichen befinden sich auf einer Party, wo einige Alkohol trinken. Allerdings nicht der Gastschüler, der steht nur dabei. Selbst dies führt zu größten Problemen. Die Jugendlichen haben Abstand von trinkenden Personen zu halten. Sie dürfen nicht mit ihnen zusammen sein

oder sich womöglich mit ihnen unterhalten. Ganz wichtig, man kann es nicht oft genug sagen: Wird ein Jugendlicher in Zusammenhang mit Alkohol angetroffen, so droht der sofortige Rückflug, und zwar auf Kosten der eigenen Eltern. Bei so einem Regelverstoß wird nichts erstattet.

Alkohol in Kanada: In den meisten kanadischen Gegenden gilt der Jugendliche bereits mit 19 Jahren als erwachsen, in wenigen sogar schon mit 18. Dann dürfte er in dafür vorgesehenen Gebäuden Alkohol trinken. Zu bedenken ist aber, dass Alkoholgenuss in Kanada grundsätzlich nicht in der Öffentlichkeit stattfindet. Dies wird dort sehr viel mehr reglementiert. Aber ungeachtet der Gesetze muss sich der Gastschüler an die Regeln seines Vermittlers halten.

Rauchen

So, wie es sich anhört, ist es tatsächlich: Ein rauchender 16-Jähriger ist in Amerika undenkbar. Er gewöhnt sich also das Rauchen vor der Fahrt ab oder wird in Übersee nicht lang bleiben können. Jeder Schüler muss die Klausel, dass er nicht rauchen wird, unterschreiben. Natürlich rauchen trotzdem viele weiter, aber das kann unter Umständen zur vorzeitigen Rückkehr führen. Nehmen Sie diesen Hinweis bitte ernst.

Führerschein

Amerika und Führerschein, das gehört doch zusammen! Das denken viele

Jugendliche. Ganz so einfach ist es jedoch nicht, denn man sollte erst einmal prüfen, ob der Vertrag mit der Agentur nicht verbietet, den Führerschein zu machen. Darf man an Fahrstunden teilnehmen, kann man in der Schule dieses Fach belegen oder eine private Fahrschule besuchen, die natürlich mehr Geld kostet.

Der Führerschein ist nur zu erlangen, wenn alle an dem Gastaufenthalt beteiligten Personen damit einverstanden sind. Diese Einverständnisunterlagen sind schriftlich einzuholen. Weitere Voraussetzungen: gute Englischkenntnisse, Kenntnisse der Verkehrszeichen und Regeln, ein Mindestalter von 16 Jahren, mitunter auch 18 Jahre, und eine Aufenthaltsgenehmigung.

Das Üben auf eigene Faust ist verboten, da die Folgen eines Unfalls horrende Kosten für die amerikanische und europäische Familie ergeben könnten. Fährt der Schüler mit einem offiziellen Fahrlehrer, ist die Übung vermutlich über die (Fahr-)Schule abgesichert. Allerdings könnte es schwierig werden, sich den nötigen Privatwagen auszuleihen.

Die Prüfung besteht aus einem theoretischen und einem praktischen Teil, wobei letztere nicht so ausführlich ist wie bei uns. Hat der Gastschüler die Fahrprüfung bestanden, so wird der Führerschein nur vorläufig ausgestellt, denn auch nach Erwerb des Führerscheins darf kein Fahrzeug, Auto oder Motorrad bewegt werden. Sonst droht der sofortige Rückflug. Hintergrund dieser Verordnung sind u.a. die deutlich höheren

Versicherungskosten für die Gastfamilie, wenn der Gastschüler in einen Unfall verwickelt wurde (oder ihn gar selbst verursachte). Zudem bedenke man die Schwierigkeiten bei der Klärung der Schuldfrage und der Schadenersatzansprüche. Zum Ende des Auslandsjahres hin wird der Führerschein übergeben, muss im Heimatland jedoch geprüft und evtl. erneut ausgestellt werden. Die Möglichkeit der Anerkennung kommt auf das Land bzw. Bundesstaat / Provinz an.

Hat man einen amerikanischen Führerschein in der Tasche, sollte man nicht meinen, jetzt auch auf europäischen Straßen „fahrtüchtig" zu sein. Der Verkehr in Amerika unterscheidet sich stark von dem in Europa, wo die Straßen schmaler sind, die Parkplätze kleiner, die Verkehrsregeln anders, und wo Automatikschaltungen nicht so häufig vorkommen.

Einige Jugendliche absolvieren bereits mit 17 Jahren ihren Führerschein und nehmen ihn entsprechend mit nach Amerika. Dort ist er allerdings wertlos, wenn sie mit einer Organisation reisen, denn sie dürfen kein Auto fahren. Vermittler haben diese Aktivität eindeutig untersagt, was u.a. an den unermesslich hohen Schadensersatzansprüchen in Amerika (z.B. bei einem Unfall) liegt. Jugendliche unterschreiben mit dem Vertrag die Verhaltensregel, kein Boot, Mofa, Motorrad oder Auto zu bewegen. Sie dürfen auf dem Motorrad auch nicht auf dem Soziussitz Platz nehmen, auch dann nicht, wenn sie im Gastland den Führerschein erworben haben.

Sex und körperliche Nähe

Die Schweiz, Österreich und Deutschland sind aufgeklärte Länder. Hier spricht man über Sex, über Theaterstücke, die von Sex handeln, und auch über Bücher, die sich nur diesem Thema widmen. Für Eltern ist es normal, dass die Tochter ab 16 Jahren irgendwann einen Freund über Nacht zu Besuch hat. Ebenso wissen alle in der Familie, dass hinter verschlossenen Türen nicht nur Karten gespielt werden. Da alle so aufgeklärt sind, wird vielen Mädchen ab 15 oder 16 die Pille verschrieben.

In Kanada und den USA ist Umdenken gefragt. Die Pille kann zuhause bleiben, denn sie darf eh nicht ihrer Bestimmung nachgehen, würde somit nur den Hormonhaushalt belasten. Sobald man das Land betritt, wird einem besonders in den Familien deutlich, dass das Thema „körperliche Nähe" keinen Platz hat. In den Familien wird nicht über Sex gesprochen; das Thema existiert so nicht.

In Amerika gibt es weder privat noch in der Öffentlichkeit anzügliche Bewegungen oder Unterhaltungen. So ist auch traute Zweisamkeit oder Turtelei unter Jugendlichen in keiner Weise möglich oder angebracht. Sollte man als Gastschüler dennoch einen Freund oder eine Freundin finden, sollte man sich selbst verordnen, keine körperliche Zweisamkeit aufkeimen zu lassen. Dies kann unter Umständen zu einem fristlosen Abflug führen. Viel zu groß ist die Angst amerikanischer Eltern vor einer Schwangerschaft.

Da amerikanische Jugendliche sich an diese Regel halten, gilt sie auch für ausländische. Das Thema wird grundsätzlich nicht besprochen, da davon ausgegangen wird, dass diese Regel eingehalten wird. Da fällt die Einhaltung des Verbotes hoffentlich nicht schwer.

Es ist eben auch nicht üblich, die Tür des eigenen Zimmers zu verschließen. Das ist eine eiserne Regel, deren Bruch unangenehme familiäre Folgen haben kann.

Nach dem oben Gelesenen kann man sich vorstellen, wie es sich mit der Gleichgeschlechtlichkeit verhält. Europäer haben beim Thema gleichgeschlechtlicher Beziehungen weniger Probleme. Aber Achtung, was bei uns sogar im Nachmittagsprogramm gezeigt wird, gibt es in amerikanischen Durchschnittsfamilien nicht. Homosexuelle müssen sich überlegen, ob sie ihre Einstellung für bis zu zehn Monate ignorieren können. Man möge sich einfach merken: kein Sex, keine geschlossenen Türen, keine Küsse in dieser Zeit.

Körperschmuck

Im Gegensatz zur Offenheit im Umgang stehen strenge Verhaltensregeln in Punkto Stil und Sittlichkeit. Während gepiercte und tätowierte Jugendliche in der Schweiz und in Österreich des häufigeren gesehen werden, ja in Deutschland schon fast an der Tagesordnung sind, sind sie in Amerika verpönt. Trägt man diesen Körperschmuck in auffälliger Weise, wird er beim Vorstellungsgespräch angesprochen worden sein. Ein auffälliges Piercing wird nicht akzeptiert. Es könnte die Vorstellung entstehen, ganz Europa sei ein einziges Tattooland. Man bedenke, dass mit dem Tragen dieses Schmucks eine Lebenshaltung dargestellt wird und dass der Gastschüler sein Heimatland repräsentiert.

Ein kleines Piercing wäre akzeptabel, wenn es sich um ein klitzekleines Steinchen im Nasenflügel handelt. Ein grober Ohrring in der Augenbraue oder eine Sicherheitsnadel in der Stirnhaut werden leider nicht geduldet. Diese sind zu entfernen, sofern möglich. Gute Pflege könnte dafür sorgen, dass die Einstichlöcher bald nicht mehr zu sehen sind.

Mit einem Piercing im Bauchnabel mache man kurzen Prozess und nehme es einfach heraus. Amerikanische Jugendliche werden es nämlich als Gesprächsstoff nutzen, und amerikanische Eltern finden es nicht so schön, wenn der Gastschüler das wichtigste Gesprächsthema der Schule ist.

Trägt der Gastschüler ein Tattoo auf dem Bauch, dem Bein oder an einer anderer Stelle unterhalb der Gürtellinie, so wird er erst einmal keine Schwierigkeiten haben, da es nicht hervorsticht. Irgendwann wird allerdings der Zeitpunkt kommen, an dem er sich zu diesem Punkt erklären muss. Sei es, dass die Gastmutter aus Versehen in das Badezimmer tritt, während die Schülerin duscht, oder dass ein Familienausflug mit Schwimmen einhergeht oder eine Theatervorstellung mit entsprechender Verkleidung stattfindet. In

diesem Moment kommt es sicher darauf an, ob es sich um ein provozierendes Bild (nackte Frau) oder ein niedliches Bild (Delfin) handelt. Die nackte Frau kann einen Eklat hervorrufen, indem es der Gastfamilie nun peinlich sein wird, solch einen Gast zu beherbergen. Der Delfin kann auch für Aufruhr sorgen, jedoch eher für interessierte Nachfragen. Achtung: Je näher dieses Tattoo an der Intimzone gezeichnet ist, desto abschreckender wirkt es auf die häufig prüden Amerikaner.

Neben Tattoos und Piercings hat sich bei uns ein weiter körperverändernder Trend entwickelt: Jugendliche und Erwachsene setzen sich Ringe in die Ohrläppchen, damit diese Löcher bekommen. Das Einsetzen von stets größeren Ringen lässt die Löcher wachsen, auf bis zu drei Zentimeter Durchmesser. Sollte der künftige Gastschüler solchen Schmuck tragen, möge er ihn zügig entfernen, in der Hoffnung, das Ohrloch werde sich verkleinern. Mit einer solchen manipulativen Veränderung seines Körpers wird er von den Veranstaltern mit Sicherheit nicht angenommen.

Abmahnung oder Verwarnung (warning)

Sie droht dem Schüler bei Fehlverhalten, ob aus seiner Sicht berechtigt oder unberechtigt. Auf jeden Fall ist es eine ernste Sache, denn damit hat der Schüler seinen „Stempel" erhalten. Mögliche Gründe:

- ✓ angebliche sexuelle Kontakte, weil die Zimmertüre verschlossen war

- ✔ Besuch einer pornografischen Internetseite, was z.b. durch versehentliches Anklicken der letztbesuchten Seite des Gastbruders passierte
- ✔ Geruch nach Rauch, obwohl man gar nicht selbst geraucht hat
- ✔ Motorradfahrt als Beisitzer
- ✔ Anwesenheit bei einer Party, bei der Bier getrunken wurde, der Schüler aber nichts dergleichen konsumierte

Viele Fehltritte entstehen aus Unwissenheit oder Schusseligkeit. Mit der Abmahnung wird der Schüler zunächst auf „Verhaltensbewährung" gesetzt. Er hat die Chance, sich zu bewähren oder das Missverständnis, wenn es denn eines war, zu klären. Hier wird sich zeigen, wie gut die europäische Organisation wirklich ist. Sie hat den Schüler ausgesucht und sollte nun massiv für ihn sprechen, so dass weiterer Ärger aus dem Weg geräumt wird. Selbstverständlich sind gesetzliche Verstöße sofort zu ahnden, aber „kleinere Vergehen" müssen, mit einer Warnung, aus der Welt geschafft werden.

Schulsystem

USA

In den USA besteht Schulpflicht, die sich aber je nach Region unterscheidet. Manche Gegenden haben eine gesetzliche Schulfrist von 16 Jahren, andere von 18 Jahren. Es gibt drei verschiedene Möglichkeiten, Kinder und Jugendliche im Schulsystem zu integrieren:

- ✔ Besuch einer staatlichen Schule.
- ✔ Besuch einer Privatschule.
- ✔ (Bezahlter) Unterricht zu Hause

US-amerikanische Schüler besuchen zunächst die Elementary School (auch Primary School genannt). Je nach Region schwankt die Länge der Zeit, die sie dort verbringen: Manche Schüler lernen bleiben sechs Schuljahre an der Elementary School, woraufhin die Highschool bis zur zwölften Klasse folgt. Alternativ besucht der Schüler nach der Grundschule zwei Jahre lang die Middle School und danach erst die Highschool. Oder er wechselt nach sechs Jahren in der Primary School erst auf die Junior High, von wo er nach drei Jahren auf die Senior High wechselt.

Angesichts der großen Einwandererströme hat das amerikanische Schulsystem (einerlei, ob in Kanada oder den USA) eine große Aufgabe: Die Eingliederung von Menschen aller Nationalitäten, Kulturen und Religion in die amerikanische Gesellschaft.

Da die Bundesstaaten selbst über ihr Schulbudget entscheiden, ist das Bildungsniveau in reicheren Gegenden sehr gut. In ärmeren Staaten sieht die Sache anders aus ...

Kanada

Das kanadische Schulsystem ist eines der besten und erfolgreichsten der Welt, wie die Pisa-Studie recht deutlich zeigte. Allerdings investieren Kandier auch sehr viel Geld darin: sieben Prozent des Bruttoinlandsprodukts. Besonders hervorzuheben sind die Lesekompetenz, die mathematischen Fähigkeiten und die Naturwissenschaften. Das Leistungsniveau ist unabhängig von der sozialen und wirtschaftlichen Herkunft.

Die Erfolge liegen u.a. daran, dass Schüler viel länger gemeinsam zur Schule gehen. Anscheinend zahlt es sich aus, junge Menschen nicht nach der 4. Klasse auseinanderzureißen, da ihre Entwicklung zu dem Zeitpunkt nur in Ansätzen zu sehen ist. Wenn in Deutschland nach der 4. Klasse beschlossen wird, dass der Schüler die Hauptschule besucht, ist der Weg meist vorprogrammiert. Das gibt es in Kanada, wie auch in den USA, nicht. Daher gelten sie auch als wichtige Länder für den Schüleraustausch junger Menschen.

In Kanada gibt es drei Arten von Schulen:

- ✓ Öffentliche Schulen
- ✓ Konfessionelle Schulen
- ✓ Private Schulen als sogenannte Gesamt- oder Ganztagsschulen

Die zehn kanadischen Provinzen kümmern sich jeweils selbstständig um ihre Schulen. Daher schwanken z.B. die Längen der Grund- und Sekundarstufen. Manche Provinzen schulen mit 5 bis 6 Jahren ein, andere mit 6 bis 7 Jahren. Die Sekundarstufe umfasst überall drei Jahre und ähnelt der deutschen Gesamtschule oder dem Ganztagssystem. Wechselt ein Schüler von einer Schulstufe in die nächste, legt er keine Prüfung ab. Das soll die Chancengleichheit erhöhen und Leistungsdruck mindern. Erst innerhalb der Senior Highschool ist der Erwerb eines Abschlusszeugnisses (High School Diploma) vom Erreichen bestimmter Bewertungspunkte abhängig.

Ein Schulbesuch ist für Einheimische kostenlos; erst die Hochschule erhebt Gebühren. Die University of Toronto und die University of Britisch Columbia in Vancouver zählen zu den besten Hochschulen in Kanada. Es ist übrigens das Land mit den meisten Hochschulabschlüssen in Bezug auf die Bevölkerungsanzahl. Übrigens besitzen die Indianer eine eigenen Hochschule in Saskatchewan.

Gastschuljahr.de
Neuigkeiten, Aktuelles
USA, Kanada und andere Länder

Schule

Schulgebühren waren bei meinem Aufenthalt üblich, der School Distrikt befreite Gastschüler aber regelmäßig von jeglichen Gebühren. Ich musste weder Leihgebühren für den grafischen Taschenrechner bezahlen, noch irgendwelche Bücher, die alle Kanadier kaufen mussten, selber zahlen. Die Schule hat mir sämtliche Unterrichtsmaterialien gestellt.

In Deutschland wohne ich in einer kleinen Stadt mit etwa 15.000 Einwohnern und einer kleinen Schule mit ungefähr 800 Schülern. In Kanada war alles wesentlich größer, und schon der erste Schultag lief ganz anders ab als erwartet.

Morgens fuhr meine Gastschwester mich zur Schule, wo mir als erstes die riesige Kanadaflagge und das Schulmaskottchen vor der Schule auffielen. Durch den Haupteingang und überfüllte Flure ging es ins Büro des Schulleiters, der mich willkommen hieß und mir einiges über seine Schule, die sportlichen und musikalischen Erfolge der letzten Jahre und über mögliche Fächer erzählte. Er hatte schon in den Bewerbungsunterlagen gesehen, das ich Sportler war und Trompete spielte, so dass er mir nahe legte, mich für das Orchester und die BigBand einzuschreiben.

Als Gastschüler hatte ich den unschlagbaren Vorteil, mir meine Fächer zu hundert Prozent selber zusammenstellen zu dürfen, bis dahin für mich unvorstellbar. Auszusuchen gab es eine ganze Menge. Meine Highschool bot neben Standardfächern wie Mathe, Englisch, Physik auch die ausgefallensten Dinge wie zum Beispiel Autoschlossern oder Babysitten als benotete Unterrichtsfächer an. Ich habe in einem unerklärlichen Anflug von Vernunft Mathe- „Cal advanced placement" gewählt, was das Überspringen der 11. Klasse um einiges einfacher machte. Der Kurs hatte ungefähr das nachher geforderte Anspruchsniveau. Des Weiteren entschied ich mich für Physik, Englisch, Sport, BigBand und klassisches Orchester.

Der Unterricht war deutlich lockerer als gewohnt. Die Lehrer waren gelassener, konnten bei einem Regelverstoß (Kleidung) oder schlechtem Benehmen aber hart durchgreifen. Frontalunterricht wie in Deutschland wurde beinahe vollständig vermieden. Gruppenarbeiten, Exkursionen, selbstständige Experimente waren an der Tagesordnung. Zur Benotung zählten allein die regelmäßig eingesammelten Haus- und Projektarbeiten sowie das halbjährliche „provincial exam".

Besonders viel Spaß machten die „extra-curriculum activities" wie Sportteam oder Schulorchester, die jedem Gastschüler eine ideale Gelegenheit bieten, Bekanntschaft mit seinen Mitschülern zu machen. Besonders in den ersten

Tagen und Wochen lernt man es zu schätzen, mit zum Essen genommen zu werden, jemanden zu haben, an den man sich bei Problemen wenden kann, oder mit dem man die Pausen verbringen kann. Toll ist die ausgeprägte Offenheit und Lockerheit in Nordamerika. Es ist überhaupt kein Problem, nette neue Leute kennenzulernen. Dabei ist es natürlich von Vorteil, ebenfalls mitzuspielen und Initiative zu zeigen; gerade in den ersten Wochen!

Ich habe innerhalb weniger Wochen nahezu unendlich viele neue Leute kennen gelernt, und in kürzester Zeit wurde die zuerst unheimlich und fremde Schule zu „meiner Highschool". Selbst jetzt, beinahe vier Jahre nach Ende meines leider viel zu kurzen Austauschjahres, vermisse ich beim Erzählen von diesen Erlebnissen meine Gastfamilie, Freunde und Bekannte, die ich in dem wohl besten Schuljahr meines Lebens kennen lernen durfte ...

Nils

Allgemeines zur Highschool

Das *Highschoolsystem* in den USA und Kanada folgt dem der Highschool in China, Japan, Neuseeland und anderen Ländern. Auch Secondary School genannt, bezeichnet sie den letzten Teil der gesetzlich vorgeschriebenen Ausbildung, d.h. Klasse 7 bis 12. Folglich durchläuft jeder Schüler die Highschool. Es handelt sich um eine Einheitsschule, die dem deutschen Sekundarniveau entspricht.

Ab dem neunten Jahrgang erhalten die Schüler keine Klassenbezifferungen mehr sondern Namen. So heißen die Neuntklässler „freshmen", die Zehntklässler „sophomores", die Elftklässler „juniors" und die Zwölftklässler „seniors". In späteren Universitätskursen werden diese Bezeichnungen wieder aufgegriffen.

In den USA und Kanada bekommen die Schulen ihre Vorgaben vom jeweiligen Bundesstaat. Einfluss der Regierung und Kooperation zwischen den Bundesstaaten sind vergleichsweise gering, weshalb Schulniveau, Fächer, Prüfungsvorbereitung etc. stark schwanken. Eine gültige Beantwortung seiner schulischen Fragen bekommt der Schüler daher erst in Amerika.

Die Unterschiede im Bildungsniveau hängen auch damit zusammen, dass die Bundesstaaten selbst über das Schulbudget (für Gehälter der Lehrer, Gebäude, Ausstattung etc.) entscheiden. In reichen Gegenden ist die Bildung daher sehr gut, während die Sache in ärmeren Staaten anders aussieht ...

Die Aufnahme eines ausländischen Schülers auf Zeit ist für Schulen nicht selbstverständlich, da sie große Kosten haben, die vor dem Schulantritt bezahlt werden müssen. In manchen Regionen zahlen Gastschüler deshalb Schulgeld. In anderen entfällt dies; dann finanzieren die Bürger den Schulbesuch durch ihre Steuern. US-Highschools, die mehrere Gastschüler aufnehmen möchten, müssen eine Genehmigung einholen. Der Neuling steht in der Pflicht, ein bestimmtes Bildungsniveau nachzuweisen.

Privatschulen (preparatory schools / prep schools) sind privat zu bezahlen und werden von Fördervereinen, Kirchen und Stiftungen unterhalten und bewirtschaftet. Selbstverständlich kann der Gastschüler auch in einer solchen Schule angenommen werden. Da der Staat sie nicht finanziert, ist der Besuch jedoch sehr kostspielig.

Der Vorteil von Privatschulen besteht natürlich im größeren Budget. Es erlaubt die Anschaffung von besseren oder zahlreicheren Unterrichtsmaterialien, die Ausweitung des Kursangebotes, die intensivere persönliche Förderung des Schülers durch kleinere Klassen etc. So bieten sie einen „besseren", also erfolgversprechenderen Unterricht und eine niedrigere Abbruchquote. Offiziell gibt es jedoch keinen großen Unterschied im Lern- oder Abschlussniveau von öffentlichen und privaten Schulen, lediglich im Ansehen der Schule.

Schulalltag und Fächer

Schuljahresbeginn ist je nach Region zwischen Mitte August und dem ersten Septemberdienstag (Tag nach dem Labor Day).

Am ersten Schultag, hat jeder Schüler (kostenlos) einen Schülerkalender und einen Stift bekommen, beides natürlich mit Schullogo. Für die neuen Schüler gab's außerdem Süßigkeiten.

Johanna

Die Schule beginnt zwischen 7.20 und 9.00 Uhr und endet zwischen 14.10 und 15.30 Uhr. Allerdings gibt es auch Nachmittagsbetreuung, etwa wenn die Eltern berufstätig sind. Samstag und Sonntag sind grundsätzlich frei. Insgesamt finden täglich ca. sieben Unterrichtsstunden statt. In vielen Regionen haben Schüler über mindestens sechs Monate täglich die gleichen Fächer. Der Stundenplan ist in sogenannte „periods" aufgeteilt.

Mittags können die Schüler in der Kantine essen, wenn nicht aus irgendeinem Grund durchgearbeitet werden muss. Kleine Pausen zwischendurch sind zum Raumwechsel geeignet.

Mindestens einmal wöchentlich (in manchen Schulen gar täglich) trifft sich eine Schülergruppe mit „ihrem" Lehrer zur Besprechung von Organisatorischem (Vorbereitung von Veranstaltungen etc.). Diese „Administration Period" (auch „Home Room" genannt) dauert ca. zehn bis zwanzig Minuten.

In den Sommerferien findet die Summer School statt, in der Schüler die Chance zur Wiederholung von Kursen und Prüfungen haben.

Das Leben amerikanischer Jugendlicher ist eigentlich ein Schulleben, denn

TravelWorks

Münsterstraße 111, 48155 Münster
Tel.: 02506-8303-0, Fax: 02506-8303-231
highschool@travelworks.de, www.travelworks.de
www.schueleraustausch-international.de
Gründungsjahr: 2001
(vorher seit 1991 carpe diem Sprachreisen GmbH)
Ansprechpartnerin: Frau Constanze Baarlage

Anzahl der jährl. Vermittlungen: USA und Kanada: ca. 350
Partner: USA - CIEE, Privatschulprogramm: SMG, Kanada: CISS und Schulbezirke direkt
Altersbegrenzung (Mindest- oder Höchstalter): 14-19 Jahre
Anmelde- / Bewerbungsfrist: Sommerausreise: 31.03., Winterausreise: 31.08.
Besondere Voraussetzungen: High School Programm USA: Notendurchschnitt sowie Englischnote mind. 3,0. Weniger strenge Notenbestimmungen im priv. High School Programm bzw. für das Kanadaprogramm.
Bewerbungsverlauf: unverbindliches Einzelgespräch zusammen mit den Eltern. Im Anschluss daran erhalten die Familien das Vertragsangebot für die Teilnahme am Programm.
Vor- u. Nachbereitung: Eintägiges Vorbereitungsseminar. Teilnehmer des öffentlichen High School Programms reisen gemeinsam als Gruppe nach New York und beginnen das Programm mit einem 3-tägigen Seminar unserer Partnerorganisation. In Kanada sowie im Privatschulprogramm USA individuelle Einführungsveranstaltungen an den Schulen. Betreuung: in den USA erfolgt über lokale Betreuer der Partner sowie über das Hauptbüro. In Kanada über die internationalen Koordinatoren der einzelnen Schulbezirke bzw. Schulen.
Selbstverständlich steht das TravelWorks Büro in Münster vor, während und nach dem Auslandsaufenthalt sowohl Schülern als auch Eltern bei Fragen jederzeit zur Verfügung. Im Bedarfsfall können sich Eltern und Schüler an eine 24-Stunden Notfallnummer im Gastland und in Deutschland wenden.
Ausflüge, touristische und kulturelle Angebote: USA - verschiedene Reisen über Reiseveranstalter während der Ferien. In Kanada sind die Schule bei der Organisation von Reisen während der Ferien behilflich. Dort auch Treffen der Austauschschüler.
Abreisezeit: Öffentliches USA Programm: Begleiteter Flug zu 5 verschiedenen Terminen von Ende Juli bis Ende August (je nach Schulbeginn in den USA, Privates High School Programm). Unbegleiteter Flug im August (je nach Schulbeginn zu unterschiedlichen Terminen). Kanadaprogramm: Unbegleiteter Gruppenflug Ende August
Programmgebühren: Öffentliches High School Programm USA: Halbjahr: 7.450 €; Schuljahr: 7.850 €, Privates High School Programm USA: Halbjahr: ab 10.400 €; Schuljahr: ab 14.800 €
Kanadaprogramm: Halbjahr: ab 8.950 €; Schuljahr: ab 14.950 €
Zusatzkosten: *Taschengeld:* ca. 150-200 € pro Monat, Flugkosten, Versicherung USA: Kranken , Unfall- und Haftpflichtversicherung im Programmpreis enthalten, Versicherung Kanada: Kranken-, Unfall- und Haftpflichtversicherungspaket 52 € pro Monat
Staatsangehörigkeit: offen für Deutsche, Schweizer, Österreicher u.a. EU-Bürger
Staaten / Provinzen: USA -alle Staaten, Kanada: Quebec, British Columbia, New Brunswick, Ontario, Alberta

Kapitol in Washington (Foto: Oliver-Brunner, Pixelio)

Strandpark in Kanada (Foto: Astrid Dehnel, Pixelio)

in der Schule halten sie sich am längsten auf. Ist man in diesem Tagesablauf eingebunden, sagen Gastschüler, sei das auch nicht schlimm. Die Zeit verfliegt, und die Schule ist gut durchorganisiert. Zumal dort nicht nur geackert wird, sondern auch „fun classes" stattfinden. Sie werden umgangssprachlich so genannt, da sie den Schülern Spaß machen und eine gute Entspannungsmöglichkeiten bieten. Der Sport vor (!) und nach der Schule kann bis zu fünf Stunden dauern.

Durch die breite Auswahl an *Pflicht- und Wahlfächern* (an manchen Schulen gibt es bis zu 120 Kurse!) entsteht ein vielfältiges Lehrprogramm, in dem alle Schüler sinnvollen Unterricht finden. Dazu trägt auch die Einteilung der Kurse in drei Schwierigkeitsgrade (leistungsstark, mittelschwer, leicht) bei, eine Aufteilung, die vergleichbar mit dem System der Gesamtschule ist. Daher belegen auch Schüler verschiedener Jahrgänge gemeinsam einen Kurs, und selbst Zwölftklässler können sich z.B. in Mathe noch mal die Grundlagen beibringen lassen. Die Entscheidung, welchen Kurs der Schüler besucht, trifft der Lehrer üblicherweise nicht allein, sondern gemeinsam mit dem Schüler. Der durchschnittliche Gastschüler wird durchaus in die leistungsstärksten Kurse eingestuft, da er mit breitem Wissen punkten kann.

Advanced-placed-Kurse (auch college courses oder honors classes) entsprechen dem Collegeniveau, da sie auf eben dieses vorbereiten. Sie sind daher mit viel Arbeit verbunden.

Ewig üben

AP-Kurse sind auch von Gastschülern locker zu schaffen. Der Lehrer trägt 15 Minuten seinen Unterricht in einer Art Vorlesung vor und steht dann in einer Phase des eigenverantwortlichem Lernens zu Fragen zur Verfügung. Die 45 „lehrerlosen" Minuten, die auf den Vortrag folgen, bestehen zu hundert Prozent aus dem Schema: auswendiglernen und dutzende Male anwenden. So sahen die Mathe- und Physik-AP-Classes bei mir jedenfalls aus; also wirklich nichts Unmenschliches, sondern eine gute Abiturvorbereitung. Meine Empfehlung: Ruhig einen AP-Kurs belegen und bei Fun-Kursen das Verrückteste aussuchen.

Nils

Wahlfächer finden fast an jedem Schultag nach dem Unterricht statt. Die Auswahl reicht vom Debattierclub über eine Theater-AG oder den Schulchor bis zum soccer (Fußball). In manchen amerikanischen Schulen wird fast täglich Sport in den Nachmittagsstunden angeboten, wobei fast alle Sportarten vertreten sind. Entscheidet sich der Schüler für eine Teamsportart, finden an den Wochenenden auch Spiele statt. Viele Sportarten werden nicht das ganze Jahr über gespielt, sondern laufen nur über ein paar Monate.

Der Jugendliche sollte sich darauf einstellen, dass die tägliche, auf die Schule aufgewandte Zeit durch den

Einbezug von nachmittäglichen Aktivitäten vielleicht bis in die Abendstunden dauert. Zusätzliche Arbeitsstunden am späten Abend sind üblich, denn Hausaufgaben werden auch in Amerika aufgegeben.

Ein großer Vorteil am amerikanischen Schulunterricht ist die hohe Berufsaffinität, d.h. die Fächer zeigen eine große Nähe zu den späteren Berufsmöglichkeiten. Sie beziehen sich nicht nur auf Rechnen, Lesen und Schreiben, sondern behandeln z.B. auch die „driver's licence" (den Führerschein), Singen oder Diskutieren. Damit erhalten amerikanische Schüler neben der Allgemeinbildung (Fremdsprache, Mathe etc.) auch eine berufliche oder zumindest berufsvorbereitende Bildung.

Da es in Amerika wenige Vereine gibt, sollte der Schüler an den nachmittäglichen Wahlfächern teilnehmen, denn dadurch knüpft er deutlich schneller Kontakte und gliedert sich rascher in das amerikanische Leben ein. Jetzt ist evtl. noch Zeit, sich ein wenig für Handball / Kunst / Schach / Musik / etc. zu motivieren.

Aufgrund der vielen Freizeit, die amerikanische Schüler in ihrer Highschool verbringen, identifizieren sie sich häufig stark mit der Schule. Das zeigt sich besonders bei Wettkämpfen und Festen, wo der sogenannte „school spirit" zu Tage tritt. Schulische Veranstaltungen führen zu einer Zusammengehörigkeit, zu Gemeinschaftssinn und machen Lust auf Schule. Bunt, witzig und laut darf ein Fest sein. Dabei sind natürlich die Schulfarben vertreten,

außerdem ein Banner mit dem Schullogo etc.

Selbst abends verlassen amerikanische Schüler ihre Schule nicht: Oft finden Vorträge, Partys, Konzerte, Bälle und andere Veranstaltungen statt, zu denen häufig auch Eltern kommen.

Fächerwahl für Gastschüler

Der Guidance Counselor oder School Counselor an jeder Highschool ist erster Ansprechpartner für alle Schüler und sollte vom Gastschüler am ersten Tag aufgesucht werden. Er weist den Neuling in Abläufe, Fächer und Zeiten ein und legt gemeinsam mit ihm Stundenplan und Fächer fest. Ebenso trifft er mit ihm die Entscheidung, ob das 11. oder 12. oder ggf. das 10. Schuljahr besucht werden soll. Viele Gastschüler berichten, dass sie gut in der Schule mitkamen, sogar oder gerade bei ihnen unbekannten Fremdsprachen. Anderen fiel das Verfolgen des Unterrichts schwer, v.a. wenn sie als „seniors" (12. Klasse) eingestuft wurden.

Einige Anbieter verlangen die Belegung von mindestens 75 Prozent der Fächer durch akademische Fächer (Kernfächer des allgemeinen Wissens): Biologie, Chemie, Mathematik, Physik, Erdkunde, Englisch oder American Literature, Geschichte, Canadian History / U.S. History etc. Nicht anerkennenswerte Fächer sind Kochen, Backen, Computer, Fahrschule, Sport, Theater oder Ähnliches.

Mit der Fächerauswahl mache man sich am besten schon vor Schulbeginn vertraut. Viele Kurse werden in Europa nicht angeboten, so dass sich der Gastschüler unter ihren Bezeichnungen zunächst nichts vorstellen kann. Es wäre jedoch schade, einen besonders interessanten Kurs zu verpassen, nur weil man den Namen nicht rechtzeitig übersetzen konnte. Möchte man in Europa nahtlos in die höhere Klasse wechseln, wozu man in Amerika gewisse Fächer zu belegen hat, muss man ein interessantes Fach allerdings manchmal sausen lassen.

Band: Eine Alternative für weniger sportbegeisterte Gastschüler, trotzdem das Gemeinschaftsgefühl des school spirit mitzuerleben. Wer Klarinette, Querflöte, Trompete, Schlagzeug o. Ä. spielt, ist hier gut aufgehoben. Häufig spielt die Band in Uniformen mit den Schulfarben an den Spielen des Footballteams oder nimmt an Paraden teil. Als „Marching Band" werden Schrittfolgen und Marschrouten einstudiert und beispielsweise auf dem Footballfeld vorgeführt.

English composition: Hier muss man viel schreiben, eigentlich ganz gut für Gastschüler. Wer allerdings keine Freude am Schreiben hat, sollte es besser bleiben lassen. Man achte zudem auf den Schwierigkeitsgrad!

Driver's Education: Wer Glück hat, kann an der Schule den Führerschein machen. Üblicherweise wird der als „Driver's Ed" bezeichnete Unterricht in einem Halbjahr absolviert, wobei der erste Teil des Semesters dem Theorieunterricht gewidmet ist. Im zweiten Teil erhalten dann abwechselnd jeweils zwei Schüler praktischen Fahrunterricht.

Health careers: Etwas für Schüler, die später vielleicht etwas mit Medizin machen wollen. Sie lernen hier all die Berufe kennen.

Lifetime sports:
Hier nehmen wir viele Sportarten durch, wie z.B. Softball, Volleyball, Basketball, Soccer, aber auch andere Sachen, die man eigentlich nicht als Sportkurs hat. Wir werden wahrscheinlich irgendwann Golfen gehen und auch mal Curling spielen (so ähnlich wie Boccia, wird aber auf Eis gespielt). Im Winter gehen wir vielleicht Ski laufen. Das ist schon ein spannender Sportunterricht. Wir machen auch einiges zur Förderung der Fitness. Am Anfang haben wir einen Fitnesstest gemacht, wobei natürlich alles per Computer aufgezeichnet wurde. - Johanna

Musical: verbunden mit einem Riesenauftritt zu Ende des Jahres

Study hall: Eine Art Freistunde oder Stillbeschäftigungsstunde, in der die meisten Schüler in der Bibliothek sitzen und Hausaufgaben machen oder lernen. Es gibt zwar eine Aufsicht, aber viele Schüler machen auch nichts: schlafen, essen, spielen Computerspiele etc. Anything goes!

Typing: Man lernt das Zehnfingersystem an der Tastatur – richtig praktisch, und sehr nützlich für Studium oder Beruf. Allerdings sollte man beachten, dass die amerikanische Tastatur sich in einigen Punkten von der europäischen unterscheidet. So sind beispielsweise z und y vertauscht und statt der Umlaute sind deren Tasten mit Satzzeichen belegt, die im Englischen häufiger benutzt werden, wie Semikolon etc. Da muss bei der Rückkehr an den heimischen Computer umgelernt werden!

(Foto: Pixelio)

Flotter Fachwechsel

Ich hab am zweiten Tag zwei Fächer getauscht: Englisch (ich war in einem Schreibkurs für „seniors", und da hat mir eine Stunde gereicht. Das ist wie in Deutschland für Schreibbegabte, nichts für mich) und Spanisch. Das war mir einfach zu schwierig, zwei Sprachen auf einmal zu lernen. Erst vom Spanischen ins Englische übersetzen, dann ins Deutsche, und dann den gleichen Weg wieder zurück. Also bin ich zum „guidance office" gegangen, zu den „counselors", und habe dort mein Problem erklärt. Man war sehr hilfsbereit und hat mir gleich geholfen, zwei neue Fächer zu finden. Die sind wesentlich besser: Englisch (normaler Unterricht wie zu Hause Deutsch) und „lifetime sports".

Johanna

Mühe und guter Wille

Sicher verlangt kein Lehrer, dass der Gastschüler bereits am ersten Tag mit perfekten Sprachkenntnissen und ausgezeichneten *Leistungen* glänzt. Interesse und ein guter Willen sollten jedoch vorhanden sein, was Amerikaner verständlicherweise auch voraussetzen. Wer sich als Gastschüler nicht einmal bemüht, dem Unterricht zu folgen und die eigenen (Sprach-)Kenntnisse zu verbessern, wird sich bald dem Verdacht gegenübersehen, er nehme das Highschooljahr nicht ernst. Das tut nicht nur dem Bild von Gastschülern schlecht, sondern auch dem Gastschüler selbst: Ohne Schulplatz kann er gleich nach Hause fahren.

Gastschuljahr.de
Lasse anderen an Deinen Erfahrungen teilhaben.

Unterricht

Besonders in Kanada verläuft der Unterricht oft lebhafter und weniger dröge als bei uns. Aufgeweckte Unterrichtsmethoden wechseln sich mit einfachem Frontalunterricht ab, so dass eine bunte Mischung entsteht. Dabei sind auch Projekte wie Musicals nicht selten.

Lehrer nutzen Computer und andere Medien im Unterricht (jeder Lehrer hat seinen eigenen Computer); außerdem finden Gruppenarbeiten und Präsentationen statt. Grundsätzlich muss man sagen, dass Amerikaner mit dem Computer und Internet sehr viel spielerischer umgehen als wir. Sie sehen sie als normale Hilfsmittel an, und niemand würde auf die Idee kommen, einem Jugendlichen die Zeit am Computer auf z.B. sechzig Minuten (wie häufig in Deutschland praktiziert) zu beschränken. Es wird daran recherchiert, gelernt, sich unterhalten usw. Häufig werden im Unterricht Filme angesehen. So spart sich der Lehrer einen ellenlangen Vortrag und kann davon ausgehen, dass das Zuschauen Wissen verinnerlicht.

Die Schüler nutzen die schuleigene Bibliothek und die Computer, um die Hausaufgaben zu erledigen. Sie sind selbstständig. Den Unterricht müssen sie oft eigenständig nachbereiten und vorbereiten, denn das vermittelte Wissen wird später vorausgesetzt. Tipp: Arbeitsblätter niemals wegwerfen, und alle Notizen und Blätter in einem Ordner sammeln. Einige Lehrer fordern manchmal das Heft ein, das natürlich einen guten Eindruck machen sollte.

Amerikanische Schüler unternehmen gelegentlich auch Klassenfahrten. Häufiger finden allerdings Exkursionen statt. Diese Ausflüge dienen der Vertiefung des Unterrichtswissens oder der Besichtigung von Monumenten. Dies sind Pflichtveranstaltungen, die angenehm gestaltet werden können, aber keine Freizeit sind.

Regeln

Die Lehrer sind ziemlich freundlich, haben aber alle ihre eigenen Regeln, die man ganz gut befolgen kann. Im Unterricht geht es hier etwas lockerer zu als daheim. Meist macht der Lehrer die erste Viertelstunde etwas (um den Dreh), und dann arbeitet jeder für sich. In der Zeit darf jeder seine eigene Musik per MP3-Player oder i-pod hören. Für die anderen lässt der Lehrer Musik über einen CD-Player laufen. Das ist toll. In der Stunde darf man meist etwas essen und trinken, solange das keinen Müll macht.

Für jedes Fach benötigen wir einen eigenen Collegeblock, wo wir viel hineinschreiben. Die Schüler müssen im Unterricht meist Notizen machen, die zu Ende eines Monats kontrolliert und benotet werden.

Handys dürfen die Schüler natürlich auch in der Schule benutzen. In den Gängen wird immer fleißig telefoniert, was in Deutschland nie vorkommen würde.

Die Lehrer sind alle unterschiedlich; mit manchen macht man eigentlich nur Spaß, wie z.B. in Bio. Dort haben wir bisher nichts wirklich gemacht, sondern der Lehrer zeigt uns witzige Filme oder erzählt aus seiner Vergangenheit, solche Sachen. Bei einem anderen kriegen wir dagegen Aufgaben auf und es ist mucksmäuschenstill.

Zwischen den Fächern haben wir immer nur ein paar Minuten Zeit, um die Räume zu wechseln, doch wenn man den Weg kennt, kriegt man das auch auf die Minute hin. Das Gebäude ist riesig, und hat soo viele Gänge, Treppen und SCHÜLER! Wirklich, man kann nicht nach rechts oder links sehen, überall Schüler. Aber ich mag sie, und die Lehrer auch. Die sind wirklich alle sehr offen und hilfsbereit. Ich wurde auch schon nach der Autobahn und den Lederhosen gefragt.

Ich habe jetzt meinen „locker" (Spind) bekommen, somit muss ich nicht immer meine ganzen Bücher, Hefte, Notizbücher etc. mitnehmen. Die Bücher sind hier wirklich sehr dick, so wie ein Wörterbuch, und natürlich großformatiger. Echte Brummer! Man muss sie zum Glück nicht kaufen, sondern bekommt sie von der Schule geliehen. Die sind ganz schön viel wert! Mein Biobuch kostet 135 Dollar, also besser nicht verlieren oder malträtieren.

Den Spind brauche ich auch, weil wir keine Taschen mit in den Unterricht nehmen dürfen. Der Schulleitung ist das im Hinblick auf Amokläufe zu gefährlich.

Johanna

Benotung

In der amerikanischen Highschool gibt es keine Noten, sondern Punkte. Sie sind für den Gastschüler wichtig, denn bei zu schlechten Noten müsste er unter Umständen das Programm abbrechen. So zeigt sich der Vergleich:

✓ Note 1 ist ein A (superior, ca. 90 bis 100 Punkte)

✓ Note 2 ist ein B (good, ca. 80 bis 89 Punkte)

✓ Note 3 ist ein C (average, ca. 70 bis 79 Punkte)

✓ Note 4 ist ein D (poor, ca. 60 bis 69 Punkte)

✓ Note 5 und 6 ist ein F (failure, ca. 50 bis 59 Punkte)

✓ Die eigentliche Note 5, E (incomplete), findet selten Anwendung.

Der Gastschüler sollte sich nicht schlechter als C stellen. Weil mündliche Mitarbeit so gut wie nicht zählt, ist die schriftliche Note wichtig.

Jede Schule hat andere Benotungskriterien, Durchschnittswerte und Anforderungen, so dass keine mit einer anderen vergleichbar ist. Grundsätzlich können Leistungs- und Arbeitsniveau von Region zu Region unterschiedlich ausfallen. Daher verlangen Colleges und Universitäten von Bewerbern standardisierte Sprachtests.

Amerikaner unterscheiden zwischen Major Grades und Daily Grades (auch Regular Grades genannt). Major Grades bekommt der Schüler für größere Projekte oder große Tests, Daily Grades für kleine Tests, Arbeitsblätter und Hausaufgaben. Bei Daily Grades spielt übrigens keine Rolle, ob die Note für eine Kleinigkeit oder für eine anspruchsvollere Aufgabe vergeben wurde. Im Zeugnis zählen Major Grades zu sechzig Prozent, Daily Grades zu vierzig Prozent.

Ein (Zwischen-)Zeugnis erhalten amerikanische Schüler alle sechs Wochen. Ein Semester dauert drei mal sechs Wochen. Dann stehen die „Final Exams" an, in denen der Stoff des Schuljahres wiederholt wird. An einigen Schulen müssen nur die Schüler daran teilnehmen, die mehr als zwei Fehltage zu verbuchen haben.

Abschluss

Der Gastschüler erhält für seine Leistungen einen Nachweis oder ein Zertifikat der Schule. Die amerikanischen Kollegen, die bis zum Alter von 17 Jahren die Highschool besuchen, erwerben die *Graduation* und damit ein *High School Diploma* (quasi das Abizeugnis, die Zugangsmöglichkeit zum College). Das wird in Deutschland, Österreich und der Schweiz nicht oder nur kaum anerkannt. Wer die Auszeichnung auch in Europa als Hochschulzugangsberechtigung anerkennen lassen möchte, braucht überdurchschnittliche Leistungen. (Mehr dazu unter www.anabin.de.)

Zum Erlangen der Graduation sind bestimmte Fächer zu belegen, um ein bestimmtes Bildungsniveau nachzuweisen. Das errechnet sich anhand der Punkte (credits). Ob und welche Auszeichnung, welchen Nachweis oder welches Diplom der Gastschüler erhält, kommt auf die jeweilige Schule an, die wiederum der Schulbehörde unterliegt. Möchte ein Gastschüler tatsächlich das High School Diploma erwerben, kläre er die Voraussetzungen mit dem Guidance Counselor. Da die vorhergehenden Schuljahre in die Berechnung der Leistungen zum High School Diploma einfließen, steht eine Umrechnung der schulischen Leistungen im Heimatland in amerikanische credits an.

Sinnvoll ist das HSD natürlich dann, wenn beabsichtigt wird, ein Studium in den USA aufzunehmen. Allerdings kann man sich z.B. auch mit dem Abitur oder der Matura bei einer amerikanischen Hochschule bewerben, da viele Unis ohnehin Aufnahmeprüfungen durchführen. Und auch bei späteren Bewerbungen zu Hause ist das Diplom oft überflüssig, da Unternehmen sich weniger für die Noten interessieren als für die Erfahrungen während des Gastschuljahres. Daher braucht man sich nicht unter Druck zu setzen, sondern kann auf das Diploma getrost verzichten.

Verhalten und Sicherheit

Für Europäer ungewohnt sind die verschiedenen Religionen und Hautfarben. Angehörige einer Kultur lernen zusammen, bilden aber nicht immer homogene Gruppen.

Unhöflichkeiten untereinander, Streit oder Schubsereien sind tabu und können zum sofortigen Schulabbruch führen. Ebenso Faulheit oder mangelndes Interesse. Ein No-go ist unentschuldigtes Fehlen; in jedem Fall muss die Familie oder der Arzt eine Entschuldigung oder ein Attest ausstellen. Ebenso kann Nichterledigen von Hausaufgaben, Sich-Widersetzen oder heimliches Rauchen zum Ende des Abenteuers führen, denn wenn die Schule den Gastschüler „hinauswirft", darf er nicht in Amerika bleiben. Ohne Schulplatz keine Aufenthaltserlaubnis.

Achtung, die Disziplin ist in amerikanischen Schulen ausgeprägter, und zwar nicht nur in den Klassenzimmern und während des Unterrichts. Das gilt zum einen für die Lehrkörper, die in vielen Bundesstaaten z.B. dazu verpflichtet sind, mindestens eine Stunde vor Unterrichtsbeginn in der Schule anwesend zu sein. Zum anderen gilt die Disziplin natürlich auch für Schüler. So wird an einigen Schulen erwartet, dass leistungsstarke Schüler in den Pausen oder nach der Schule kostenlos für Nachhilfestunden zur Verfügung

stehen. Das Verhältnis zwischen Schülern und Lehrern ist dadurch positiver einzuschätzen, denn nur durch das gegenseitige Miteinander können Lerneffekte verstärkt werden. Die Nachhilfestunden sind keine Verpflichtung, doch werden diese Zusatzarbeiten von Schülern gern durchgeführt. Selbstverständlich zeichnet sich das im Zeugnis ab.

Gute Leistungen werden von der Mehrzahl der Schüler angestrebt und entsprechend honoriert. So finden häufig nach jedem Semester Abschlussveranstaltungen statt, bei denen die besten Schüler jedes Jahrgangs ausgezeichnet werden. Im Allgemeinen sind gute Noten jedoch einfacher zu erzielen als hierzulande, weswegen Gastschüler häufig unter den geehrten Schülern zu finden sind.

Aufgrund des großen Sicherheitsbedürfnisses in US-amerikanischen Schulen darf kein Schüler während des Unterrichts die Klasse verlassen. Selbst zwischen den Unterrichtsstunden darf sich der Schüler meist nur mit einem „hall pass" außerhalb des Klassenzimmers aufhalten. Dieser soll weitere Massaker durch Amokläufer verhindern. Trägt der Schüler keinen bei sich, wird er des Schulgeländes verwiesen. Bei Gastschülern, besonders in der Anfangsphase, wird dabei aber häufig ein Auge zugedrückt. Trotzdem: immer an den hall pass denken! Das Schulgelände darf auf keinen Fall vor Unterrichtsende verlassen werden.

Schuluniform

An kanadischen Schulen ist sie fast durchgängig üblich; in den USA trifft man sie seltener an, und wenn, dann meist an Privatschulen. Manche Schulen machen mit ihrer Uniform indirekt Werbung, indem sie z.b. zeigen, dass sie Wert auf Gemeinschaft legen.

Hinter Uniformen steckt die Hoffnung, die soziale Herkunft zu nivellieren. Kleider machen Leute, und wenn Jugendliche Unterschiede in der Kleidungsqualität feststellen, führt dies schnell zu einer wichtigen Größe. Diskriminierungen wären durch eine Uniform also ausgeschlossen. Außerdem entsteht durch das Tragen gemeinsamer Farben oder Labels der Schule Zusammengehörigkeit. Aber noch ein wichtiger Grund ist zu erwähnen: Durch Schuluniformen wird die Disziplin der Schüler erhöht, indem sie lernen, dass Schule einen Anspruch an die Bekleidung stellt. Dies gilt natürlich auch für Lehrer.

Manchmal werden einfach Schulwappen auf bunte T-Shirts gedruckt und freiwillig getragen, z.B. bei Veranstaltungen oder Wettkämpfen.

Häufig sind Schuluniformen nur bis Grade 9 üblich, ab der Senior High nicht mehr. Als Ersatz wird dann umso mehr auf die Kleidung geachtet, Dress Code!

Es ist von Vorteil, wenn sich der Jugendliche auf eine mögliche Schulkleidung oder zumindest einen Dress Code einstellt. Gerade modebewusste Jugendliche wären ohne die Chance, ihre Markenjeans täglich auszuführen, maßlos enttäuscht. Hinzu kommt, dass Veranstaltungen gleich nach der Schule, so z.B. ein Kinobesuch, selbstverständlich auch in Schulkleidung wahrgenommen werden.

Nach Bekanntgabe der amerikanischen Schule erfährt der Gastschüler, ob Schulkleidung dort Pflicht ist. Ggf. kommt damit noch einmal eine kleine Kostenlawine auf die Eltern zu, und zwar in Höhe von ein paar hundert Dollar, da es mit einer Jacke und Hose selbstverständlich nicht getan ist. Allerdings lässt sich die Uniform oft leihen, oder man kauft sie gebraucht und verkauft sie nach dem Jahr weiter.

Homecoming

Nächste Woche ist Homecoming! Eine große Sache in Amerika. Jeden Tag haben wir ein bestimmtes Thema, zu dem wir uns kleiden sollen bzw. dürfen. Man muss nicht mitmachen, aber es ist bestimmt lustig.

Am Montag ist die Farbe Grün angesagt. Man kann sich an diesem Tag allerdings auch wie sein Lieblingstier kleiden; ich glaube jedoch nicht, dass das so viele machen. Am Dienstag ist „crazy hair". Mittwoch ist Jersey Day, d.h. jeder trägt ein Trikot: von seiner Sportart, seinem Lieblingssportler ... Am Donnerstag hat jeder Jahrgang seine eigene Farbe. Juniors wie ich sind grün.

Am Freitag werden dann die Schulfarben, rot und weiß, getragen. Abends ist ein Footballspiel von unserer Schule, welches groß gefeiert wird. Am Samstag ist dann die Homecoming-Feier. Jedes Mädchen trägt ein Kleid, und die Jungen sind auch etwas schicker gekleidet. Es ist eine abgewandelte Form vom Prom, der am Ende des Jahres stattfindet. Homecoming ist nicht ganz so gigantisch, aber es wird bestimmt sehr, sehr lustig.

Johanna

Ein paar Tage später:

Homecoming ist wirklich lustig! Aber die Lehrer müssen leider manchmal darunter leiden. Einer meiner Lehrer (ein wirklich netter) wohnt in meiner Nachbarschaft. Sein Garten wurde komplett mit Toilettenpapier geschmückt. Da es an dem Tag sehr windig war und geregnet hat, flog nasses Papier durch die ganzen Gärten. Es ist natürlich verboten, Bäume und Gärten mit Toilettenpapier zu schmücken, aber es ist Tradition und das Zeichen für Homecoming. Ich weiß nicht, wer darauf gekommen ist, aber es scheint normal zu sein.

Johanna

Schülerzeitung

Hand aufs Herz, welche Schule hat schon eine schöne Schulzeitung? Meist ist es doch nur ein kurzes Projekt, das rasch wieder einschläft. Ganz anderes hier: Die Schulzeitung ist dicker als eine normale Tageszeitung. Jeder Jahrgang hat seine eigene Zeitung, die natürlich auch im Internet veröffentlicht wird. Da die Schüler das gar nicht neben der Schule bewerkstelligen könnten, ist ein Schulgremium zuständig.
In der Zeitung dreht sich natürlich alles um das Maskottchen; das darf auf keiner Seite fehlen. Bei uns ist es der Polarbär. Die Zeitung heißt: Hortonville High School „Home of the Polar Bears". Die Identifikation mit dem Bären schafft ein richtiges Zusammengehörigkeitsgefühl.

Themen sind z.B.:

alle Feiertage, freien Tage und besonderen Anlässe

Informationen über die letzte und nächste Prüfung der Abschlussklassen

Hinweis, dass das Parken teurer wird (viele Schüler fahren ja mit dem Auto)

„The student of the month" in den Fächern Weltsprachen, Sozialstudien, Mathematik, Gesundheit, Umgang mit dem Computer etc.

Informationen über notwendige Impfungen. Es kann immer mal sein, dass akut zu Impfungen aufgerufen wird, zur Zeit z.b. gegen Meningitis.

Bemerkenswert, wie wichtig hier die Schüler genommen werden.

Johanna

Rückkehr

Nicht nur im Gastland wartet ein Kulturschock, sondern auch bei der Rückkehr nach Hause. Dessen sollte man sich bewusst sein.

Die letzten Wochen vor dem Abflug sind normalerweise von gemischten Gefühlen begleitet. Einerseits freut man sich auf das Wiedersehen mit Familie und Freunden, freut sich auf die „alte" Heimat, andererseits kann man sich nicht vorstellen, das Leben in Amerika schon wieder aufzugeben. Sollte die Zeit tatsächlich schon vorbei sein?

Nun kann man sich den Tag der Abreise vorstellen: Auf der einen Seite Trauer um den Abschied von der Gastfamilie, auf der anderen Seite Freude auf das Wiedersehen mit der „echten" Familie.

Die ersten Stunden, Tage zu Hause: Alles ist anders. Die Welt erscheint so grau, unfreundlich, unspektakulär. Man sehnt sich wieder nach Amerika, kann sich an den Alltag nicht wirklich gewöhnen.

Dazu kommen von allen Seiten Fragen: Wie war's? Hat's dir gefallen? Erzähl doch mal! Da fällt die Antwort oft schwer. Kann man ein ganzes Jahr tatsächlich in wenigen Worten zusammenfassen? Schließlich erzählt man, wie toll es war und wie unglaublich gut es einem gefallen hat, kramt Anekdoten hervor. Ein gutes Gefühl ist es schon, plötzlich als „bunter Hund" im Gespräch zu sein.

Aber nach einigen Wochen interessiert sich kaum jemand mehr für die Erzählungen, denn alle haben genug gehört. Dabei gibt's noch so viel zu berichten, zu verarbeiten, zum Noch-Einmal-Erleben ... Und in Amerika war es schließlich so toll, viel schöner als in der grauen Heimat. So wie man früher im Gastland vieles zu kritisieren hatte, beschwert man sich nun über die Verhältnisse daheim.

Komischerweise tun viele Freunde und Verwandte so, als hätte man nichts Besonderes hinter sich. Die vielen neuen Erfahrungen müssen unerzählt im Herzen bleiben. Stattdessen soll man sich wieder an den Alltag gewöhnen, obwohl einem hier so vieles auf die Nerven geht! Man bemitleidet sich selbst und wünscht, wieder nach Amerika losziehen zu können.

Aber nach einiger Zeit gibt sie die Stimmung von selbst wieder. Man sucht wieder Anschluss, unternimmt etwas mit den Freunden und merkt, dass das Leben hier eigentlich doch nicht so schlecht ist. Eigentlich fühlt man sich auch hier so richtig wohl.

Apropos: Eltern und Freunde hören zwar gerne, wie gut es einem in Amerika gefallen hat. Aber sie werden sicher verstimmt, wenn sie als – im Vergleich zur Gastfamilie – minderwertig abgestempelt werden. Daher sei man ein wenig vorsichtig damit, ihr Verhalten zu kritisieren und ständig von den tollen Leuten in Amerika zu schwärmen. Außerdem kommt es nicht gut an, mit seinen Erlebnissen zu prahlen. Schließlich haben auch die Freunde in dem Jahr Aufregendes erlebt, das sie gerne erzählen möchten.

Abschließende Verhaltenstipps

Liebe Schülerin, lieber Schüler,

Du bist sicher aufgeregt, denn alles läuft auf Deine Reise hinaus. Du kannst die Zeit kaum mehr abwarten. Es eröffnet sich für Dich eine neue Welt, für die Du bereit bist, alles hinter Dir zu lassen. Vielleicht hast Du gemerkt, dass Du gedanklich bereits fort bist. Was sich unter anderem so äußert, dass Du den eigentlich notwendigen Fahrradkauf um ein Jahr verschiebst, nach dem Motto: Das brauche ich hier ja gar nicht mehr. Oder den lang ersehnten Laptop erst mal im Geschäft lässt, da Du ja nicht weißt, ob Du ihn mitnehmen kannst.

In der Tat bist Du ja nun auch bald weg. Dann erwartet Dich vermutlich eine Gefühlsachterbahn. Erfahrungsgemäß kann Folgendes passieren:

- ✓ Du bist unterwegs, weißt nicht, was auf Dich zukommt, daher stellt sich eine gewisse Euphorie ein.

- ✓ Du bist angekommen und kannst kaum glauben, dass Du es geschafft hast. Die Zeit der Vorbereitung scheint wie im Fluge vergangen zu sein.

- ✓ Du schaust Dir alles an und hast das Gefühl, dass Dir Amerika zu Füßen liegt. Du hast eine einmalige Chance, die Du nutzen willst.

- ✓ Nun folgt der Absturz. Irgendwie hast Du Dir nicht vorstellen können, dass Du Deine Eltern und Dein Zimmer so vermissen könntest. Alles ist doof, und eigentlich möchtest Du schnell wieder nach Hause.

- ✔ Je nach Stärke Deiner Selbstheilungskräfte findest Du Deinen Weg und ordnest Dich wieder in Familie und Schule ein. Es läuft eben auf Alltag hinaus, der bewältigt werden muss.
- ✔ Du lebst nun in Amerika. Eigentlich ist alles ganz normal, denn Du hast Dich an Abläufe, Mentalität und Menschen gewöhnt.
- ✔ Du fliegst nach Hause, mal schauen, was auf Dich zukommt ...

Rechne also damit, dass Du auch einmal in ein tiefes emotionales Loch fallen wirst. Denke immer daran, dass dies normal ist. Du bist ein Mensch, und dazu noch ein recht junger. Sorge dafür, dass Du Dich ablenkst und Deine Eltern regelmäßig informierst, nicht nur, wenn es Dir schlecht geht. Es hilft Dir, wenn Du die Verhaltensregeln aus diesem Buch beherzigst.

Viel Glück, viel Erfolg und viel Spaß!

Deine Anke-Petra Peters und Dein Torsten Peters

Liebe Eltern,

nun ist es bald soweit; Ihre Tochter, Ihr Sohn verabschiedet sich von Ihnen und zu Hause. Die Gewissheit, er oder sie komme ja bald wieder, tröstet wenig. Auf diesen Tag haben Sie seit Monaten hingearbeitet und es nun geschafft, herzlichen Glückwunsch!

Bitte beachten Sie, dass Ihr Kind von einer Euphorie in ein tiefes Gefühlschaos fallen kann. Das ist normal, und wenn Sie es bis hierhin gebracht haben, dann hat es auch die Kraft, dies zu bewältigen.

Außerdem sind Sie nicht allein. Sie können bei Problemen die Agentur und die Partnerorganisation ansprechen. Zusätzlich reden Sie sicher regelmäßig. Selbst wenn Sie ein wenig Angst haben, wie das wohl alles laufen wird: Freuen Sie sich über diese einmalige Chance für Ihr Kind.

Und lehnen Sie sich ein wenig zurück, denn Sie haben nun sicher alles Nötige berücksichtigt.

Ihre Anke-Petra Peters und Ihr Torsten Peters

Alternativen zum Highschooljahr

Es gibt viele Möglichkeiten, ins Ausland zu gehen. Einige zusätzliche Angebote in den USA und Kanada möchten wir hier vorstellen. Diese Angaben sind recherchiert, aber es ist möglich, dass sie von Anbieter zu Anbieter schwanken. Das gilt auch für Preise und Angebotsinhalte. Zudem können sich die gesetzlichen Vorschriften jederzeit ändern.

Einschätzung der Englischkenntnisse

In vielen Unterlagen finden sich Angaben zum vorhandenen *Englischniveau*. Hier eine Einschätzungstabelle (die Übersetzung ist zusammengefasst und nicht wörtlich wiedergegeben).

Englischniveau – Fähigkeiten

- ✔ Beginner: Antworten auf Einfachfragen, Begrüßungen, leichte Unterhaltung
- ✔ Low basic: Gegenwartsform, Vergangenheit und Zukunft. Der Betreffende kann Zeiten anwenden.
- ✔ High basic: Mögliche Zeiten können auch in Gesprächen angewendet werden
- ✔ Low intermediate: Hervorragende Anwendung von allen Zeiten auch in anspruchsvolleren Gesprächen
- ✔ Intermediate: Sichere Anwendung der Verben und Zeiten

- ✔ High intermediate: Unter anderem Führen von Diskussionen, Erklärungen, Darstellen von eigenen Ideen
- ✔ Low advanced: Siehe 6 und die Fähigkeit, das Gesprochene zusätzlich schriftlich darzustellen
- ✔ High advanced: Ausdrucks- und Kommunikationsfähigkeit in fast allen Situationen
- ✔ Low proficient: Korrekte Anwendung der Grammatik und Zeiten in Beruf, im privaten Bereich und im Schulbereich
- ✔ High proficient: Flüssige Konversation auf allen Ebenen mit sehr wenigen Fehlern

Arbeit im Gastland

Amerikaner, sowohl in den USA als auch in Kanada, haben eine etwas andere Einstellung zur Arbeit. So ist es bei ihnen üblich, dass in Familien beide Partner arbeiten und Kinder fast den ganzen Tag in der Schule betreut werden. Urlaub nimmt einen anderen Stellenwert ein, denn viele Angestellte haben im ganzen Jahr lediglich zwei bis drei Wochen frei. So dauert unter Umständen auch die tägliche Arbeit länger als acht Stunden und hat weniger Pausen. Der Reisende stellt sich daher besser auf Arbeit ein statt auf ein Urlaubsjahr. Das gilt auch für Au-

Pairs, denn die familiären Aufgaben sind nicht zu unterschätzen.

Die Arbeit kann durchaus länger als acht Stunden dauern. 30 bis 50 Wochenstunden sind im Durchschnitt üblich. Allerdings hat der Jobber auch Freizeit.

Im eigenen Interesse ist es ratsam, sich um einen Job zu bemühen, der zum eigenen Lebensentwurf passt: zu den ausgeübten Berufen oder Studien und natürlich zu den eigenen Vorlieben.

Amerikaner nehmen ihre Arbeit sehr ernst. Besonders im Hotel- und Gastgewerbe steht der Kunde an allererster Stelle. Daran müssen sich Ausländer unter Umständen gewöhnen. Oberflächlichkeiten und Unhöflichkeiten unterlasse man tunlichst.

Kultur

Jobber in allen Bereichen werden die Kultur des Landes sicherlich kennenlernen. Allerdings besteht nicht unbedingt eine Familieneinbindung (außer natürlich für Au-Pairs und einige Farmarbeiter). Unter Umständen schlägt sich der Reisende allein durch, was eine offene und freundliche Kommunikation erfordert. Ebenso wichtig werden hier Umgang mit den Einheimischen und Verständnis für gesellschaftliche Befremdlichkeiten. Schließlich wird der Neuankömmling fast täglich mit fremden Menschen arbeiten und evtl. zusammenleben. Außerdem fällt die Integration in ein bestehendes Team oder eine Familie nicht immer ganz leicht. Die Verhaltensanforderungen sind unbedingt zu verinnerlichen und anzuwenden.

Betreuung

Damit der Jobber sich gut betreut weiß, achte er bei der Auswahl der Organisation auf Folgendes:

Betreuung vor Ort

- ✔ Aussagekräftige Unterlagen zu dem Programm oder ein entsprechendes Handbuch

- ✔ Beratung entweder telefonisch oder in einem Büro in der Nähe

- ✔ Hilfe bei der Flugbuchung

- ✔ Ausstellung eines Nachweises oder Zertifikats nach der Durchführung

Je nach Art der Beschäftigung achte man zudem auf folgende Punkte:

- ✔ Möglichkeit eines Vorbereitungsseminars in Heimatnähe

- ✔ Hilfe bei Versicherungsabschlüssen

- ✔ Hilfe bei der Bewerbung

- ✔ Hilfe bei der Visumbeantragung

Voraussetzungen

Wer sich für die Arbeit auf einer Farm oder für ein Volunteering interessiert, hat nach Möglichkeit bereits vorher Erfahrungen auf einem Bauernhof oder in einer anderen Einrichtung mit Arbeit im Freien gesammelt. Weder Witterungen noch der Umgang mit einer hohen Arbeitsmoral machen einen Arbeitstag hier besonders einfach. Die Arbeit ist hart und schmutzig. Es wird hoher Einsatz erwartet. Allergiker sind hier nicht gut aufgehoben.

Doch auch im Gastgewerbe machen Witterungen, Stress und die hohe Arbeitsmoral zu schaffen. Hier bringe man am besten Erfahrungen in Service, Kundenkontakt und Kellnern mit. Es wird hoher Einsatz erwartet, besonders im Kundenservice. Die Arbeit ist auch im Gastgewerbe hart und schmutzig.

Kosten

Die Kosten des Aufenthalts setzen sich aus mehreren Bausteinen zusammen. Zunächst sind bei der Einreise in die USA mindestens 1000 Dollar als vorhanden nachzuweisen, bei der Einreise nach Kanada mindestens 4000 Dollar. Dies gilt allerdings nur bei Aufenthalten, bei denen der Teilnehmer auch einen Verdienst hat. Bekommt er für seine Arbeit keinen Lohn, benötigt er keinen Nachweis.
Die 1000 bzw. 4000 Dollar müssen nicht ausgegeben werden, sondern dienen der Sicherstellung des Aufenthalts. Der Nachweis erfolgt in Kanada durch Bargeld, Kreditkarte oder Travellerchecks. Hinzu kommen folgende Kosten:

- ✔ Individuelle Programmkosten
- ✔ Fluggebühren
- ✔ Visumgebühren
- ✔ Unterkunft, Taschengeld, Fahrten vor Ort, Lebenshaltungskosten von ca. 1200 bis 1500 Dollar

Die Lebenshaltungskosten in Kanada liegen sehr hoch, und auch die Miete ist dort nicht zu unterschätzen!
Je nach Art der Beschäftigung entstehen zudem Kosten für folgende Punkte:

- ✔ Versicherungen (Haftpflicht, Krankheit und Reiserücktritt)
- ✔ Dienstkleidung (z.B. in der Hotellerie)
- ✔ Miete (ca. 300 bis 700 Dollar im Monat)

Durch bestimmte Wohnwünsche oder zusätzlicher Service entstehen bei der Unterkunft zudem ggf. weitere Kosten. Möglich sind auch Kaution oder Maklergebühren. Evtl. besteht die Möglichkeit, eine Wohnung gemeinsam mit anderen Jobbern zu mieten. Manche kanadische Arbeitgeber bieten auch hostelartige Unterkünfte mit Mehrbettzimmern an. Glück hat derjenige, der bereits Erfahrungen in dem Land oder Beziehungen zur Vermittlung eines Zimmers hat.

Unterkunft

Meist wohnt der Jobber unmittelbar bei seinem Arbeitgeber, in dessen Nähe oder in einem nahegelegenen Zimmer bzw. einer nahegelegenen Wohnung. Ein Au-Pair wohnt natürlich immer direkt in der Familie oder in einem nahen Zimmer mit Vollpension. Bei der Arbeit eines Au-Pairs handelt sich traditionell um eine Tätigkeit mit Familienanschluss. Doch auch Farmarbeiter haben im Normalfall Familienanschluss, wodurch sie Menschen und Kultur kennenlernen.

Formales

Möglicherweise ist im Heimatland eine Abmeldung vorzunehmen, wenn man für mehr als sechs Monate das Land verlässt. Zudem ist der Teilnehmer oft verpflichtet, seinen festen Wohnsitz in Deutschland / Österreich / der Schweiz nachzuweisen bzw. die dortige Staatsbürgerschaft zu besitzen.

Au-Pair

Au-Pair bedeutet „auf Gegenseitigkeit". Die Anstellung hat eine lange Tradition. Heutzutage reduziert sich die Tätigkeit häufig auf die Betreuung kleiner Kinder. Es handelt sich um einen Kulturaustausch, der jungen Menschen ein Tor zur Welt öffnet. Da die Teilnehmerin bzw. der Teilnehmer in der Gastfamilie wohnt und verpflegt wird, entstehen keine größeren Ausgaben. Das Au-Pair bekommt ein Taschengeld, so dass auch das Leben nach der Arbeit nicht zu kurz kommt.

Ein entsprechendes Gesetz in Amerika schützt Au-Pairs vor Ausnutzung. Man stelle sich allerdings nicht auf Zuckerschlecken ein, denn die Aufgaben sind nicht zu unterschätzen.

Normalerweise liegt das Aufnahmealter bei 18 Jahren. Der Teilnehmer hat nachzuweisen, dass er gesund, kinderlos und ledig ist. Gute Sprachkenntnisse, also mindestens fünf Jahre Unterricht in der Schule, und ein Grundkurs über mindestens zweihundert Stunden im Umgang mit Kindern sind essentiell. Ein Realschulabschluss ist normalerweise der mindestens geforderte Schulabschluss. Zusätzlich ist eine Fahrerlaubnis vorzulegen, ebenso ein polizeiliches Führungszeugnis. Männliche Teilnehmer haben es leider schwer, vermittelt zu werden. Raucher werden nicht angenommen.

Vorsicht: Das Au-Pair-Programm in Kanada entspricht nicht dem in Europa. In Kanada arbeiten die jungen Ausländer als „Live-In Caregiver". Hierzu verlangt die kanadische Regierung eine hohe Qualifikation, d.h. u.a. eine soziale Ausbildung oder ein entsprechendes Studium oder sehr viel Erfahrung. Alternative ist der Aufenthalt als Nanny, wozu eine Erzieherausbildung oder ein pädagogisches Studium nötig sind.

Au-Pairs benötigen zum Aufenthalt in Amerika ein entsprechendes Visum. Ihre Arbeit dauert normalerweise zwölf Monate. Danach ist ein Urlaubsmonat üblich. Eine Verlängerung des Au-Pair- bzw. Caregiver-Aufenthaltes ist möglich, erfordert allerdings ggf. eine neue Arbeitserlaubnis. Das Visum kann längstens für 24 Monate ausgestellt werden.

Kosten: Beim Au-Pair entfallen die Lebenshaltungskosten. Hinzu kommen allerdings individuelle Anfangskosten, z.B. für Kleidung, Schuhe etc.

Zur Einreise benötigt das Au-Pair keinen Nachweis darüber, dass ein bestimmter Dollarbetrag zur Verfügung steht.

USA

Sommerjobs

Dieser Aufenthalt darf nicht länger als vier Monate dauern und nur zwischen Mai und Oktober stattfinden. Es ist wichtig, dass der Reisende mindestens ein Semester als Student an einer Universität oder einem College eingeschrieben ist. Es darf sich nur um einen Hilfsjob handeln, d.h. ein Praktikum ist in dieser Form nicht möglich. Die Englischkenntnisse sollten mindestens mittelmäßig sein. Möglich sind beispielsweise Arbeiten in der Gastronomie, Hilfsarbeiten in einer Fabrik, Betreuung eines Kinder- oder Jugendlichencamps oder Arbeit auf einer Farm.

Die Organisation erfolgt nicht auf eigene Faust sondern durch eine in Amerika anerkannte Firma, die zur Durchführung berechtigt ist. Bitte darauf achten, dass der Flug in die USA nicht 14 Tage vor Beginn des Jobs stattfinden darf. Es ist ein Visum zu beantragen.

Sämtliche Hilfsarbeiten sind erlaubt. Man darf auch zwei Jobs annehmen, wenn der erstangenommene darunter nicht leidet.

Folgende Tätigkeiten sind bei diesem Programm nicht gestattet:

- ✔ Durchführung eines Praktikums
- ✔ Erotikjobs
- ✔ Begleitung in Flugzeugen oder Schiffen
- ✔ Jobs in der Medizin oder Pharmaindustrie
- ✔ Lehrertätigkeit
- ✔ Begleitung von Ferienunternehmen
- ✔ Au-Pair-Tätigkeiten

Programmkosten: ca. 600 Dollar

Praktika

Die Aufenthaltsgenehmigung ist gestaffelt:

Studierende, Auszubildende und Absolventen, die ihr Praktikum innerhalb eines Jahres nach Ausbildungs- oder Studienende beginnen, dürfen sich bis zu zwölf Monaten in den USA aufhalten.

Junge Personen mit abgeschlossener Ausbildung oder mit Studium und einem Jahr Berufserfahrung dürfen bis zu 18 Monaten in den USA bleiben (im Hotel- und Tourismusgewerbe nur 12 Monate).

Junge Berufstätige mit einer fünfjährigen Berufserfahrung im gelernten Beruf dürfen ebenfalls bis zu 18 Monaten in den USA bleiben (im Hotel- und Tourismusgewerbe nur 12 Monate).

Normalerweise liegt das Aufnahmealter bei 18 bis 35 Jahren.

Sämtliche Praktikumsarten sind gestattet, doch sollte die Praktikumsstelle in einem logischen Zusammenhang mit dem gelernten bzw. bereits ausgeübten Beruf oder dem Studium stehen.

Erforderlich sind mindestens ausreichende Englischkenntnisse; besser wären gute Kenntnisse.

Für jeden Monat des Aufenthaltes muss der Teilnehmer bis zu 1000 Dollar vorweisen, sofern es sich nicht um ein bezahltes Praktikum handelt.

Programmkosten: Ca. 500 Dollar für den ersten Monat, danach monatliche Folgekosten von ca. 20 bis 50 Dollar. Hinzu kommen Anfangskosten (zusätzlich zu Lebenshaltungskosten) von ca. 1800 Dollar, falls der Arbeitgeber das Gehalt nicht rasch auszahlt.

Nützliche Adressen

www.inwent.org
www.europaserviceba.de
www.daad.de
www.iaeste.de

Camp America

Viele US-amerikanische Kinder nehmen an einem „summer camp" teil. Zur Betreuung, Bereitstellung der Speisen etc. werden helfende Hände gesucht, gerne auch aus dem Ausland. Dabei stehen drei Arbeitsbereiche zur Verfügung:

Der *Camp Counsellor* kümmert sich den ganzen Tag über um die Rasselbande. Er sollte daher pädagogisches Geschick mitbringen, ebenso Freude an der Arbeit mit Kindern.
Campower kümmern sich um alles, was hinter den Kulissen so anfällt: Verpflegung, Büroarbeit, Landschaftsgärtnerei … Das ist körperlich deutlich anstrengender.
Special Needs Counsellors arbeiten in den gleichnamigen Camps, die von Kindern mit Lernschwierigkeiten oder Behinderung besucht werden.

Dauer: 9 bis 12 Wochen
Programmkosten: ca. 700 Euro.
Der Bewerber sollte über fließende Englischkenntnisse verfügen. Mindestalter: 18 Jahre

Nützliche Adresse
American Institute For Foreign Study (AIFS), Tel.: 0228 957 30 0, info@aifs.de, www.aifs.de

Kanada

Hotellerie

Dieser Aufenthalt dauert zwischen sechs und zwölf Monaten.
Bewerber ohne Ausbildung oder Studium im Bereich Restaurant, Hotel oder Tourismus erhalten zuerst einen Einführungskurs in Bezug auf den ausgewählten Bereich. Darin werden sämtliche Anforderungen gelernt und geübt.
Bewerber mit abgeschlossener Ausbildung oder einem Studium im Bereich Restaurant, Hotel oder Tourismus beginnen mit einem kurzen Einführungsseminar. Wichtige Aspekte zum täglichen Leben werden vorgestellt und Hilfen gegeben. Auch Sprachkurse finden auf Wunsch des Teilnehmers statt. Wenn alle Unterlagen vorliegen und die Gespräche durchgeführt wurden, erhält der Bewerber seine Jobunterlagen zur Unterschrift.

Erlaubt sind sämtliche Servicearbeiten im Hotel- und Touristikgewerbe. Der Jobber hat cin Visum zu beantragen. In der Arbeitsregion ist es durchaus üblich, bestimmte Vorzüge wie Skipässe oder Skikurse, Schwimmpässe oder Ähnliches zu erhalten. Die Jobber verdienen meist nicht viel Geld, aber das Trinkgeld hilft, die täglichen Kosten zu tragen. Wer im unteren Dienst des Services anfängt und sich gut anstellt, hat die Möglichkeit zum raschen Aufstieg. Fleiß zahlt sich also aus!

Farmstay

Die Aufenthaltsdauer beträgt höchstens sechs Monate, während welcher Zeit der Teilnehmer keiner bezahlten Arbeit nachgehen darf. Es handelt sich also eher um ein Arrangement, bei dem der Teilnehmer auf der jeweiligen Farm arbeitet und dafür Unterkunft und Verpflegung erhält. Es ist kein Job, da dazu ein Visum notwendig wäre.

Sämtliche Servicearbeiten im Farmgewerbe sind gestattet. Einsatzorte:

✓ Weingut (ab 19 Jahren)
✓ Pferderanch
✓ Lamafarm
✓ Schaffarm
✓ Getreidefarm

Programmkosten: ca. 1000 bis 1300 Dollar pro Monat. Bei Sonderwünschen, z.B. dem Einsatz auf einer bestimmten Farm, wo unter Umständen andere Sicherheitskleidung vonnöten

ist, kommen zusätzliche Kosten hinzu. Die Preise hierzu sind gestaffelt. Visumgebühren entfallen möglicherweise, da meist keines nötig ist.

Farmjob

Die Aufenthaltsdauer liegt bei drei bis sechs Monaten. Nötig ist ein limitiertes Work-Travel-Visum; wer sich zu spät bewirbt, hat keine Möglichkeit mehr zur Beantragung. Der Teilnehmer darf während dieser Zeit einer bezahlten Arbeit nachgehen. Dazu benötigt er ein aktuelles, einwandfreies Führungszeugnis.

Erlaubt sind sämtliche manuellen Jobs. Möglich ist z.B. die Arbeit in Farmbetrieben wie bei den Farmstays.

Programmkosten: ca. 1000 bis 1300 Dollar

Gastronomie

Die Aufenthaltsdauer liegt bei sechs bis zwölf Monaten. Der Teilnehmer benötigt ein Work-Travel-Visum. Er darf während dieser Zeit einer bezahlten Arbeit nachgehen, z.B. in einem Restaurant oder Coffeeshop. Sind die Sprachkenntnisse noch nicht perfekt, bietet sich zu Beginn ein Küchenjob an. Es wird vorausgesetzt, dass der Teilnehmer bei der Beantragung zwischen 18 und 35 Jahren alt ist und ein aktuelles, einwandfreies Führungszeugnis vorweisen kann. Genehmigt sind sämtliche Jobs im Gastgewerbe. Da es sich um harte

Arbeit handelt, darf der Teilnehmer nicht empfindlich auf Hitze, Hektik oder Schichtdienst reagieren. Programmkosten: ca. 1000 bis 1300 Dollar

Freiwilligenarbeit

Die Aufenthaltsdauer liegt bei zwei bis zwölf Wochen. In den meisten Fällen benötigt man zum *Volunteering* kein Visum. Der Teilnehmer darf während dieser Zeit keiner bezahlten Arbeit nachgehen, sondern bekommt nur Unterkunft und Verpflegung. Es ist kein Job, denn dafür wäre ein Visum notwendig. Die Arbeit besteht aus ehrenamtlichen Tätigkeiten in Kinderhilfsprojekten, im Tier- oder Umweltschutz.

Gestattet sind sämtliche ehrenamtliche Tätigkeiten in folgenden Bereichen:

- ✔ Kinderversorgung und Erziehung
- ✔ Umwelterziehung und Naturpflege
- ✔ Tieraufnahme, Pflege und Versorgung sowie Vermittlung

Programmkosten: ca. 500 bis 700 Dollar. Hinzu kommen Kosten für Unterbringung und Verpflegung in einer Gastfamilie. Visumgebühren entfallen möglicherweise, da nicht immer ein Visum vonnöten ist.

Praktika

Studierende und Auszubildende dürfen bis zu 12 Monate in Kanada bleiben.

Ein *Praktikum* dauert zwischen zwölf und 24 Monaten. Normalerweise liegt das Aufnahmealter bei 18 bis 35 Jahren. Das Visum erhält man nur einmal im Leben.

Voraussetzungen:
Die Praktikumsstelle steht in einem logischen Zusammenhang mit dem gelernten bzw. bereits ausgeübten Beruf oder dem Studium.
Die Sprachkenntnisse sind mindestens ausreichend; besser wären gute Kenntnisse.
Für jeden Monat des Aufenthaltes sind nachweislich bis zu 1000 US-Dollar vorhanden, sofern es sich nicht um ein bezahltes Praktikum handelt

Ausgenommen sind Praktika in folgenden Bereichen:

- ✔ Gesundheit
- ✔ Film und Fernsehen
- ✔ Journalismus
- ✔ Modedesign

Programmkosten: ca. 1000 Dollar. Hinzu kommen Anfangskosten (für Schuhe, Kleidung etc.), zusätzlich zu den Lebenshaltungskosten, von ca. 1800 Dollar.

Youth Mobility Programs

Die Kanadische Botschaft stellt im Rahmen der Jugendmobilität jährlich ein bestimmtes Kontingent an Arbeitsgenehmigungen für junge Deutsche zwischen 18 und 35 Jahren aus. Damit können diese unkompliziert nach

Kanada einreisen und ihren touristischen Aufenthalt mit Jobben verbinden. Bei diesem „Work and Travel" handelt es sich um eine offene Erlaubnis zur Arbeit für einen beliebigen Arbeitgeber an einem beliebigen Ort in Kanada. Verweildauer: bis zu 12 Monate ab der Einreise.

Zu Ende eines Jahres nimmt die Botschaft Anträge für das nächste Jahr an. Die Work-and-Travel-Tickets erfreuen sich der größten Beliebtheit, da hier keine feste Stellenangabe gemacht werden muss. Ist das Antragsvolumen erschöpft, gibt es keine Möglichkeit mehr für das Jahr. Man muss also schnell handeln.

Wenn der Antrag eingereicht und erfolgreich bearbeitet ist, erstellt die Botschaft ein offizielles Empfehlungsschreiben (letter of introduction), das man bei der Einreise in Kanada vorgelegt. Erst dann erhält man die offizielle Arbeitsgenehmigung. Man benötigt kein Visum für dieses Programm.

Die Programme für Jugendmobilität (YMP, Youth Mobility Programs) der kanadischen Behörde zeigen zudem folgende Möglichkeiten:

Praktikum: Hier dürfen nur Studierende oder Abiturienten teilnehmen. Sie müssen eine feste Stelle nachweisen, die zum Studium oder der Ausbildung passt, und damit auch einen speziellen Arbeitgeber. Für diesen wird die Arbeitserlaubnis ausgestellt.

Young Workers: Für Absolventen und Berufstätige, die Berufserfahrung sammeln oder sich fortbilden wollen. Sie benötige eine Zusage von einem Arbeitgeber in Kanada, für den dann eine Arbeitserlaubnis ausgestellt wird. Diese Stelle muss zum eigentlichen Beruf passen. Dazu muss ein Dokument, ein Abschlusszeugnis, ein Diplom oder ein Gesellenbrief vorliegen.

Zur Arbeit in einer Schule, Kindergarten oder einer anderen Gesundheitseinrichtung benötigt man eine ärztliche Untersuchung. Dazu benennt die Botschaft einen Arzt. Ist man mit Work and Travel unterwegs, so kann eine Untersuchung in Kanada angesetzt werden.

Die Teilnahmegebühr für diese Programme beträgt 95 Euro. Nötig sind ein polizeiliches Führungszeugnis und eine Auslandskrankenversicherung notwendig.

Da die Kostenspanne der einzelnen Programme stark schwankt, möge man sich genau erkundigen.

Nützliche Adressen

www.kanada.de/ymp

Aupair USA
Ratgeber für künftige Aupairs und Eltern
http://shop.interconnections.de

Ausblick

Gastschuljahr in anderen anglophonen Ländern

Nordamerika liegt deutlich an oben in der Beliebheitsskala, nicht zuletzt, weil die Entsendung von Schülern kurz nach dem Zweiten Weltkrieg bereits begann und unsere Kultur, gerade die Jugendkultur, sehr amerikanisch geprägt ist, so dass man einer rund fünfzigjährigen Tradition sprechen kann. Aber es gibt Alternativen, die immer beliebter werden. In der Regel liegen die Preise höher, aber vielleicht erhält man auch mehr.

Neuseeland

Zwei Hauptinseln gibt es. Sie stehen für grüne Hügel, jede Menge Schafe, traumhafte Strände, Gletscher, Geysire, Wale, Delfine, Pinguine und vieles mehr Neben diesen Naturschönheiten, die nicht erst seit Herr der Ringe bekannt ist, bietet Neuseeland ein sehr interessantes Schulsystem, das sich deutlich von unserem unterscheidet und das bei PISA im Spitzenfeld rangiert.

Neuseelands Schulen sind durchweg bestens ausgestattet und auf die Wünsche internationaler Schülerinnen und Schüler vorbereitet. Weitläufige Sportanlagen, häufig mit eigenem Schwimmbad und Tennisplätzen, gehören zur Grundausstattung vieler Schulen. Je nach Region werden Aktivitäten wie Surfen, Segeln, Tauchen, Skifahren, Golf etc. angeboten.

Aber auch Unterrichtsfächer wie z.b. Fashion Design, Photography, Agriculture, Technology – Wood and Metal, Childcare & Development, Home Economics, Tourism u.a. Das Zusammengehörigkeitsgefühl wird durch das Tragen einer Schuluniform ebenso gestärkt wie durch eine Vielzahl an gemeinschaftlichen Projekten in Rockbands, Orchestern und Theatergruppen. Im neuseeländischen Schulsystem geht es nicht nur um Wissensvermittlung, sondern auch darum, Jugendliche entsprechend ihrer Fähigkeiten und Neigungen optimal zu fördern.

Da das neuseeländische Schuljahr in vier „Terms" unterteilt ist, besteht die Möglichkeit die Dauer des Aufenthaltes individuell zu bestimmen. Immer mehr Jugendliche entscheiden sich inzwischen sogar für einen 18-monatigen Schulaufenthalt in Neuseeland, um dort in dieser kurzen Zeit ihren Schulabschluss zu erlangen.

Geeignet für einen High School-Aufenthalt ab 3 Monaten sind insbesondere Schülerinnen und Schüler der Jahrgangsstufen 9 bis 11. Sie haben die Möglichkeit ihre Schule frei zu wählen. Zur Wahl stehen Schulen auf dem Land und in der Stadt, am Meer, im Landesinneren und in den Bergen, öffentliche Schulen und private Schulen. Unterbringung je nach Wunsch bei Gastfamilien oder in Internaten.

Die Jugendlichen werden von den Schulen intensiv betreut. Eine 24-Stunden Kontaktperson steht jedem ausländischen Schüler zur Verfügung. Eine Reise an das andere Ende der Welt lässt sich deshalb ohne Probleme von allen Jugendlichen meistern, die offen für neues sind und selbständig werden wollen.

Anbieter USA und Kanada

Österreich

▸ AFS Österreich, www.afs.at

▸ EF Education, www.ef.com

▸ FSTS, www.fsts.at

▸ Hausch und Partner GmbH, www.hauschundpartner.de

▸ Into Schüleraustausch, www.into-exchange.com

▸ STS, www.sts-education.com

▸ YFU, www.yfu.at

Schweiz

▸ AeA, www.aea.ch

▸ AFS, www.afs.ch

▸ ASPECT, www.aspect-sprachreisen.ch

▸ CCA Sprachaufenthalte, www.sprachaufenthalte-cca.ch

▸ EF Education, www.ef.com

▸ ICYE, www.icye.ch

▸ IE, www.ie-edu.net

▸ Into Schüleraustausch, www.into-exchange.com

▸ IST, www.ist-sprachreisen.ch

▸ LSI, www.lsi.edu

▸ Rotary Jugendaustausch, www.rotary-jugenddienst.de

▸ STS, www.stseducation.com

▸ YFU, www.yfu.ch

Deutschland

▸ Advised Studies Sprachreisen, www.advised-studies.de

▸ AFS Interkulturelle Begegnungen, www.afs.de

▸ AIFS Deutschland GmbH, www.aifs.de

▸ AMS Tours, www.ams-tours.de

▸ KAPLAN International Colleges – ASPECT Internationale Sprachschule, www.kaplanaspect.co/de

- AYUSA International GmbH, www.ayusa.de
- Breidenbach Education Consulting, www.highschool-kanada.com
- CAMPS – Gesellschaft für Ferien- und Austauschprogramme mbH, www.camps.de
- Carl Duisberg Centren Intertraining & Consult, www.cdc.de
- Cultures and Perspectives, www.go-cap.de
- Deutsches YOUTH FOR UNDERSTANDING Komitee, www.yfu.de
- DFSR Dr. Frank Sprachen & Reisen GmbH, www.dfsr.de
- Do it! Sprachreisen, www.do-it-sprachreisen.de
- EEI – Educational Exchange International e.V., www.eei.de
- EF Education GmbH, www.ef.com
- Ehighschool, www.ehighschool.de
- EUROVACANCES Youth Exchanges, www.eurovacances.de
- Experiment, www.experiment-ev.de
- FLAG – Foreign Link Around the Globe, www.flag-germany.de
- GIVE – Gesellschaft für internationale Verständigung, www.give-highschool.de
- GLS Sprachenzentrum, www.gls-sprachenzentrum.de
- HiCo Education – High School & College Consulting, www.hico-education.de
- ICXchange-Deutschland, www.icxchange.de
- IE – international Experience, www.international-experience.net
- Into Schüleraustausch, www.into-schueleraustausch.de
- ISKA-Sprachreisen, www.iska.de
- ISt Internationale Sprach- und Studienreisen, www.sprachreisen.de
- Jump-Overseas, www.jump-overseas.com
- Juststudies, www.juststudies.de
- Kompass-Sprachreisen, www.kompass-sprachreisen.de
- KulturLife, www.kultur-life.de
- LSI – Language Studies International, www.lsi.de
- MAP Sprachreisen, www.map-sprachreisen.com
- OneWorld, www.oneworld-travel.de
- Open Door International, www.opendoorinternational.de
- Partnership International, www.partnership.de
- Reflections International – Deutsche Vertretung, christian_fritsch@t-online.de

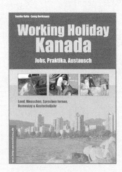

- Stepin GmbH – Student Travel and Education Programmes International, www.stepin.de
- STS Sprachreisen, www.sts-education.de
- TASTE the world – Wistaedt & Heil, www.tastenet.de
- Team! Sprachen & Reisen, www.team-sprachreisen.de
- Terre des Langues, www.terre-des-langues.de
- Travelplus Group GmbH (Travel Works), www.schueleraustausch-international.de
- TREFF – International Education, www.treff-sprachreisen.de
- World Wide Qualifications, www.schuelerweltweit.de
- Xplore, www.xplore-highschool.de

Gute, zuverlässige Anbieter finden sich mit ihren Details auf
www.gastschuljahr.de

Freiheitsstatue von den USA
(Bild: Lothar Wandtner, Pixelio)